유대인과 한국인

세상에서 가장 불가사의한 두 민족 이야기

유대인과 한국인
세상에서 가장 불가사의한 두 민족 이야기

초판 1쇄 발행 2024년 7월 24일

지은이 이병욱
펴낸이 장길수
펴낸곳 지식과감성#
출판등록 제2012-000081호

교정 김지원
디자인 이현, 강샛별
편집 강샛별
검수 주경민, 이현
마케팅 김윤길, 정은혜

주소 서울시 금천구 벚꽃로298 대륭포스트타워6차 1212호
전화 070-4651-3730~4
팩스 070-4325-7006
이메일 ksbookup@naver.com
홈페이지 www.knsbookup.com

ISBN 979-11-392-2001-8(03100)
값 16,700원

- 이 책의 판권은 지은이에게 있습니다.
- 이 책 내용의 전부 또는 일부를 재사용하려면 반드시 지은이의 서면 동의를 받아야 합니다.
- 잘못된 책은 구입하신 곳에서 바꾸어 드립니다.

지식과감성#
홈페이지 바로가기

유대인과 한국인의 닮은 점은 무엇일까?
또 다른 점은 무엇일까?

유대인과 한국인

세상에서 가장 불가사의한 두 민족 이야기

이병욱 지음 정신건강의학과 전문의

프롤로그:
오천 년의 고난과 시련을 이겨 낸 불멸의 민족

오늘날 지구상에는 수많은 민족이 살고 있지만, 유대인의 존재처럼 수수께끼 같은 민족도 없을 것이다. 우리 민족처럼 오랜 역사를 지녔으면서도 수천 년간 타민족에 의해 심한 박해를 받았을 뿐만 아니라 설상가상으로 나라마저 잃고 2,000년의 세월을 유랑민족으로 여기저기 떠돌면서도 오늘날에 와서는 그 어느 민족보다 성공적인 삶을 누리며 인류 역사상 그 유례가 없는 놀라운 업적을 쌓은 민족이기 때문이다.

그런 점에서는 우리 민족 또한 수수께끼 같은 민족이라 할 수 있다. 오천 년의 찬란한 문화를 지녔지만 숱한 외침과 망국, 그리고 이어진 분단의 아픔과 전쟁으로 인해 온 나라가 초토화되었음에도 불구하고 그나마 오늘날의 놀라운 발전을 이룩한 것도 기적이라면 기적이기 때문이다. 따라서 한국인의 입장에서 유대인에 주목하는 것은 당연한 노릇이라 하겠다.

하지만 정작 필자에게 있어서 유대인이 왜 그토록 중요한 화두로 자리 잡았는지 그 이유는 본인 자신도 정확히는 잘 모르겠다. 다만 짐작하건대 그 직접적인 계기는 프로이트의 정신분석에 대해 관심을 기울이고 공부하면서부터였던 것으로 보인다. 그 이전에는 솔직히 말해 유대인에 대한 관심이 별로 없었기 때문이다.

그러나 프로이트의 정신분석을 공부하게 되면서 수많은 유대인 분석가들이 등장하고 그들에 의해 이루어진 놀라운 업적에 혀를 내두르게 되었는데, 다른 한편으로는 그들로 하여금 그런 열정과 집념을 갖도록 만든 힘의 실체가 과연 무엇일까 궁금해지기 시작했다. 더군다나 정신분석의 역사를 통해 알게 된 그들에게 가해진 사회적인 압력과 핍박의 정도가 다른 분야의 유대인 학자들에 비하면 아무것도 아니라는 점을 깨닫게 되면서 점차 유대인 전체의 역사와 그들이 끼친 놀라운 업적에도 눈을 돌리게 된 것이다.

유대인은 물론 모순투성이로 가득 찬 매우 역설적인 민족이다. 그럼에도 불구하고 그들이 지구상에서 멸망하지 않고 용케 살아남은 이유는 단 하나, 온갖 절망 속에서도 결코 희망을 잃지 않았기 때문이다. 조국을 잃어버린 이래 유대인은 2천 년의 세월을 방황하며 온갖 핍박과 수모를 감수하며 살아야 했다. 그들은 오랜 세월 게토에 갇혀 지내며 인간 이하의 취급을 받으면서도 생존을 위한 몸부림에 안간힘을 쏟았다.

유대인들이 게토에서 진정으로 해방된 시기는 놀랍게도 제2차 세계대전 이후라고 할 수 있다. 연합군에 의해 수많은 유대인이 죽음의 수용소를 벗어날 수 있었던 그 시점이야말로 진정한 의미의 해방이었기 때문이다. 현대음악 작곡가 아르놀트 쇤베르크의 작품 〈바르샤바의 생존자〉는 그 처절한 기억을 되살리기에 충분한 음악이다. 전시하에 놓여 있던 1940년대의 베를린과 바르샤바 등지에는 대규모의 게토 안에 갇혀 수많은 유대인이 비참한 생활 속에 굶주리며 죽어 갔다. 그것이 지구상에 존재했던 게토의 마지막 모습이었다.

오늘날 자유를 만끽하며 번영을 구가하고 있는 유대인들은 과거의 동물 같은 존재에서 벗어나 최상의 보상을 누리며 살아가고 있다. 그것이 아마도 그들이 말하는 신의 은총일지도 모른다. 그러나 한때 신이 내린 저주라고 생각했던 아우슈비츠의 악몽을 그들은 결코 잊지 않을 것이다.

그래서 그들은 오늘날에 이르러 세계 각지에 새로운 게토를 형성하고 있다. 현대의 게토는 과거의 게토와는 달리 육안으로는 보이지 않는 전혀 새로운 형태를 취하고 있다. 그것은 지식과 정보, 부와 권력의 형태로 무장된 세계이기 때문이다. 따라서 현대의 게토는 보이지 않는 힘의 상징이며 원천이기도 하다.

모든 분야에 있어서 유대인들이 지닌 힘과 영향력은 실로 놀라울 뿐이다. 그들은 과거 인류 역사의 피해자에서 환골탈태하여 오늘날에는 역사의 원동력이 되고 있다. 그리고 유대인들로 조직된 다양한 분야의 인맥 형성은 거의 독보적인 위치를 점하고 있다. 그런 점에서 게토는 아직도 살아 있다. 그것은 과거의 굴욕적인 수모의 상징으로서의 물리적 폐쇄된 공간이 아니라 정신적, 지배적 상징의 개방된 집단의 상징으로서의 게토로 살아 있는 것이다.

이제 그들은 더이상 방황하는 유대인이 아니라 끝없이 도전하고 반항하는 유대인으로서 자신들의 생존을 다져 나가고 있는 중이다. 이런 극적인 반전을 이룬 민족은 유사 이래 보기 힘든 일임에 틀림없다. 그런 점에서 우리는 유대인을 이해할 필요가 있다. 그들을 통해 생존의 비법을 배우고 놀라운 도약의 노하우를 터득할 필요가 있기 때문이다.

유대인을 알면 세계가 보인다. 그들은 일찌감치 세계화를 이룬 민족이기 때문이다. 오늘날에 이르러 비로소 뒤늦게나마 국제사회에 뛰어들어 세계화를 지향하는 우리로서는 유대인의 벽을 넘어서야 하는 동시에 그들과의 공존도 도모해야 한다. 수많은 천재를 배출한 유대인 사회를 진정으로 이해하게 되면 그들이 단지 신의 은총 때문만이 아니라 얼마나 피눈물 나는 생존의 몸부림으로 그 오랜 세월을 헤치고 살아왔는지 알게 될 것이다.

세상에는 공짜가 없다. 유대인이야말로 그런 진실을 누구보다 먼저 깨달은 민족이다. 그런 점에서 그들 못지않게 장구한 세월을 숱한 시련과 고난에 시달려 온 우리 민족 또한 그동안 단 한 번도 이루지 못한 세계사의 주역 노릇을 십분 발휘할 기회를 맞이했다고 볼 수 있다. 그리고 그럴 자격과 능력은 충분히 있다고 보며, 실제로 우리는 그 어느 때보다 위기를 맞이한 오늘날에 이르러 그동안 세상의 무시와 외면 속에서도 남몰래 피눈물을 흘리며 갈고닦은 실력과 재능을 마음껏 발휘하고 있지 않은가. 그런 점에서 우리는 이제 더이상 고래 싸움에 등이나 터지는 새우 신세가 아니라 당당한 몸짓으로 나서 세계를 이끌 수 있는 홍익인간의 사명을 지니고 태어난 민족임을 만천하에 알려야 할 것이다.

이병욱

차례

프롤로그   4

1부 고난과 치욕의 반만년

선택된 민족과 천손민족	14
창세기와 단군신화	22
시온산과 백두산	29
노예들의 합창	35
모세와 예수	42
십계명과 천부경	48
약속의 땅 가나안과 한반도	52
유대인과 한국인의 이웃들	56
망국의 슬픔과 디아스포라	65
탈무드와 율법	70
랍비와 선비	77
동방의 예언자들	81
우물에 독을 푼 민족	88
자본주의와 공산주의	94
시온 장로 의정서와 격암유록	99
한글과 에스페란토	104

제3제국과 대일본 제국	108
홀로코스트의 비극	113
생체실험과 마루타	119
다물과 시오니즘	126
통곡의 벽과 통곡의 미루나무	132
이민선과 귀국선	136
중동전쟁과 한국전쟁	140
유대인과 한국인의 닮은 점	144
유대인과 한국인은 이렇게 다르다	153

2부 게토는 살아 있다

게토의 반란	166
유대인의 사상과 철학	171
유대인 작가들	181
유대인 화가들	191
유대인 음악가	197
유대인 과학자	212

유대인과 의학	222
유대인과 심리학	230
유대인 혁명가	239
유대인 여성들	247
영화의 메카를 정복한 유대인	260
희극의 달인들	265
황금의 손을 지닌 유대인	272
솔로몬의 재판	280
영원한 참모들	291
유대인과 노벨상	298

3부 동방의 게토 한반도

왜 동방의 게토인가	310
한 많은 한반도와 대한민국	315
국난의 영웅들	318
민족의 희생양이 된 여인들	323
이산가족과 돌아오지 않는 다리	329

한강의 기적	331
한국인의 도전과 저항 의식	334
위기 해결의 달인들	337
한국을 빛낸 사람들	342
동방의 계토에서 동방의 횃불로	354
에필로그	359
참고문헌	362

1부
고난과 치욕의 반만년

▎선택된 민족과 천손민족

　오늘날 지구상에서 자신들이 초자연적 존재에 의해 유일하게 선택된 민족이라고 주장하는 사람들이 존재한다. 가장 대표적인 민족이 유대인이다. 비록 공동체 구성원들 사이에서조차 보편타당한 주장으로 인정받지는 못하지만 한국인 사회에서도 우리 백의민족이 하늘로부터 유일하게 선택된 천손민족이라고 주장하는 사람들이 꾸준히 존재해 왔다. 그리고 최근까지도 적지 않은 일본인들은 자신들의 천황이 하늘에서 내려온 천신의 자손들이라고 믿고 있다. 그뿐 아니라 수많은 기독교 신도들도 자신들이야말로 그들이 믿는 신에 의해 선택된 성도라고 자칭하며 마음의 위안을 삼는다. 그리고 이런 믿음들은 자칫 자신들과 견해를 달리하는 사람들에 대해 배타적인 태도로 나가기 쉽다는 점에서 상당한 마찰과 갈등을 불러일으키기도 한다.
　이런 주장들은 물론 세계화를 지향하는 시대적 풍조에 역행하는 매우 자기중심적인 사상이기는 하나, 물리치기 어려운 유혹으로 대중들을 사로잡는 매력을 지니고 있다는 점에서 단순히 무시하고 넘어갈 수만도 없는 사실이다. 이처럼 자신들이 유일하게 선택된 사람들이라는 주장은 우리에게 전혀 낯설지 않다. 그런 주장들은 결국 집단이기주의와도 연결되기 마련이다. 따라서 유달리 피해의식이 강한 집단일수록 상대적으로 자신들의 특권과 우월성을 강조하기 쉽다는 점에서 이해할 수 없는 것도 아니다.

역사적으로 본다면 그런 차원에서 유대인 집단을 이해할 수 있을지도 모른다. 그러나 대부분의 원시부족사회에서도 그와 유사한 전설이나 신화를 접할 수 있기 때문에 집단적 안전 차원에서도 그러한 특권의식을 이해할 수 있다. 외부의 적들로부터 집단의 안전을 도모하고 공동체 구성원들의 단합을 위해서는 무언가 결집력을 촉발할 수 있는 적절한 심리적 장치가 필요했을 것이기 때문이다. 강력한 왕권을 유지하기 위해 권력이 신으로부터 부여된 특권이라고 주장했던 왕권신수설 등도 같은 맥락에서 이해할 수 있는 부분이다.

노예의 신분에서 벗어나 40여 년의 오랜 세월을 사막에서 방황한 끝에 겨우 가나안 땅에 정착했던 유대인들의 운명은 어찌 보면 저주받은 백성들이라고 여겨질 만큼 이루 말할 수 없는 고난의 역정을 겪어야만 했다. 수천 년에 걸쳐 이루어진 그들의 시련은 그야말로 끝없는 형극의 길이었다. 그러나 종족의 멸망으로부터 그들을 지켜 준 유일한 신념은, 자신들이 언젠가는 신의 은총에 힘입어 새롭게 일어설 수 있으며 신과 굳게 맺은 언약을 성취하게 된다는 믿음에 기초한 것이었다. 그러한 선민사상이 없었다면 이미 오래전에 그들 민족은 지상에서 영원히 자취를 감추고도 남았을 것이다.

그럼에도 불구하고 유대인들의 선민의식은 지나치게 독단적이라는 점에서 많은 비판을 받아 왔다. 구약이라는 명칭 자체가 그들이 유일하게 신과 맺은 언약이라는 점에서 매우 독단적임에는 틀림없다. 그러나 오랜 고난과 핍박 생활에서 야기된 종족 소멸에 대한 두려움뿐 아니라 치욕적인 삶에서 비롯된 뿌리 깊은 열등감을 떨쳐 버릴 수 있는 유일한 가능성은 자신들의 생존을 보장해 주는 동시에 선택된 민족이라는 우월감을 부여해 줄 수 있는 절대적 존재의 설정이 무엇보다 절실한 요구로 다가섰을 것이다. 절대자와의 특별한 계약은 그런 모든 두려움과 열등감을 일시에 해결해 주는 일종의 미약과도 같은 역할을 제공하기 때문이다. 따라서 유대인들은 현실적인 열등감과 비현실적인 우월감을 동시에 지니고 살아온 셈이다. 그리고 그들이 전파한 메시아 신앙의 여파로 기독교 사회마저 자신도 모르게 일종의 선민의식을 이어받게 된 것으로 보인다.

그것은 천년왕국에 대한 약속이나 최후의 심판이 있을 때, 천국에 배정받은 인원수가 14만 4천 명이라는 주장에 이르기까지 여러 다양한 형태로 나타났다. 나치 독일이 추구했던 유대인 박멸 정책과 그 이후에 건설할 새로운 제3 제국에 대한 환상도 일종의 선민사상의 잔재였다고 볼 수 있다.

비록 만민평등주의와 사해동포주의를 표방하고 나섰지만 이상적인 노동자들의 천국이라 할 수 있는 사회주의 공동체 건설을 내세운 공산주의 이념도 일종의 선민의식의 한 변형이라 할 수 있다. 기독교 사상이든 공산주의 이념이든 이들 모두가 유대인의 머리에서 나온 것이라면 이해 못 할 바도 아니며 이러한 점들이 항상 융의 머리에서 떠날 수 없었던 이유도 서구인들이 유대적 기원에서 결코 자유로울 수 없다는 자괴감에서 나온 것이기 때문이다.

우리 민족이 오랜 세월 지녀 온 단군신화는 그 자체로 이미 선민의식을 반영하고 있다. 하늘로부터 천부인 3개를 부여받고 널리 세상을 이롭게 하라는 홍익인간의 이념을 실현하라는 지시를 받은 환웅이 지상의 웅녀와 혼인하여 단군을 낳았으니 그 자손인 우리는 천손민족인 셈이다. 배달민족, 백의민족, 동이족 등 다양하게 불리는 호칭들은 무언가 주변 민족들과 남다른 독자성을 부여하기 위한 것이다.

더이상 물러설 곳이 없는 한반도에 정착한 우리 조상들은 수천 년에 걸친 오랜 외침에 이루 말할 수 없는 시련을 겪어 왔다. 필설로 다 할 수 없는 기구하고도 억울한 사연들은 우리 민족 정서를 대변하는 恨의 개념으로 요약된다. 恨을 극복하기 위해서는 情으로 뭉쳐야 했다. 따라서 우리 민족만큼 정에 약하고 정에 의존하는 사람들도 지구상에 흔치 않다.

또한 유대인과 마찬가지로 오랜 세월 우리 의식을 지배했던 뿌리 깊은 열등감과 좌절감은 당연히 그에 대한 반동을 불러일으켰는데, 그렇게 해서 나온 것이 천손민족이라는 믿음 체계라 하겠다. 우리가 천신의 자손이라는 믿음은 다시 말해서 우리 자신이 천민 계급이 아니라 하늘에서 내려온 고귀한 신분의 후예라는 것이다. 그것은 우리 민중들의 가슴속에 오랜 세월 맺혀 온 한을 일거에 보상해 주고도 남음이 있는 주장이 아닐 수 없다.

자고로 성골 및 진골 의식에서부터 시작하여 양반과 상놈을 엄격히 구분하여 차별했던 오랜 역사적 전통은 소외된 다수의 민중들에게는 뛰어넘을 수 없는 현실적 한계요, 크나큰 심적 좌절감을 심어 주었을 것이다. 이러한 열등감과 좌절감은 우리 모두가 천손민족이라는 주장들로 인하여 상당한 정신적 위안이 되고도 남았을 것이다. 그러나 우리가 천손민족임을 내세운 수많은 문헌들이 일시에 유행처럼 쏟아져 나온 시점은 우연의 일치인지는 몰라도 한국 현대사에서 우리 민중들이 가장 고통받고 신음하던 군사독재 시기와 일치한다.

그러한 민족 자존심의 고양에 첫 시위를 당긴 것은 탄허 스님과 권태훈 옹일 것이다. 박 대통령 시해 사건 이후 신군부가 정권을 장악했던 80년대 초 탄허 스님은 예언적 저서를 통해 핵전쟁의 발발 및 일본 열도의 침몰과 더불어 새로운 이상적 후천 세계가 도래할 것임을 선언했다. 소설 〈단〉의 주인공으로 알려진 권태훈 옹은 80년대 말에 〈백두산족에게 고함〉이라는 저서를 통하여 마치 예언자와도 같은 모습으로 나타나 좌절과 실의에 빠진 대중들의 사기를 북돋워 주었다.

확고한 자아정체감과 자긍심을 지닌 사람들은 타인들의 평가에 연연하지 않고 자신의 길을 굳세게 걸어간다. 그러나 열등감과 피해의식 속에 살아가는 사람들은 자신의 자존감을 유지하기 위한 방도가 현실적으로 힘겨워질수록 초자연적 힘에 의지하고 그 힘을 공유하고자 하는 소망을 지니게 된다.

물론 모든 종교적 속성들 가운데에는 이러한 소망을 충족하는 부분도 없지 않지만 민족주의와 종교적 요인이 결합되어 나타난 특이한 예가 유대교라 할 수 있으며 일본의 신도 또한 매우 특이한 종교 형태라 하겠다. 우리나라도 신화적 요소에 근거하여 천도교, 대종교와 같은 우리 민족 고유의 특이한 종교 형태를 지니게 되었다.

이러한 형태들은 매우 자기중심적이어서 이민족에 대한 배려나 공유의 정신을 찾아 보기 어렵다는 데 문제가 있다. 이는 매우 폐쇄적인 집단의식을 반영하는 것으로 오랜 기간 이루 형언할 수 없는 민족적 고초를 겪었거나 아니면 오랜 기간 외부와 단절된 채 고립된 생활을 영위했던 집단들에서 흔히 발견될 수 있는 현상들이다.

유대인과 한국인은 그런 점에서 서로 공감할 수 있는 부분들이 많을 것으로 보인다. 그러나 일본인들은 이들보다 더욱 폐쇄적인 공간 속에 스스로를 가두고 살았는데, 그들이 한때나마 가공할 무력으로 일본 열도를 유린하고자 시도했던 몽골 군대를 물리친 것을 신풍의 도움이라 생각한 것은 너무도 당연하다. 비록 그들은 자신들의 폐쇄성을 절감하고 일찌감치 서구화에 성공함으로써 아시아의 맹주임을 자처하게 되었지만 그 역시 중국이라는 거대한 장벽 때문에 확고한 자신감을 얻지 못하고 있다.

물질적 풍요로움만으로는 오랜 기간에 걸쳐 이어져 온 정서적 불안정성과 정신적 열등감 및 빈곤함을 극복하기 어렵다. 그것은 문화적 열세 및 정신적 여유의 부재에 기인하기 쉬운데, 그런 점에서 우리 민족 역시 마찬가지 입장이다. 결코 상대를 뛰어넘을 수 없다는 한계의 인식이야말로 상당한 좌절감을 남기기 때문이다.

따라서 이런 좌절과 뿌리 깊은 열등감을 극복하기 위한 유일한 방편으로 등장한 것이 '우리 자신은 위대한 천손민족의 후예들이기에 천운이 우리에게 돌아오는 언젠가는 세계만방의 국가들이 앞다투어 우리에게 조공을 바치러 올 것이며 이 세상의 주도국으로 부귀영화를 누리게 될 것'이라는 매우 환상적인 시나리오였다.

그러나 이처럼 유아적 환상 수준에 머무는 메시지들이 일부 대중적 정서에 호응을 불러일으킨다는 점에 문제가 있다. 스스로의 자존심 유지에 큰 도움이 될 수 있는 선민의식에 젖어 살더라도 현실적인 능력과 힘의 배양에 결코 소홀히 하지 않는 유대인들과 일본인에 비해 우리는 투자와 노력을 너무도 등한시하고 있기 때문이다. 콩 심은 데 콩 나고 팥 심은 데 팥 난다는 속담은 그런 점에서 우리에게 절실히 요구되는 금언이 아닐 수 없다.

실제로 강력한 힘을 지닌 국가나 민족은 굳이 선민의식을 내세우지 않는다. 그들은 비록 자긍심 및 더 나아가 우월감 또는 자만심에 빠질 수는 있으나 어떤 초자연적 존재에 의해 자신들만이 유일하게 선택된 민족이라는 주장은 하지 않는다. 이미 힘을 보유하고 있기 때문에 굳이 그럴 필요성을 느끼지 않는 것이다.

그러나 현실적으로 강한 힘을 지니지 못한 민족은 부국강병에 대한 소망을 버리지 못하고 온갖 환상적인 내용을 그 어떤 가상적인 존재를 향해 투사함으로써 자신들의 고질적인 열등감과 패배 의식을 보상받고자 한다. 물론 유대인도 오랜 세월 절망감에 빠져 살아왔지만, 그나마 그들을 지탱해 준 힘은 끝까지 신의 보호를 믿는 독특한 선민의식과 메시아의 출현에 대한 희망이었다.

그와 비슷한 믿음은 우리 민족에게도 있었다. 미륵신앙과 정도령의 출현에 대한 믿음, 그리고 우리는 천손민족이라는 믿음 등을 통해 절망적인 현실에서 풀 한 포기라도 잡는 심정으로 한 가닥 희망을 얻으려 했기 때문이다. 사실 따지고 보면, 유대인의 선민의식과 한국인의 천손민족 신화는 반만년에 걸친 오랜 수난사를 용케 견디고 헤쳐 나오게 만든 원동력이었을 수도 있다. 그런 게 아니었다면 무슨 수로 그토록 참담한 운명을 극복해 나올 수 있었겠는가.

그러나 여기에는 분명한 차이가 있다. 유대인은 신의 선민임을 굳게 믿지만 신의 뜻을 따르지 않고 저버릴 경우 신의 보호와 구원은 영원히 없을 것임을 두려워하고 있다는 점이다. 그런 두려움 때문에 유대인은 신의 소명에 따르기 위한 필사적인 노력과 몸부림으로 자신들의 운명에 도전해 온 셈이다. 반면에 우리는 하늘에서 내려온 천신의 후예이기 때문에 애당초 그런 두려움을 지니고 있지 않았다. 그런 안이함 때문에 너무도 허망하게 나라까지 빼앗긴 게 아니겠는가. 깊이 생각해 볼 문제다.

창세기와 단군신화

구약 창세기의 이야기는 천지창조 및 인류의 기원에 관한 내용으로 사실 유대인과는 직접적인 관련이 없는 내용이다. 아담과 이브, 카인과 아벨, 노아 등의 인물들 역시 유대인이 아니다. 노아의 후손들 가운데 셈족과 함족이 나왔으며, 아랍인과 유대인 모두 셈족에 속하는 민족들이다. 함족은 아프리카 흑인을 말한다. 유대인의 직접적인 조상은 우르 지방에 살다가 가나안 땅으로 이주한 아브라함이다. 가나안 땅에 정착한 아브라함이 섬긴 신이 바로 여호와다.

신이 만든 낙원 에덴동산에서 아담과 이브가 금지된 선악과를 따 먹고 쫓겨난 사건은 인류 최초의 스캔들이며, 인간이 처음으로 지혜에 눈을 뜬 계기가 되기도 했다. 그 대가로 인간은 성과 노동이라는 멍에를 짊어지게 되었으며, 그들의 후손 카인에 의해 인류 최초의 살인이 벌어지게 되었다.

물론 그 살인의 동기는 동생 아벨에 대한 질투심 때문이었다. 그러니 그때 이미 유혹과 거짓, 선과 악, 수치심과 죄의식, 성과 노동, 질투와 살인 등 원초적 단계의 갈등이 비롯된 셈이다. 수천 년에 걸친 유대인의 고난과 시련은 신이 선택한 민족으로서 당연히 갚아 나가야 할 죄의 대가 지불이었다. 그래서 그들은 지금도 자신들을 구원해 줄 메시아를 목 빠지게 기다리고 있는 중이다.

반면에 우리의 조상인 단군왕검은 하늘에서 내려온 환웅의 아들이다. 비록 웅녀로 화신한 곰과 신방을 차려 낳은 자식이지만 우리나라 최초의 국가를 세워 신정을 베푼 신화적 존재다. 물론 신화라고 하면 당연히 역사학자들이 발끈할 소리지만 고조선의 건국을 부정하는 게 아니라 단군왕검이 출생한 배경을 신화로 보는 것일 뿐이다.

어쨌든 유대인의 창세기는 신의 천지창조에서부터 아담과 이브, 그리고 노아의 대홍수와 바벨탑 사건, 아브라함과 이삭의 뒤를 이어 야곱과 그의 후손들이 이집트로 이주하기까지 오랜 역사를 담고 있다. 우리와 다른 점이라면 유대인은 신이 선택한 유일한 민족이라는 점이고 우리 민족은 하늘에서 직접 내려온 천신의 후손이라는 사실이다. 천신과 같은 핏줄을 타고난 천손민족인 셈이다. 태생부터가 유대인과는 다르다. 역시 우리는 건국 신화부터 핏줄을 중시하는 전통을 읽을 수가 있다.

그러나 유대인은 하나님의 율법을 더욱 중시한다. 그들은 자신들이 하나님의 후손임을 감히 주장하지 않는다. 단지 신의 택함을 받은 민족임을 내세울 뿐이다. 우리는 혈연관계에 치중하는 데 비해 유대인은 신의 선민으로서 지켜야 할 의무에 치중하는 셈이다. 그래서 유대교에서는 유대인에 대해 내리는 정의도 좀 특이하다. 유대인 어머니에게서 태어난 사람은 당연히 유대인으로 간주되지만, 아버지 한쪽만 유내인일 경우는 유대인이 아니라고 한다. 또한 이교도라 하더라도 유대교로 개종한 사람은 유대인으로 간주한다.

그런 점에서 유대인은 모태 중심이고 우리 민족은 아버지 중심이다. 우리 자신을 일컬어 단군의 후예라고 하지 웅녀의 후손이라고 부르지는 않기 때문이다. 더군다나 유대인은 여호와의 존재를 믿고 따르는 유일신교를 수천 년간 보존해 왔지만 우리에게는 그런 민족

종교가 뿌리를 내리지 못한 점도 다르다. 단군을 숭배하는 대종교도 20세기에 들어서 등장한 것으로 그 존재는 오늘날에 이르러 유명무실해진 상태다. 그것은 천도교 역시 마찬가지다.

창세기의 가치는 신의 뜻을 전하는 데 그 목적이 있는 것이지 민족의 뿌리를 알리는 일과는 무관하다고 볼 수 있다. 반면에 단군신화의 가치는 민족의 뿌리를 전하는 일에 중점을 두고 있다. 물론 단군왕검이 고조선을 세울 때 홍익인간, 재세이화 등을 건국이념으로 내세운 것으로 알려져 있기도 하지만, 그것은 고조선 건국 이후 수천 년의 세월이 지난 고려시대에 이르러 일연이 지은 〈삼국유사〉에 처음으로 언급된 내용이기 때문에 역사적 사실로 받아들이기에는 다소 무리가 있다. 더욱이 〈삼국유사〉보다 백여 년 전에 나온 김부식의 〈삼국사기〉에는 고조선의 역사가 아예 빠지고 없으니 과연 하늘의 진정한 뜻이 무엇에 있었는지에 대해서는 확인할 도리가 없다고 할 수 있다.

개인이나 집단이나 오래도록 살아남는 일도 중요한 일임에는 틀림없다. 그러나 그렇게 오래도록 살아남아 번영을 누리려면 적절한 명분이 있어야 할 것이다. 그런데 유감스럽게도 우리에게는 그런 명분이 없다는 데 문제가 있는 것이다. 유대인들은 확고한 명분을 지니고 수천 년간 온갖 시련과 고난의 역사를 견디어 왔지만, 그런 뚜렷한 대의명분도 없이 수천 년을 견디어 온 우리 민족은 그런 점에서 그들을 능가하는 대단한 생명력의 소유자들이 아니겠는가.

창세기의 가치는 유대인의 민족적 뿌리를 알리는 데 있는 게 결코 아니다. 아담과 이브 그리고 노아 등은 유대인이 아니기 때문이다.

유대인의 조상은 그보다 훨씬 후대 인물인 아브라함이다. 유대인들이 창세기를 기록한 목적은 민족의 기원이 아니라 인류가 저지른 원죄의 기원과 그에 대한 대가가 무엇인지 그리고 신의 뜻이 어디에 있는지를 알리기 위함이다.

그런데 우리에게는 민족의 뿌리를 알리는 단군신화뿐 아니라 창세기에 못지않은 내용을 담은 〈부도지〉와 〈환단고기〉가 전해져 오고 있다. 〈부도지〉의 저자는 신라 눌지왕 때 재상을 지낸 박제상으로 알려져 있는데, 여기서 전하는 마고성의 존재는 파미르고원에 자리 잡은 태고의 도읍지로 창세기에 나오는 에덴동산과 같은 지상낙원이다. 창세기에는 태초에 말씀이 있었다고 하는데, 〈부도지〉에서는 태초에 소리가 있었다고 전한다.

태초의 천인 마고는 스스로의 힘으로 자손을 낳고 그들에게서 인류의 시조 12지파가 생겨났으며, 이들은 선악과가 아니라 포도 열매를 먹고 정신을 차렸지만 그 때문에 수명도 줄고 서로 분파를 이루어 마고성을 떠나 제각기 흩어져 살게 되었다는 것이다. 그중의 한 일파가 우리 한민족의 조상이 되었다는 주장이다.

독자들도 대충 눈치챘겠지만, 〈부도지〉의 내용은 상당 부분 창세기와 일치된 점이 많다. 태초에 소리나 말씀이 있었다는 점, 겨드랑이를 통하여 인간이 창조되었다는 점, 이상적인 낙원에서 영생을 누리며 살다가 금단의 열매를 먹고 눈이 밝아졌다는 점, 그렇게 해서 결국 낙원에서 추방당했다는 점 등이 신기하게도 모두 일치하기 때문이다.

그뿐만이 아니다. 1911년 독립운동가 계연수가 처음으로 편찬했다고 전해지는 〈환단고기〉에서는 인류의 시조를 나반과 아만으로 보고 있다. 아담과 이브가 아니라는 말이다. 나반과 아만은 바이칼 호수 근처에 살면서 후손들을 남겼는데, 그들의 후예들이 각지로 흩어지면서 피부색도 달라진 것이라 한다. 그중에서 파미르고원에 살던 환인씨의 나라는 12환국으로 나뉘어 다스려졌는데 그 땅의 넓이가 남북이 5만 리요, 동서가 2만여 리에 달했다고 한다.

그 후 환인 안파견이 홍익인간으로 세상을 바꿀 뜻을 품고 서자인 환웅에게 천부인을 주어 3,000명의 무리와 함께 태백산으로 내려보내 신시를 열도록 했으며, 반고는 삼위산으로 내려보내 세상을 다스리게 했다. 환웅은 웅녀와 혼인하여 아들 단군왕검을 낳아 우리 민족의 시조가 되었으며, 반고는 중국의 시조가 되었다는 것이다. 그러고 보면 우리는 천손의 후예이긴 하지만 유감스럽게도 적자가 아니라 서자의 후손이 되는 셈이다. 물론 여기서 서자라 함은 하늘에 축첩제도가 있었다는 의미가 아니라 장남이 아닌 아들을 뜻하는 것이다.

이런 내용 자체를 사실 그대로 받아들일 수는 없겠지만, 그럼에도 불구하고 뭔가 우리에게 위안을 주는 점도 없는 건 아니다. 적자든 서자든 우리의 기원이 천신들에 있다는 내용 자체가 항상 주눅 들어 살기만 하던 우리에게 적지 않은 위로가 되기 때문이다. 반면에 구약 창세기는 유대인에게 위안을 준 게 아니라 오히려 진지한 자기성찰과 심각한 죄의식을 심어 주었다. 신의 뜻에 반하는 행위로 인해 온갖 인간적인 고통과 시련이 시작되었기 때문이다. 그런 깨우침을 주기 위해 신은 굳이 유대인을 선택함으로써 자신의 뜻을 펼치고자 했다는 것이 유대인들이 믿고 있는 선민사상인 셈이다.

그렇다면 우리가 천손민족임을 알게 되어 얻는 건 과연 무엇일까. 그것은 오랜 열등감에서 벗어나 민족적 자부심을 되찾고 당당하게 살아가는 것일까. 그러나 지구상에 존재하는 그 많은 민족들 가운데 자신들이 천손민족이라는 이유만으로 자부심을 느끼며 살아가는 민족이 과연 몇이나 될까 의심이 든다.

과거의 조상들이 누렸던 영화나 민족의 뿌리가 성스럽다는 이유 때문에 자부심을 느끼는 민족도 있을지 모르지만, 그것보다는 차라리 지금 이 순간 얼마나 풍요롭게 잘살고 있는지 여부가 더욱 큰 자부심의 근거가 되어야 하지 않을까. 우리는 그러지 못했기 때문에 아무런 근거도 없는 과거의 영광을 굳이 찾아 나서는 건 아닌지 생각해 볼 일이다.

신화의 내용을 냉정히 따져 보면 우리는 서자 출신의 천신과 동물의 결합으로 태어난 이상한 민족인 셈이다. 그러나 실망할 필요는 없다. 그것은 어디까지나 신화요 전설일 뿐이니까. 중요한 것은 어디서 왔느냐가 아니라 어디로 갈 것이냐. 드넓은 유라시아 대륙 한 귀퉁이에 자리 잡은 한반도에 삶의 터전을 이루면서 우리의 조상들은 더이상 갈 곳이 없어졌다. 마치 자루 안에 갇힌 신세나 다름없었다. 그리고 수천 년의 세월 동안 밀고 늘어오는 외적을 막기에 급급했다. 그런데 한 번도 외침을 당해 보지 않은 일본이 오히려 우리나라를 말아먹었으니 실로 어처구니가 없다.

순박한 백의민족으로서 오순도순 살기만을 원했던 우리는 애당초 어디로 가겠다는 의식조차 없이 살았기 때문에 다른 나라를 정복한다는 일은 꿈도 꿀 수 없는 일이었다. 그토록 숱한 외침을 당하면서도 외적을 물리치기만 하면 됐지 보복을 가하거나 그 뒤를 쫓으며 남의 땅을 점령하지도 않았다. 그렇게 우리는 자신을 지키기만 하면서 살았다. 나쁘게 말하면 좀 바보스러운 민족이기도 하다.

그런데 우리처럼 바보스러운 민족이 또 있었으니, 유대인이 바로 그랬다. 복수나 정벌은 생각지도 못하고 오직 당하기만 하고 살았으니 우리와 별반 다르지 않다. 그런 바보들이 20세기에 접어들어 전혀 다른 모습으로 두각을 나타내기 시작한 것이다.

오랜 세월 주위로부터 바보 취급을 당하며 온갖 수모와 굴욕을 겪어 온 유대인과 한국인이 마침내 기지개를 켜며 제 실력을 발휘하기 시작했으니 사람들은 그것을 기적이라고도 부르고 때로는 미꾸라지가 용 됐다며 비아냥대기도 한다. 하지만 그것은 결코 기적이 아니다. 오랜 인고의 세월 동안 키워 온 잠재력이 때를 만나 분출된 것일 뿐이다.

그러니 세상일은 알 수 없다. 아브라함의 자손 유대인과 단군의 후예 한국인은 그 기원이 어디에 있든 살아남기 위한 삶의 투쟁에서 승리한 민족일 따름이다. 물론 그 끝이 어디일지는 더 두고 볼 일이긴 하지만 말이다.

시온산과 백두산

유대인의 성산은 시온산이요, 한국인의 성산은 백두산이다. 다시 말해 시온산과 백두산은 두 민족의 성지를 가리키는 말이기도 하다. 오랜 역사와 신화를 가진 민족은 그 나름대로 독자적인 성산을 지니고 있기 마련인데, 예를 들어 인도인의 성산은 히말라야, 그리스인의 성산은 올림포스산이다. 일본에는 후지산이 있고 마사이족에게는 킬리만자로산이 있다.

그러나 한때 강력한 제국을 이루었거나 현재 강대국을 이루고 있는 민족들은 성산을 갖고 있지 않다는 점도 특이하다. 이집트 왕국, 바빌론 제국, 로마 제국, 몽골 제국, 대영 제국, 중국, 미국, 러시아, 독일, 프랑스 등은 민족의 성지로 일컬어질 만한 성산이 존재하지 않았다.

유독 한국인과 유대인만이 민족의 성산을 숭배한다. 그만큼 이들 두 민족은 수천 년에 걸쳐 이루 말할 수 없는 고초를 겪었기 때문일지도 모른다. 절망적인 위기에 처할 때마다 민족 전체가 매달리고 의지할 수 있는 신성한 상징적 존재가 더욱 절실히 요구되었기 때문 아닐까.

유대인에게 시온이라는 낱말은 신성한 그 무엇이요, 유대인의 고난을 상징하는 단어이기도 하다. 시오니즘은 시온산을 되찾자는 의미요, 예루살렘 성전의 시온 문은 다윗의 문을 가리키는 말이다. 시온산은 유대인의 성지 예루살렘에 위치해 있으며, 이 산에는 다윗왕의 무덤, 예수가 최후의 만찬을 가진 장소 등의 유적이 보존되어 있다.

물론 유대인에게는 모세가 십계명을 받았다는 시나이산도 성산으로 기억되지만, 이집트 영토인 시나이반도에 있기 때문에 유대인의 상징이 되기에는 무리가 있다. 그러나 어쨌든 유대인들은 자신들의 오랜 꿈을 성취했다. 19세기 말 드레퓌스 사건을 계기로 시작된 시오니즘 운동은 갖은 우여곡절 끝에 마침내 1948년 영국으로부터 독립을 선언한 것이다.

그러나 독립을 쟁취하기까지 많은 희생과 대가가 따라야 했다. 이스라엘 건국을 약속한 영국 정부의 이중적인 태도 때문에 애를 먹어야 했고, 한때는 팔레스타인이 아니라 아프리카의 오지 우간다나 마다가스카르섬이 거론되기도 했다.

심지어는 일본 정부에 의해 만주 지역에 유대인의 집단 이주가 계획되기도 했다. 복어 계획이라는 이름으로 추진되었던 그 계획은 유대인의 거대 자본을 끌어들이려는 의도에서 나온 궁여지책이었지만, 도조 히데키에 의해 백지화되었다.

복어라는 명칭이 사용된 것은 복어 요리가 고급 음식에 속하지만 맹독성의 위험이 함께 있다는 점에서 유대인을 복어에 비유했기 때문이다. 그러나 태평양전쟁이 발발해 미국과의 교류가 끊기게 되고, 게다가 동맹국인 독일의 압박마저 심해지자 복어 계획은 취소되고 말았다.

특히 독일의 실력자 히믈러는 바르샤바의 도살자 요제프 마이징거를 시켜 중국에 거주하는 유대인들을 모조리 동지나해에 수장시키거나 생체실험용의 마루타로 사용하자는 최종 해결책을 일본 정부가 실천에 옮기도록 계속 요구했으나 도조 히데키는 이에 응하지 않았다. 자칫했으면 동아시아에서도 유대인 학살이 벌어질 뻔했던 것이다.

그러나 일본은 731 부대를 통해 수많은 조선인과 중국인을 상대로 잔악한 생체실험을 했음에도 불구하고 그 주모자들은 동경 전범재판에서 처벌되지 않았다. 대신에 중국의 유대인들은 상하이 게토에 갇혀 일본군의 감시를 받아야 했다. 그들은 차라리 운이 좋았던 셈이다. 물론 유럽의 유대인들은 나치 독일이 등장하기 이전부터 고달픈 유랑 생활을 접고 옛 조상들의 땅 팔레스타인으로 돌아가기 시작했다. 비록 영국이 통치하고 있고 아랍인의 공격이 만만치 않았지만 그래도 걸핏하면 추방과 학살이 자행되는 유럽보다는 낫다는 판단에서였다. 특히 유대인 박해가 심했던 동유럽의 유대인들이 대거 팔레스타인으로 몰려들었다. 그리고 그들이 이스라엘 독립의 주체가 된 것이다.

비록 남들이 보기에는 초라하고 보잘것없는 모습의 시온산이지만 그들에게는 남다른 감회와 감동으로 와닿았을 것이 분명하다. 광복 후 귀국선을 타고 부산항에 내린 동포들의 벅찬 감회와 비슷하지 않았을까. 자그마한 산에 불과한 시온산에 비하면 우리의 백두산은 동북아시아에 우뚝 솟은 실로 장대한 산이다. 오래전부터 민족의 시조 단군왕검이 태어난 성지로 신성시되었으며, 정상에 위치한 천지는 그 신비로움을 더한다. 천지에서 발원한 물은 압록강과 두만강, 송화강을 이루며 흘러내린다.

원래 우리나라는 전 세계적으로도 그 유례가 드문 전형적인 산악국이지만, 한반도의 모든 산줄기는 백두대간이라는 말처럼 백두산에서부터 뻗어 내려 태백산맥을 거쳐 지리산에까지 이른다. 비록 백두산은 휴화산이지만 10세기경 대폭발을 일으켜 그 화산재가 일본에까지 도달했다고 하며, 그 때문에 발해가 멸망했다는 설도 있다. 그토록 장대한 백두산이기에 민족의 성산으로 신성시되는 데 결코 손색이 없다. 권태훈 옹은 그래서 우리 민족을 백두산족이라 부르기도 했다.

이처럼 성스러운 산이기에 애국가에도 첫 소절부터 백두산이 등장한다. "동해물과 백두산이 마르고 닳도록 하느님이 보우하사 우리나라 만세."라고 말이다. 그런데 하필이면 백두산이 닳아 없어질 때까지로 그 시한을 굳이 못 박을 필요가 있는지 의문이 든다. 물론 영원히 오래도록 유지하기를 바라는 의미로 사용한 표현이겠지만, 뭔가 창의적이지 못하고 매우 소모적인 표현이라는 느낌을 받기 때문이다.

따라서 동해물이야 말라도 탈이고 흘러넘쳐도 탈이겠지만, 백두산이 더욱 높이 솟아오르고 영원하면 안 되는 걸까. 하다못해 일본의 국가 기미가요는 '작은 조약돌이 큰 바위가 되어 이끼가 낄 때까지'로 되어 있으니 우리의 애국가에 비해 매우 확대지향적이라는 느낌을 받는다. 그럼 이스라엘의 국가는 과연 어떨까. 이들의 국가는 1897년 제1회 국제 시오니스트 회의에서 처음으로 불렸던 곡으로 물론 여기에는 당연히 시온산이 등장한다.

오랜 세월 속에
유대인의 영혼을 갈망하리
그리고 동방의 끝에서
모두의 시선이 시온을 향하리
우리의 희망은 잃지 않으리
2천 년 동안의 희망이 있기에
우리의 땅에서 자유롭게 살기 위해 사람들은
시온과 예루살렘의 땅으로 가리

2천 년 동안 희망을 잃지 않고 살아온 유대인들의 시선이 온통 시온으로 향해 있다는 이 내용은 그 희망을 앞으로도 계속 잃지 않겠다는 각오를 담고 있다. 노래의 선율도 매우 느리고 비장하면서도 서글픈 감정을 담고 있다. 시온의 땅에 도달하기까지 그 얼마나 숱한 고초와 시련을 겪었는가. 그들은 그 고된 과정을 결코 잊지 못할 것이다.

우리 민족 역시 그들 못지않은 고통의 나날을 보내 왔지만, 그 과정을 되새기고 다지는 남다른 각오가 애국가에서도 보이지 않는다는 점이 아쉬움으로 남는다. "무궁화 삼천리 화려강산, 대한사람 대한으로 길이 보전하세." 아름다운 이 강산에 한국인으로 오래도록 살아가기를 바라는 염원을 담고 있지만, 우리가 왜 이 땅을 굳건히 지키고 이 땅에 오래도록 살아남아야 하는지 그 이유에 대해서는 언급이 없기 때문이다. 단지 아름답고 살기 좋은 땅이기 때문이라는 이유는 뭔가 설득력이 떨어진다. 아름다운 땅은 한반도 말고도 얼마든지 있기 때문이다.

그런 점에서는 북한의 애국가도 오십보백보다. 월북 시인 박세영이 작사한 것으로 알려진 북한의 애국가는 "아침은 빛나라 이 강산 은금에 자원도 가득한 삼천리 아름다운 내 조국 반만년 오랜 역사에 찬란한 문화로 자라난 슬기로운 인민의 이 영광 몸과 맘 다 바쳐 이 조선 길이 받드세."와 같이 삼천리 조국 강산과 반만년 역사의 찬란한 문화를 언급했다는 점에서 매우 민족주의적인 색채가 강하지만, 여기에는 특이하게도 백두산이 등장하지 않는다.

백두산에 대한 그리움은 우리에겐 특히 남다르다. 민족의 성지이면서도 가까이 다가설 수 없기에 더욱 그럴 것이다. 그러니 2천 년 동안 시온산을 그리워만 했던 유대인의 심정은 오죽했을까 싶다. 백두산은 고사하고 코앞의 금강산도 마음대로 갈 수 없는 우리 처지에서는 경건한 마음으로 시온산에 오르는 유대인들이 그렇게 부러울 수가 없다.

노예들의 합창

유대인의 운명은 스스로 정한 게 아니다. 그들은 애초부터 노예로 팔려 나가 혹독한 노동에 종사하는 시련을 겪어야 했다. 그게 다 신의 뜻이라고 믿었다. 그리고 언젠가는 신의 손길이 닿아 자신들을 돌보고 구원해 줄 것을 믿어 의심치 않았다. 이집트에서 바빌론에 이르기까지 그리고 마사다에서 홀로코스트에 이르기까지 그들은 힘없는 약소민족으로 고된 노역에 종사하면서도 끝까지 그런 믿음을 저버린 적이 없다. 아마 그런 믿음마저 없었다면 유대인은 이미 수천 년 전에 멸족을 당하고 말았을 게 뻔하다.

베르디의 오페라 〈나부코〉 중에 나오는 '히브리 노예들의 합창'은 유대적인 분위기와는 전혀 상관이 없는 멜로디지만, 바빌론 제국에 의해 멸망한 후 노예로 끌려간 유대인들의 참담한 심경을 대변했다는 점에서는 그 나름대로 의미를 찾을 수 있겠다. 나부코는 바빌론 왕 느부갓네살을 이탈리아식으로 줄여서 표기한 이름이다.

원래 이스라엘 민족은 사막지대를 여기저기 떠돌던 유랑민족이었다. 그러다가 일부는 팔레스타인 땅에 흘러들었고, 일부는 이집트로 들어가 정착했다. 모세가 자신의 동족들을 이끌고 이집트를 탈출해 가나안 땅에 도달하자 이들은 먼저 정착해 있던 이스라엘인들과 힘을 합쳐 원주민들을 물리치고 자신들의 독자적인 왕국을 세운 것이다.

사실 인류의 역사에서 노예의 역사는 매우 오래되었다. 고대 이집트 왕국에서 바빌론 제국, 고대 그리스와 로마 제국, 인도, 중국 등에 이르기까지 거의 모든 나라에서 노예를 부렸다. 심지어 우리나라에도 고조선 시대의 팔조법금에 "남의 물건을 훔친 자는 데려다 노비로 삼는다."라는 조항이 있어서 그 당시에 이미 노비제도가 있었음을 알 수 있다. 노비란 남자 종을 가리키는 노(奴)와 여자 종을 의미하는 비(婢)를 합쳐 부르는 말이다.

물론 최초의 노예 해방은 1863년 미국의 링컨 대통령에 의해 노예 해방 선언이 발표되면서 이루어진 것으로 알려졌지만, 사실 그와 거의 비슷한 시기인 1886년(고종 23년)에 우리나라에서도 노비 세습제를 없앤 이후 갑오개혁 때에는 노비제도를 전면적으로 없애고 인신매매를 금하면서 노비제도는 사실상 우리나라에서도 자취를 감추게 되었다. 그러나 노비제도를 없애면 뭣 하나. 곧이어 한일 합병이 이루어지면서 우리 민족 전체가 노예 신세로 전락해 버린 것을.

망국의 설움은 유대인이나 조선인이나 다 똑같이 겪은 아픔이지만, 유대인은 자신들의 나라를 다시 되찾기까지 무려 1,800년이나 기다려야 했다는 점에서 우리와는 그 아픔의 차원이 너무도 다르다. 그들은 나라를 잃은 이후 자신들의 땅에서 쫓겨났으며, 그나마 힘겹게 터전을 잡은 유럽에서도 오랜 세월 비좁고 더러운 게토 안에 갇혀 지내야만 했다. 노예나 다름없는 밑바닥 생활이었을 뿐이다. 사회적 진출의 기회가 일체 주어지지도 않았고 주거의 자유도 없었으니 말이다.

나폴레옹 전쟁의 여파로 다소 숨통이 트이나 했지만 여전히 천민 신세를 면치 못했다. 설상가상으로 제정러시아의 잔혹한 포그롬과 나치 독일의 인종 대청소로 인한 대규모 학살은 유대인의 생존에 가장 큰 위협으로 다가왔다. 제2차 세계대전의 종식으로 유대인은 그야말로 죽었다 살아난 셈이다.

수천 년에 이르는 세월 동안 노예나 다름없는 학대에 시달려 온 유대인의 존재를 기꺼이 받아들인 곳은 그나마 신대륙이 유일했다. 항상 꿈과 소망을 잃지 않고 신의 구원을 믿고 기다려 온 유대인들 스스로가 자칭 드림 피플이라고 부른 이유를 알 만도 하다. 이들 드림 피플은 박해의 땅 유럽을 떠나 너도나도 앞다퉈 아메리칸 드림을 이루고자 신대륙으로 향했다. 그들은 미 대륙에 상륙하면서 비로소 노예의 딱지를 떼고 자유로운 인간으로서의 삶을 보장받은 셈이다.

바빌론 제국의 압제하에서 그들이 부른 히브리 노예들의 합창은 뉴욕항에 입항하며 자유의 여신상을 바라보는 순간 해방의 노래로 바뀐 셈이다. 더욱이 자유의 여신상 받침대에 아로새겨진 유대계 여류 시인 엠마 라자러스의 시는 수백만의 유대인 난민에게 더욱 큰 용기와 희망을 주었을 것이다.

유대인에게 노예라는 멍에가 완전히 사라진 때는 아우슈비츠 수용소가 소련군에 의해 해방된 1945년 초였으니 지금으로부터 불과 65년 전의 일이었을 뿐이다. 그러니 수천 년간 노예나 다름없는 신세였던 유대인들로서는 그동안 자유를 만끽한 기간이 불과 65년에 지나지 않는다는 점에서 결코 안심할 수 없는 입장일 것이다. 뿌리 깊은 반유대주의에 대항하기 위해 그들이 조직적인 단체를 만들어 활동하는 것도 결코 무리가 아니다.

반면에 우리 민족은 어떠했는가. 앞서 언급한 것처럼 우리나라는 수천 년에 걸친 노비제도로 인해 극심한 신분 차별에 시달린 역사이기도 했다. 조선왕조 시대에는 인구의 절반 가까이가 노비였던 때도 있었으며, 도망가는 노비들도 부지기수였다. 1894년 갑오개혁을 통해 비로소 신분제가 폐지되고 그 후 일제에 의해 모든 노비 출신들도 법적으로 성과 본을 지니게 되었으니 노비들로서는 일제의 통치를 오히려 반겼을 수도 있다.

하지만 35년에 걸친 일제강점기는 우리 민족 전체를 노예로 삼아 온갖 수탈과 핍박을 가한 최악의 시기였으며, 민족적 자부심은 땅에 떨어지고 모든 희망을 잃은 채 자포자기 심정으로 죽지 못해 억지로 살아가던 시절이었다. 더욱 참담한 일은 광복 후 친일 청산도 흐지부지 넘어간 데다 설상가상으로 동족끼리 총부리를 겨누고 잔혹한 학살과 대량 살상을 저질렀다는 사실이다. 남북한 통틀어 도합 250만 명의 사망자와 일천만의 이산가족을 낳은 한국동란으로 우리는 그야말로 씻을 수 없는 상처를 입고 말았다.

간악한 일제도 그런 규모의 대량 살상을 벌인 적은 없었으니 우리는 입이 열 개라도 할 말이 없는 처지가 되고 만 셈이다. 그것도 광복을 맞이한 지 불과 5년 만에 터진 일이니 이보다 더 통탄할 일이 어디 또 있을까. 우리보다 더한 핍박과 시련을 겪은 유대인이 서로 다른 이념으로 그렇게 무참하게 서로를 죽이고 다툰 일이 있었던가. 참으로 부끄럽고 치욕적인 일이 아닐 수 없다.

더군다나 오랜 군사독재를 통한 인권탄압은 물론 북한의 3대에 걸친 세습이나 요덕 수용소 등지에서 벌어지는 인권탄압 등 그동안 한반도에서 벌어진 수치스러운 작태는 이루 말로 다 할 수가 없는 지경에 이르렀다. 광복 후 우리는 미국과 소련 양국에 의한 신탁통치 운운할 때도 좌우익 간에 친탁과 반탁으로 나뉘어 극심한 대립을 보였었다.

오천 년의 유구한 역사를 지닌 민족에게 신탁통치 운운하는 일 자체가 웃기는 얘기지만, 당시로서는 극우 반공으로 선회한 친일 세력이 반탁운동을 주도함으로써 일이 더욱 복잡해지고 말았다. 사실 신탁통치는 식민지 노예 생활의 연장이나 마찬가지로 민족적 자부심에 큰 상처를 입히는 일이었지만, 김규식, 장덕수, 여운형, 박헌영, 송진우 등의 친탁 입장과 김구, 이승만의 반탁 입장이 서로 첨예하게 대립하며 민족 지도자들 사이에서도 의견이 엇갈림으로써 국민들을 큰 혼란에 빠트리고 말았다.

암살과 테러가 만연하고 좌우익 간에 폭력적 충돌이 다반사로 벌어져 광복의 기쁨도 잠시였을 뿐 온 나라가 이제는 제 살 깎아 먹기에 급급한 추악한 몰골로 변해 버린 것이다. 전후 독일과 일본이 패전의 굴욕과 아픔을 딛고 국가 재건에 총력을 기울이고, 유대인 역시 건국의 기틀을 착실히 다져 나가고 있을 무렵, 우리는 동족끼리 원수지간이 되어 서로 죽이고 물어뜯기에만 여념이 없었으니 나라가 온전히 굴러갈 수 있었겠나. 그러니 우리는 모든 불행을 단지 외세 탓으로만 돌릴 수도 없다. 주인 노릇은 아무나 하는 게 아니라는 자조적인 한탄이 나올 수밖에 없었던 것이다.

노예는 노예일 뿐 주인이 될 수 없으며 노예근성을 떨쳐 버리는 일은 쓰레기통에서 장미꽃이 피기를 기다리는 일보다 더 어렵다는 식민제국주의자들의 말도 되지 않는 논리를 반박할 근거가 우리에게는 진정으로 부족했다. 그런 논리는 인도에도 적용되었다. 인도 독립의 아버지 간디의 노력으로 대영제국의 깃발이 내려지고 200년에 달하는 식민지 노예의 신분에서 벗어났지만, 영국군이 물러나자 힌두교와 이슬람교도 간에 무차별 학살이 벌어진 끝에 결국에는 나라가 인도와 파키스탄으로 두 쪽이 나 버린 것이다.

그러나 노예는 처음부터 노예가 아니었다. 노예근성이라는 말은 제국주의자들이 자기합리화의 일환으로 만들어 낸 신조어일 뿐이다. 그런 말의 허구성을 입증하려면 실제로 해방된 민족들이 제국주의자들보다 더욱 뛰어난 국가 운영 능력을 과시하며 잘살아야만 하는데 불행히도 그러질 못하니 문제다. 그러나 오랜 기간 식민지 노예로 살다 보면 의식도 점차 변해서 마치 노예근성이라는 것이 실제로 존재하는 것처럼 행동할 수도 있다. 게다가 지배자들이 그런 의식을 의도적으로 심어 주기도 한다.

트로츠키는 자신이 쓴 〈러시아 혁명사〉에서 말하기를, "혁명은 언제나 무례하다. 지배계급이 제때에 좋은 예절을 인민에게 가르치지 않았기 때문이다."라고 했는데, 그 말은 혁명의 폭력성에 대한 변명처럼 들리기도 하지만 어떤 점에서는 맞는 말이기도 하다. 그러나 혁명이든 해방이든 일단 노예 신분에서 벗어난 민중이 자중지란에 빠져 갈피를 못 잡는 일이 허다하게 벌어졌으니 특히 아프리카와 중남미에서 그런 혼란이 극심했다.

다만 유대인들은 예외적으로 그런 혼란에 빠지지 않았다. 투철한 민족의식과 동포애 그리고 신앙심으로 똘똘 뭉쳤기 때문이다. 그들은 수천 년 전부터 가장 최근인 나치 독일에 이르기까지 자신들의 조상이 겪었던 노예 생활을 결코 잊은 적이 없다. 그야말로 피맺힌 삶의 절규요 생존에 대한 필사적인 몸부림이며 고달픈 히브리 노예들의 합창이었기 때문이다. 그런 삶을 누군들 두 번 다시 반복하고 싶겠는가.

그런 점에서 우리 민족도 대오 각성 해야만 할 것이다. 시련과 고난은 오히려 약이 될 수도 있다. 그러나 그것이 약이 되지 못하고 그저 재수 없이 밟은 똥처럼 여기고 말 경우, 그런 시련과 고난은 또다시 닥쳐오기 마련이다. 유대인은 민족적 파멸의 위기를 이미 여러 차례 넘겼다. 그래서 그들은 그 어느 민족보다 정신을 똑바로 차린 것이다. 비정한 프로의 세계에서 살아남기 위해서는 어때야 하는지 그 노하우를 터득한 셈이다.

오늘날에 이르기까지 아직도 민족 분열의 위기에서 벗어나지 못하고 있는 우리로서는 생존을 위한 노하우를 하루속히 터득해야 하지 않겠는가. 따라서 내 것은 당연히 내 것이고 네 것도 내 것이라는 놀부 심보에서 벗어나 너도나도 함께 어울려 사는 그런 공존의 장이 열린 세상이 되어야 할 것이다.

모세와 예수

고대 이집트 왕국에서 노예나 마찬가지인 천민 신세로 전락한 유대인들을 구출해 가나안 땅으로 인도한 장본인은 바로 모세였다. 이집트를 벗어나서도 유대인들은 40년간이나 사막을 배회하며 온갖 시련을 이겨 내야 했다. 그러나 정작 모세는 가나안땅에 입성하지 못하고 생을 마쳤으며, 유대인들은 그의 뒤를 이은 여호수아에 의해 가까스로 입성하게 되었다.

그 기나긴 여정 동안 이루 헤아릴 수 없는 고난을 이겨 낸 유대인은 마침내 자신들의 옛 땅을 되찾고 모세의 십계명과 더불어 성궤를 모시고 진정한 신의 선민으로 유대교를 믿으며 살아가기 시작한 것이다. 민족의 영웅인 모세는 자신에게 주어진 소명을 다했을 뿐이다. 그는 결코 지배자로 군림하지 않았다.

바로 그런 점이 다른 민족의 지도자와 구별되는 점이다. 자신의 민족을 압제에서 구한 영웅치고 지배자의 위치에 오르지 않은 인물이 없기 때문이다. 카스트로가 그랬고 모택동이나 호지명이 그랬다. 김일성과 이승만은 스스로의 힘으로 민족을 구하지도 않았으면서 지배자의 위치에 올라 장기 집권까지 했다. 뿔뿔이 흩어진 고구려 유민들을 모아 발해를 건국한 대조영도 결국 왕위에 올랐다.

그런 점에서 볼 때, 모세는 진정 신의 종이었다. 그는 오로지 신이 맡긴 임무에만 충실했기 때문이다. 개인적인 욕망은 일체 보이지 않았다. 자신보다 민족의 앞날을 걱정하는 지도자야말로 진정한 민족

지도자가 아닐까.

그런 전통은 이스라엘 건국 후에도 엿보인다. 이스라엘에서 장기 집권을 시도한 독재자는 한 사람도 나오지 않았기 때문이다. 주변 아랍국에서는 지금도 수십 년씩 장기 집권을 누리는 독재자들이 한둘이 아니다.

이스라엘의 역대 왕들도 권력을 마음대로 행사하지는 못했다. 신의 이름으로 왕을 질타하는 선지자들이 항상 목청을 돋우고 있었기 때문이다. 제사장들의 영향력도 막강했다. 그런 율법지상주의에 정면으로 대든 장본인은 바로 예수였다. 모세가 유대민족을 노예의 신분에서 벗어나게 하고 고향으로 되돌아갈 수 있는 길을 터 주었다면, 예수는 고리타분한 율법에 얽매여 사는 유대인들에게 새로운 인식의 영적인 혁명을 시도한 셈이라고 할 수 있다.

그러나 로마 제국의 압제에서 자신들을 해방해 줄 메시아를 목이 빠져라 기다리고 있던 유대인들에게 예수는 신의 아들이 아니라 단지 위대한 선지자로 간주될 뿐이었다. 바로 그 점이 기독교인들과 견해를 달리하는 부분이다. 더 나아가 유대인들은 그 후 예수 살해자(Jesus Killer)라는 오명을 쓴 상태로 오랜 세월 핍박을 받아야 했다.

그러나 어찌 됐건 우리에게는 아쉽게도 모세와 같은 민족 해방자나 예수와 같은 영적 구원자가 없었다. 반만년의 오랜 역사를 지녔다는 점에서는 비슷한데도 말이다. 아마도 그건 유대인만큼 강한 민족종교가 없었기 때문일지도 모른다.

오랜 세월 우리는 불교나 유교 등 주로 외부에서 들여온 이방 종교 및 사상을 떠받들며 지내 왔기 때문에 왕조가 바뀔 때마다 달라지는 신념 체계도 문제였다. 더욱이 불교든 유교든 신의 개념과는 무관하다는 점에서 비록 율법의 해석에 따라 분파는 가능할지언정 여호와를 중심으로 움직이는 일신교 사회와는 근본적인 차이가 있다고 하겠다. 유대인들은 비록 나라가 망하는 한이 있어도 자신들의 정통신앙만은 굳건히 유지했으며, 거기다가 〈탈무드〉라는 민족지침서까지 개발해 자신들의 정체성을 잃지 않기 위해 목숨까지 걸었다.

  우리에겐 그런 〈탈무드〉와 같은 지침서도 없었다. 그저 각자가 알아서 자기 살길을 모색해야만 했으니 얼마나 난감하고 암담한 시절을 보냈을까. 그러니 일제강점기에도 수많은 지식인마저 친일로 선회한 게 아니었던가. 어떻게 보면 가장 적극적으로 주어진 현실에 적응한 것으로 볼 수도 있다. 달리 빠져나갈 방도가 전혀 보이지 않았을 테니 말이다.

  종로 태화관 앞에서 독립선언문을 낭독한 민족 지도자 33인마저 스스로 자수해 일경에 끌려갈 정도였으니 그들만을 믿고 거리에서 대한독립만세를 외치다 총검에 찔려 죽어 간 수많은 동포는 어쩌란 말이냐. 무책임하기 짝이 없는 행동이 아닐 수 없다.

  모세는 끝까지 자신의 동족들과 생사고락을 함께했다. 예수는 자신을 십자가에 못 박으라고 소리치는 동족들을 원망하지 않고 오히려 그들을 대신해 신의 용서를 빌었다. 모세나 예수는 고사하고 우리에게는 로메로 주교나 투투 대주교처럼 온몸을 내던져 민중을 위해 몸 바쳐 싸운 종교 지도자도 없었다.

해인사에 들어앉은 성철 스님은 80년대 신군부가 들어선 어지러운 세상에 나오지는 않고 다만 "산은 산이요 물은 물이로다." 하시며 심지어는 마귀도 보살이라는 아리송한 법어로 선문답만 되풀이하고 계셨으니 힘없는 민중들이 믿고 의지할 데가 과연 어디 있었겠는가.

드레퓌스 대위 사건을 직접 목격하면서 잃어버린 조국을 다시 되찾을 꿈을 키웠던 오스트리아의 기자 헤르츨이 시오니즘 운동을 일으켰을 때 사람들은 그를 두고 몽상가라며 비아냥댔지만, 결국에는 50년이 지나 실제로 이스라엘은 독립을 선포하기에 이르지 않았던가.

그런 점에서 우리의 상해임시정부는 독립전쟁도 아니고 그렇다고 뚜렷한 외교전을 펼친 것도 아닌 그저 상징적인 존재에 불과했다. 청산리 전투로 혁혁한 전과를 올린 김좌진 장군도 상해임시정부와는 무관하게 독자적으로 독립투쟁을 벌인 인물이었으며, 게다가 그를 암살한 장본인도 공산주의자 박상실이었으니 항일투쟁조차 손발이 서로 맞지 않는 중구난방식이었다.

유대인들은 자신들의 새로운 건국을 위해 두 차례의 세계대전에서 연합군에 적극적으로 가담해 싸웠다. 자신들의 건국에 대한 충분한 명분을 쌓은 셈이다. 그러나 우리에겐 그런 명분이 없었다. 그러니 광복 후에도 임시정부는 조국 땅에서 힘을 쓰지 못했다. 북에서는 소련을 등에 업은 김일성이, 남에서는 미국을 등에 업은 이승만이 오히려 힘을 얻었다. 이들은 모두 상해임시정부의 김구 주석을 정당한 권력 승계자로 인정하지 않았다.

김구 선생은 우리 민족의 모세가 되기에는 너무도 그 시야가 좁았다. 이념적으로는 김일성에 밀리고 외교적으로도 이승만에 밀렸다. 그는 단지 사심 없는 투철한 애국심의 독립투사였을 뿐, 조직적인 운영과 언변에 능숙한 정치가는 결코 아니었다. 그러나 만약 김구 선생이 통일 한국의 지도자가 되었다면 우리의 역사는 사뭇 달라졌을 게 분명하다. 불행히도 그는 극우파의 하수인 안두희의 손에 암살당하고 말았으니 역사의 수레바퀴는 참으로 얄궂게 굴러가기만 한다.

모세는 정치적인 역량으로 유대인을 압제에서 구하고 예수는 영적인 차원에서 유대인을 구하고자 했다. 그리고 모세는 가나안 땅에 들어가지도 못하고 생을 마쳤으며, 예수는 그 뜻을 이루지도 못하고 십자가형에 처해졌다. 오늘날 유대인들은 모세를 민족의 해방자로 모시며 그가 전한 계명을 충실히 따르고 있지만, 율법을 비판한 예수에 대해서는 단지 위대한 선지자로만 여기고 있다. 그 때문에 그들은 기독교 사회에서 무시당하고 천대를 받았지만 자신들의 신념을 바꾸지는 않았다.

그런 점에서 유대인들은 매우 고지식한 사람들이기도 하다. 적어도 신앙적 차원에서는 한 치의 양보도 않고 있으니 말이다. 그러나 그런 고집과 오기 때문에 그들은 자신들의 민족적 정체성을 끝까지 잃지 않고 생존해 올 수 있었던 것이다. 주어진 현실에 적당히 타협하고 서구 사회에 동화되었다면 오늘날 우리가 목격하는 유대인의 성공이 과연 가능했을까 의문이 드는 것도 사실이다.

행복한 돼지는 결코 노력하지 않는다. 피나는 노력을 기울이는 사람은 그만큼 혹독한 시련과 고통을 겪기 때문이다. 유대인들은 그렇게 오랜 세월 고통에 단련되면서 스스로 채찍질하고 눈물겨운 노력을 기울이게 된 것이 아니겠는가. 유대인만큼 철저하게 공부에 파고들고 돈에 집착하며 승부욕에 강한 민족도 드물 것이다. 그것은 그만큼 학대를 받았기 때문에 가능한 결과였다.

어쨌든 유대인은 최초로 민족의식을 일깨워 준 모세와 영적인 각성을 촉구한 예수라는 위대한 선구자를 배출한 민족이다. 모세는 기원전 13세기 인물이고 예수는 서기 30년 전후에 십자가 위에서 숨을 거두었다. 우리 역사로 치면 모세는 고조선 시대에 해당되고, 예수는 삼국시대 초기에 해당된다.

당시 우리는 한나라의 침공에 시달리던 시기였다. 로마 제국이 지중해를 평정하고 한나라가 중원을 제패할 당시 이미 유대인과 한국인은 제각기 막강한 제국의 위력 앞에 온갖 고초를 겪고 있던 때였으니 참으로 팔자 드센 민족임에 틀림없다.

예수가 죽은 지 불과 100여 년 만에 유대인은 자신들이 살던 땅에서 쫓겨남으로써 기나긴 디아스포라를 맞게 되었으며, 고조선은 한나라에 망하게 되어 그 백성들 또한 정처 없이 떠도는 유민의 신세로 전락했다. 고구려를 세운 주몽이 잃어버린 옛 땅을 되찾는다는 의미로 사용한 다물이란 말도 그래서 생긴 것이다.

그러나 어쨌든 우리는 그런 혹독한 시련을 겪으면서도 모세나 예수와 같은 역사에 길이 남을 위대한 정신적 지도자를 갖지 못했다는 사실이 더욱 큰 아쉬움으로 남는다. 역사에서 만약이라는 말처럼 무의미한 말도 없겠지만 만일 우리에게 그런 지도자가 일찍부터 나왔더라면 우리의 역사도 그만큼 달라졌을 것이기 때문에 하는 말이다.

▎십계명과 천부경

지금으로부터 수천 년 전 이집트로 끌려가 노예로 혹사당하던 히브리인을 해방하고 여호와의 인도에 따라 젖과 꿀이 흐르는 약속의 땅 가나안으로 이끌었던 인물은 유대민족이 낳은 불세출의 지도자 모세였다. 그는 자신의 동족과 함께 40년간 광야를 헤매는 고난 끝에 마침내 히브리인을 가나안 땅으로 인도했으나 그 자신은 가나안에 들어가지 못하고 모압 땅에서 120세를 일기로 숨을 거두었다고 전해진다.

광야에서 온갖 시련을 겪으며 방황을 거듭하고 있을 당시 자신이 이끌던 무리가 한동안 여호와의 뜻을 망각하고 이교에 물들어 황금으로 소를 만들어 경배하는 등 우상 숭배에 빠지게 되자 이에 크게 낙담한 모세가 홀로 시나이산에 올라 신의 계시에 따라 십계명을 전수받고 그 내용을 자신의 무리에게 전하기에 이르렀는데, 석판에 새겨진 열 가지 계명은 다음과 같다.

1. 다른 신들을 섬기지 말라.
2. 우상을 섬기지 말라.
3. 여호와의 이름을 함부로 부르지 말라.
4. 안식일을 지켜라.
5. 부모를 공경하라.
6. 살인하지 말라.

7. 간음하지 말라.

8. 도둑질하지 말라.

9. 이웃에 대해 거짓 증거 하지 말라.

10. 이웃을 탐내지 말라.

당시만 해도 뚜렷한 도덕적 율법이 존재하지 않았던 시절에 모세가 전한 십계명은 그 후 오랜 세월 유대인의 도덕적 기반을 이루는 강력한 지침으로 자리 잡아 오늘날에 이르기까지 유대교뿐 아니라 기독교 윤리에도 상당한 영향을 끼치고 있는 계명이라 할 수 있다. 특히 '눈에는 눈, 이에는 이'라는 매우 원시적인 탈리오 법칙이 지배하던 고대 시기에 살인과 간음, 절도, 탐욕, 거짓을 금하는 십계명의 출현은 실로 인류의 도덕성 확립에 혁명적인 전환점을 안겨 준 놀라운 선언이 아닐 수 없었다.

그런데 십계명이 나타나기 훨씬 이전에 우리 한반도에는 매우 심오하고도 철학적인 경전 〈천부경(天符經)〉이 존재했으니 우리 조상들의 뛰어난 혜안을 실감하게 된다. 천부경은 단군신화 내용을 토대로 단군교, 대종교에서 경전으로 채택한 것으로, 환웅이 태백산에 내려와 처음 신시를 열 때 천제 환인으로부터 전수받은 3개의 천부인 가운데 하나인 청동거울에 새겨진 경전 내용을 말한다.

환웅은 천부경의 내용을 백성들에게 가르치고 그것을 비문에 새겨 후대에 길이 전하고자 했으나 고문자로 기록되어 사람들이 오랜 기간 그 문자를 해독하지 못하다가 신라시대 대학자인 최치원이 그 내용을 해독하고 81자로 된 한문으로 옮긴 것으로 알려졌다. 물론 천부경의 존재에 대한 진위 여부는 그동안 많은 논란이 있어 왔으나, 그렇게 따진다면 모세의 기적이나 십계명 또한 역사적으로 입증할 방법은 없을 것이다. 어쨌든 천부경은 십계명과 마찬가지로 매우 간단한 형태로 되어 있지만, 그 내용만큼은 더욱 심오하고 난해한 철학을 담고 있어서 지금까지도 그 해석이 구구한 상태다. 오늘날 전해지고 있는 최치원의 한역본 내용은 다음과 같다.

一始無始一析三極無盡本天一一地一二人一三一積十鉅無櫃化三天二三地二三人二三大三合 六生七八九運三四成環五七一妙衍萬往萬來用變不動本本心本太陽昂明人中天地一一終無終一

고대 경전 가운데 이처럼 고도로 압축된 형태의 기록은 불교의 반야심경을 제외하고는 찾아 보기 어려울 듯싶다. 81자 가운데 반복적으로 등장하는 40자를 빼면 나머지 글자는 41자에 불과하며, 경문의 처음과 끝이 절묘한 대비를 이루고 있다. "一始無始一"과 "一終無終一"이 바로 그것이다. 시작도 없고 끝남도 없는 것이 우주의 본질임을 가리키고 있다. 그리고 소우주로서의 인간 역시 여기서 예외가 될 수 없음을 말한다. 결국 삶과 죽음이 따로 없으며, 하늘과 땅과 사람을 따로 구분할 수 없음을 가리키는 매우 심오한 생명철학, 우주철학의 메시지를 담고 있는 경전이라 할 수 있다.

이처럼 천지인(天地人)의 합일을 통해 하늘과 땅과 인간 사이에 놓인 차별과 분별을 지양하고 온전한 하나가 될 것을 주장하는 천부경의 기본 사상은 하늘과 땅과 사람이 다르지 않고 그 근본은 같다는 것이며, 따라서 부모 자식을 포함한 모든 사람을 존귀하게 대하라는 것이다. 그런 점에서 천부경은 고조선의 건국이념인 홍익인간(弘益人間), 재세이화(在世理化)를 포괄하는 매우 인본주의적인 사상을 가르치는 경전이라 할 수 있다. 널리 인간 세상을 이롭게 한다는 홍익인간과 세상에 있으면서 다스려 교화한다는 재세이화의 건국이념은 결국 십계명의 도덕성을 뛰어넘는 가장 이상적인 삶의 철학을 드러낸 것이 아니겠는가. 그런 점에서 천부경은 십계명을 훨씬 능가하는 동양철학의 정수라 할 수 있겠다.

▌약속의 땅 가나안과 한반도

여호와가 유대인에게 약속한 가나안 땅은 비록 젖과 꿀이 흐르는 땅으로 묘사되기는 했으나 실은 우거진 숲과 산도 없고 거대한 강물도 흐르지 않는 몹시 황량한 땅이었을 뿐이다. 더욱이 막대한 부를 낳는 석유가 쏟아져 나온 곳은 가나안 땅이 아니라 오히려 인접한 아랍인의 사막에서였으니 성서에서 묘사한 젖과 꿀이 흐르는 땅이란 결국 물질적 풍요를 가리킨 말이 아니라 영적인 차원의 풍요로움을 나타낸 상징적 표현으로 새겨들어야 할 것이다.

반면에 환웅이 백두산 천지에 내려와 단군왕검을 낳고 마침내 단군이 아사달을 도읍지로 고조선을 개국한 이래 한반도는 우리 민족의 오랜 삶의 터전이 되어 왔다. 더구나 한반도는 황량한 가나안 땅과 달리 산수가 수려하고 사계절이 뚜렷한 천혜의 땅으로 목축업에 의존한 유대인과 달리 일찍부터 농업에 종사하며 한 울타리 안에 옹기종기 모여 살았다. 따라서 유목민이었던 유대인은 오로지 하늘만을 바라보고 살며 신의 존재에 의지해 살았던 반면에 한국인은 땅에 의지해 살며 오로지 정으로 뭉쳐 지낸 것이다.

이처럼 전혀 상반된 토양에서 살게 된 유대인과 한국인이지만 한 가지 공통된 사실이 있다면, 그것은 바로 몹시 탐욕적인 이웃을 두었다는 점이 될 것이다. 지중해를 접하고 살던 유대인은 시리아와 바빌론, 이집트에 둘러싸였을 뿐만 아니라 바다 건너 로마 제국의 침략으로 망국의 슬픔을 겪어야 했으며, 삼면이 바다에 접한 한반도는 중국과 몽골의 침략에 수없이 짓밟힌 데다 바다 건너 일본의 침략까지 당하며 망국의 아픔을 겪어야 했으니 지지리도 이웃 복이 없다고 하겠다. 어디 그뿐이랴. 광복 후에는 삼팔선을 사이에 두고 소련군과 미군의 주둔으로 남북이 쪼개지는 비통함뿐 아니라 곧이어 동족상잔의 비극까지 겪어야 했다.

그런 점에서 아시아의 동쪽과 서쪽 끝에 자리 잡은 한국인과 유대인만큼 이웃에게 시달린 민족도 인류 역사에 드물 것이며, 그럼에도 불구하고 멸망하지 않고 끝까지 살아남은 민족 또한 찾아 보기 어려울 것이다. 물론 그런 남다른 시련과 고난은 당연히 의문을 제기하는 결과를 낳기 마련이라 유대인은 이미 오래전부터 〈욥기〉를 통해 자신들이 겪는 고통에 대해 신 앞에 강력하게 이의를 제기했던 것이다. 남을 괴롭히지 않고 선하게 살아가던 의로운 인간 욥이 자신에게 들이닥친 불행의 탓을 처음에는 신에게 돌리며 신과 대립하는 모습을 보이다가 결국에는 교만한 태도를 버리고 창조주 신의 깊은 뜻을 받아들여 겸허한 태도를 되찾는 모습에서 우리는 유대민족의 오랜 화두를 읽어 낼 수 있다.

반면에 하늘에서 내려온 천손민족의 후예임을 주장해 온 한국인은 하느님의 보살핌 아래 비옥한 토지와 아름다운 금수강산을 탐욕스러운 이웃들에게 빼앗기지 않기 위해 수천 년간 고군분투해 왔다고 볼 수 있는데, 그중에서도 가장 위험한 이웃은 바로 일본과 중국이다. 특히 시도 때도 없이 지진과 해일, 화산 폭발과 태풍 등에 시달리며 몹시 불안정한 상태에서 살아갈 수밖에 없는 일본은 이미 오래전부터 가장 안전하고 기름진 땅 한반도를 호시탐탐 노려 왔으며,

물론 앞으로도 계속 그럴 것이다. 그들에게는 항상 일본 침몰이라는 두려움이 잠재의식 속에 존재하기 때문이다. 오죽하면 일본 자체 내에서 〈일본 침몰〉이라는 영화까지 제작했겠는가. 그런 점에서 일찍이 일본 열도의 침몰을 예언한 탄허 스님의 말도 결코 허튼소리가 아님을 알 수 있다.

어쨌든 냉철하게 따져 볼 때 그야말로 젖과 꿀이 흐르는 땅은 가나안이 아니라 바로 한반도라 할 수 있다. 그래서 그토록 오랜 세월 중국과 일본, 몽골, 러시아 등이 이 땅을 탐내 왔으며, 지금까지도 그런 흑심은 여전히 존재한다. 솔직히 말해 가나안 땅은 원래 노아의 후손인 함족이 살던 곳으로 신과의 언약에 따라 이스라엘 백성이 가나안족을 정복하고 그 땅을 차지한 것이니 유대인도 사실 고대 사회에서는 정복민족이었던 셈이다. 반면에 한국인은 타민족을 정벌함이 없이 그야말로 평화로운 방식에 따라 고조선을 세웠으며, 더 나아가 홍익인간, 재세이화의 숭고한 이념으로 2천 년 넘게 태평성대를 이루었으니 인류 역사에서 이처럼 오랜 기간 평화롭게 유지된 왕조는 실로 그 유례가 없는 것이었다.

이스라엘의 역사에서 가장 넓은 영토를 차지하며 번영을 누렸던 시기는 다윗왕이 통치하던 시대로, 우리나라 역사로 치자면 고구려의 광개토대왕에 비견될 인물로 간주할 수도 있겠지만, 유대인과 한국인이 벌인 정복의 역사는 그것이 마지막이었을 뿐이다. 그 이후로 유대인과 한국인은 끝없는 침탈의 역사에 휘말리며 지구상에서 가장 크고 오랜 시련과 고난의 길을 걸어야만 했으니 말이다. 물론 유대인이 자랑하는 솔로몬왕의 지혜가 없는 것도 아니나, 우리에게는 한글을 창제하신 세종대왕의 지혜가 있지 않은가. 그런 점에서 보면, 유대인의 왕조는 그 명맥이 오래가지 못하고 기원전에 이미 멸망해 버린 반면에, 우리 조상들이 이룩한 왕조는 그래도 수천 년간 그 명맥을 계속해서 이어 왔다고 할 수 있으니 그토록 끈질긴 집념의 역사도 찾아 보기 힘들 것이다.

그런 점에서 끈질기고 오랜 역사를 자랑하는 중국이지만, 시황제의 진나라는 불과 14년 만에 멸망했고, 한나라는 200년 넘게 왕조를 유지했으나, 그 후 수나라는 40년도 채 못 되어 망했으며, 가장 국위를 떨치던 당나라는 그래도 300년 가까이, 문화 대국이었던 송나라는 320년 정도 체제를 유지했다. 하지만 명나라는 270년에 그쳤다. 그런데 이들 한족의 왕조 외에 거란족이 세운 요나라는 200년, 여진족이 세운 금나라는 120년, 몽골족이 세운 원나라는 100년 가까이, 그리고 만주족이 세운 청나라는 300년이나 중국을 지배했으니 이들 이민족이 중국을 지배한 기간만도 무려 720년이 넘는다.

그렇게 볼 때, 신라왕조 1,000년, 고구려와 백제 각각 700년, 고려왕조 470년, 조선왕조가 500년간이나 계속 유지되었다는 사실이 세계사를 통해서도 그 유례를 찾아 보기 힘들다는 점에서 우리는 크나큰 자부심을 가져도 될 것이다. 더욱이 그토록 숱한 외침을 겪으면서도 유지한 왕조였으니 실로 대단한 일이 아닐 수 없다. 다만 유종의 미를 거둔다는 차원에서 구한말 일제에 굴복하지만 않았더라면 오늘날 민족 분단의 비극을 겪지 않았을 수도 있다는 통한의 안타까움이 남는다.

유대인과 한국인의 이웃들

　유대인을 정복한 바빌론 제국과 로마 제국의 존재는 그 누구도 감히 대적할 수 없는 막강한 세력들이었다. 유대인들은 기원전 10세기경 다윗과 솔로몬왕 시절에 전성기를 구가했으나 그 후 내분을 겪으며 나라가 남과 북으로 갈라져 분리되었다가 결국 바빌론 제국에 의해 멸망되고 말았다. 소위 바빌론 유수라고 불리는 이 시기에 수많은 유대인이 포로로 끌려갔다.

　나라를 잃은 유대인들은 그때부터 자신들의 정체성을 잃지 않기 위해 〈탈무드〉를 집대성하기 시작했는데, 그 주도적인 역할을 담당한 사람들은 바빌론에 묶여 살던 랍비들에 의해서였다. 선지자 다니엘이 활동한 시기도 바로 그때였다. 유대인들이 자신들의 땅으로 되돌아올 수 있었던 것은 바빌론 제국이 페르시아에 의해 망하게 되면서였다. 당시 페르시아 왕의 왕비가 되었던 에스더가 동족 유대인을 위기에서 구한 사실은 구약성경에 잘 묘사되어 있다.

　그러나 가까스로 고국에 돌아오긴 했지만, 그 후로는 또다시 로마 제국의 지배를 받게 되었으니 이들의 운명은 참으로 얄궂기만 했다. 예수 십자가 처형 이후 서기 72년 로마 군대는 마사다 요새에 진을 치고 끝까지 저항하는 유대 반란군을 토벌하느라 애를 먹었다. 오랜 공방 끝에 로마군이 요새를 함락시켰지만, 항복을 거부한 반란군 전원은 이미 집단자살한 이후였다. 그 후로도 유대인의 저항은 산발적으로 계속되었지만, 서기 135년 마침내 바르 코크바의 반란이 진압된 이후로는 모든 유대인에게 추방령이 내려졌다. 이스라엘이라는 명칭이 지도상에서 완전히 사라져 버린 셈이다.

유대인의 나라를 최초로 멸망시킨 바빌론 제국은 메소포타미아 지방을 제패한 막강한 제국으로서 구약 창세기에는 바빌로니아 사람들이 바벨탑을 쌓은 것으로 기록되어 있다. 하늘에 이르기 위해 쌓기 시작한 바벨탑은 곧 인간의 교만함이 하늘을 찌를 듯 기승을 떨었음을 의미한다. 그런 교만에 대한 징벌로 결국 인간은 서로 제각기 다른 언어를 사용하게 되었다는 것인데, 그래서 종족 간의 처절한 다툼이 시작되었다는 의미도 된다.

그런 점에서 그로부터 수천 년이 지난 1887년 폴란드의 유대인 의사 자멘호프가 인류 최초의 국제공용어인 에스페란토를 창시한 사실은 매우 의미심장하다. 그는 언어가 다른 사람들끼리 말이 통하지 않아 서로 증오하고 싸우는 모습을 보고 공용어의 필요성을 통감하고 에스페란토를 만든 것인데, 그와 동시대를 살았던 또 다른 유대인 의사 프로이트는 언어가 아니라 인류 공통의 무의식 세계를 발견함으로써 심리치료 분야에 새로운 지평을 열었으니 유대인들은 확실히 남다른 데가 있기는 한 모양이다.

어쨌든 바빌론 제국의 느부갓네살왕 시절에는 바벨탑에서 제사를 드릴 때 남녀 사제들 간에 집단적인 교합이 벌어지기도 했는데, 이를 두고 성경에서는 타락의 상징으로 바벨탑을 언급하기도 한다. 그래서 바벨탑은 오늘날에 와서는 인간의 교만과 타락을 상징하는 말이 되고 말았지만, 고고학적으로는 고대 수메르 왕국에서 지었다는 지구라트 유적의 흔적에서 그 기원을 찾기도 한다.

강력한 무력만으로 중동을 제패한 바빌론 제국에 비해 로마 제국은 보다 더 체계적인 문명국이었다. 잘 정비된 법과 정치제도, 사상과 철학, 의술과 건축술, 거기에 강력한 군대까지 갖춘 대국이었으니 힘없는 유대인들로서는 불가항력의 존재였다. 다만 로마를 능가하는 것으로는 일신교적 신앙밖에 없었다. 당시 유대인의 시각에서 바라본 로마인은 범신론적 차원에 머문 저급한 이교도였을 뿐이다. 그러나 무력 앞에서는 종교적 도덕적 우월감도 다 소용이 없었다.

　다만 바빌론 제국은 유대인을 포로로 끌고 갔지만 그들의 우수한 두뇌만큼은 인정하고 유용한 수단으로 활용한 반면에, 로마 제국은 유대인을 변방의 일개 야만족으로만 여기고 멸시했을 뿐이다. 그런 점에서 볼 때, 우리의 역사도 결코 유대인에 못지않은 시련을 겪었지만, 유대인처럼 그렇게 수천 년간 나라를 잃고 여기저기를 떠돌아 다니지 않은 점만 해도 하늘에 감사할 일이다.

　유대인들이 바빌론 제국과 로마 제국에 의해 나라를 잃고 통탄에 빠져 있을 때, 우리는 그래도 국토를 잃고 비탄에 빠져 있지는 않았다. 우리가 처음으로 국권을 송두리째 빼앗긴 것은 1910년에 이루어진 한일 합병으로, 그때 당시 유대인들은 오히려 시오니즘 운동을 벌이며 빼앗긴 조국을 되찾는 일에 몰두하고 있었다. 그러나 다행히도 팔레스타인 땅을 지배하고 있던 세력이 대영 제국이었기에 그 일도 가능했었지 독립된 아랍국이 존재했다면 아마 불가능했을 것이다.

　그런 점에서 우리도 태평양전쟁이 아니었으면 그 누구의 관심도 끌지 못하고 일본의 식민지로 계속 남았을지도 모른다. 생각만 해도 아찔한 일이다. 그것도 유대인 과학자들이 개발한 원폭 투하로 하루아침에 일본이 항복하고 말았으니 우리는 알고 보면 유대인의 덕을 톡톡히 본 셈이다. 로마 제국에 의해 멸망한 유대인의 후손들이 우리를 대일본 제국의 마수에서 풀어 준 결과가 된 것이다.

그러나 일제에 의한 국권 침탈이 있기 전에도 우리는 숱한 치욕과 수모를 겪어야 했다. 한나라에 의해 고조선이 멸망한 후 그 유민들은 여기저기를 떠도는 삶을 누려야 했고, 고구려는 연나라, 수나라, 당나라 등의 침입에 용감히 저항했지만 결국에는 당나라에 무릎을 꿇고 말았다. 나당 연합군에 굴복한 백제 역시 왕족을 포함해 12,000명의 백성들이 포로로 붙들려 당나라에 끌려가는 수모를 겪었다.

고려는 고려대로 거란족과 몽고의 침입으로 온 나라가 불바다로 변하는 고초를 겪었다. 화냥년이라는 말의 어원이 된 환향녀는 바로 몽골군에 끌려간 수많은 고려 여인의 수난사를 가리키는 말이기도 하다. 포로로 끌려가 온몸을 더럽히는 고초를 겪고 난 후 가까스로 고향에 돌아올 수 있었던 환향녀들은 그나마 곧바로 자기 마을에 들어가지도 못하고 깨끗이 목욕재계한 연후에야 가족들의 품 안으로 돌아갈 수 있었다. 그런 환향녀들은 병자호란 때도 있었지만, 예전과는 달리 화냥년이라 불리며 세상에서 따돌림을 당했다.

임진왜란 당시에는 수많은 도공이 깅제로 끌려갔고, 병자호란 때는 수십만의 백성들이 인질로 끌려가 인신매매 시장에서 팔려 나가는 치욕을 겪어야 했다. 그리고 그런 아픔은 일제의 강제징용과 정신대로 이어졌으니 우리 민족의 수난사는 그야말로 끝도 한도 없이 이어지는 한 맺힌 역사가 아닐 수 없다. 유대인은 조국을 잃고 여기저기를 유랑하는 가운데 천덕꾸러기 취급을 받았지만, 우리 민족은 쉴 새 없이 벌어지는 난리 통에 수많은 백성이 실로 참담한 일들을 겪어야 했다.

물론 그것도 다 힘이 없었기 때문이기도 했지만, 나라를 이끌어 가는 지도 세력의 무능 탓이기도 하다. 민심이 천심이라는 말은 그냥 하는 말일 뿐 진정으로 민심을 달래 주고 보호해 줄 능력이 없었던 것이다. 그런 뼈아픈 과거사를 토대로 유대인들이 죽어라 공부에 매달린 결과 오늘날의 번영을 구가하고 있다. 그런 점에서 우리 역시 마찬가지로 그들에 결코 뒤지지 않는 실력을 하루바삐 쌓아야겠다. 그러지 않으면 언제 또다시 과거의 그런 시련이 닥칠지 모르기 때문이다.

더군다나 분단의 아픔을 겪고 있는 우리 입장에서는 동북공정을 일삼으며 역사를 왜곡하는 이웃 중국과 과거의 만행에 대한 사죄나 뉘우침 없이 혐한 태도를 계속 유지하는 일본이라는 이웃 때문에 그야말로 속 터지는 일이 한두 번이 아니다. 특히 중국은 북한뿐 아니라 한반도 전체를 집어삼키려는 야욕에 사로잡힌 나머지 가증스럽게도 고구려 역사를 중국사의 일부로 편입시키는 파렴치한 행태를 일삼는가 하면, 오늘날에 와서는 한국의 고유문화마저 중국 문화에서 비롯되었다는 황당무계한 주장들을 펼치고 있다.

더 나아가서 한국은 오랜 기간 중국의 속국이었으며, 한국인은 중국의 소수민족이라는 얼토당토않은 망발도 서슴지 않고 있다. 심지어 중국 공산당 지도자 시진핑조차도 미중 정상회담 자리에서 트럼프 대통령에게 한국은 중국의 속국이라는 망언을 거침없이 내뱉을 정도였으니 일반 중국 백성들이야 오죽하겠는가. 중국인들은 김치, 한복, 한옥, 온돌, 한류 등을 모두 중국 문화라며 도둑질해 간 것으로 억지를 부리는 데다, 심지어는 한글도 한자를 본떠 만든 것이라는 궤변을 늘어놓기 일쑤다. 그들은 베이징 올림픽 개막전에서도 수많은 소수민족 가운데 한복을 입힌 조선족 여인을 등장시키기도 했는데, 이는 곧 한국인이 중국의 속국임을 은근히 과시한 것이나 다름없다. 참으로 간교하고 음흉한 술책이 아닌가.

따라서 그들은 한글을 창제한 세종대왕도 중국인이며, 더 나아가 이순신 장군이나 안중근 의사, 시인 윤동주도 중국인이라는 억지를 내세운다. 어디 그뿐인가. 축구선수 손흥민도 손오공의 후예로 중국인이라는 말도 안 되는 주장이다. 물론 그토록 위대한 인물들이 얼마나 부럽고 질투가 나면 그랬을까 싶기도 하지만, 그렇다고 해서 인접국의 문화나 역사를 왜곡해서까지 자기 것으로 만들어야 하는지 상식적으로 이해하기 매우 힘든 일이다. 하기야 몽골의 칭기즈칸마저 중국인이라고 주장하는 그들이니 중국인의 정신 상태나 의식 수준을 일단 의심해 보지 않을 수 없게 된다.

물론 중국에 거주하는 조선족은 수많은 소수민족 가운데 하나로 간주된다. 하지만 그들은 일제의 탄압을 피해 한반도에서 북간도로 이주한 조선인들의 후예일 뿐이다. 더군다나 재일동포나 재미교포의 역사가 더 오래되었는데, 그렇다고 해서 한국이 일본이나 미국의 속국이라 주장하는 정신 나간 인간들에 대해서는 지금까지 들어 본 적이 없다. 고구려가 중국의 속국이었다면 수나라와 당나라가 어찌해서 온 국력을 총동원해 고구려와 전쟁을 벌였으며, 그것도 번번이 참담한 패배로 물러났을까. 그리고 고려의 국호도 고구려를 계승한 것이 아니겠는가. 따지고 보면 중국의 한족도 수시로 변방의 이민족 침입에 굴복해 오랜 기간 지배를 받기까지 하지 않았는가. 북방의 선비족이 지배한 수나라와 당나라 300년, 몽골족이 지배한 원나라 100년, 만주의 여진족이 지배한 청나라 300년이 그렇다. 여기에 거란족이 세운 요나라 200년과 여진족이 세운 금나라 100년까지 합치면 도합 천 년 이상의 기간에 걸쳐 한족은 20세기 초에 이르기까지 줄곧 북방 오랑캐의 지배를 받은 셈이다. 그런데 오히려 칭기즈칸이 중국인이라니 이 무슨 말도 되지 않는 궤변인가.

중화사상에 물든 중국인들은 드넓은 땅덩어리와 14억 인구만 믿고 마치 자신들이 동양의 주인이라도 된 듯 행세하며 온갖 유세를 떨고 있다. 그들은 모든 주변국을 마치 머슴 다루듯 할 뿐만 아니라 여차하면 자신의 일부로 흡수하려 든다. 하기야 이미 1950년에 중공군이 티베트를 침공해 무단 점령하지 않았는가. 더욱이 공산화된 중국은 모택동의 문화대혁명을 통해 전통문화와 유교정신의 파괴가 가속화되었으며, 오히려 진정한 유교정신의 명맥은 오랜 세월 동방예의지국으로 불리던 한국을 통해 이루어지고 있다고 해도 결코 과언이 아닐 것이다.

더욱이 공산당의 일방적인 선전에 세뇌당한 중국인들은 한국전쟁 참전마저 항미원조라 부르고 미국과 한국의 북침으로 위기에 처한 북한을 중국이 구했다며 적반하장식의 주장을 펼치고 있으니 그야말로 기가 막혀 말이 안 나올 지경이다. 그런 점에서 천카이거, 서극 감독이 공동 감독한 중국영화 〈장진호〉는 항미원조의 미명하에 출전한 중공군이 미군을 상대로 펼친 활약상을 다룬 작품으로, 감독들의 국제적인 명성에 먹칠을 하는 반역사적 졸작이 아닐 수 없으며, 전형적인 역사 왜곡과 대중선동의 선례를 남긴 것으로 본다.

정신병 환자의 망상이 형성되는 단계를 조사한 바에 의하면, 그들

특유의 왜곡된 삼단논법이 관찰된다고 하는데, 예를 들어 '성모 마리아는 처녀다, 나도 처녀다, 고로 나는 성모 마리아다.'라는 잘못된 왜곡의 논법을 거쳐 망상이 이루어진다는 것이다. 따라서 한국은 소국이고 중국은 대국이니 소국 한국은 당연히 대국 중국의 속국이 되어야 마땅하다는 논리인데, 이는 매우 시대착오적인 제국주의적 발상으로 그들이 항상 입에 올리는 미제국주의보다 더욱 저급하고 야만적인 수준이 아닐 수 없다.

한 가지 더 추가하자면 요즘 유행하는 용어 중에 '정신 승리'라는 말이 있는데, 이 용어는 이미 100년 전에 중국 현대문학의 아버지 루쉰이 소설 〈아큐정전〉에서 소개한 것으로 주인공 아큐가 자신의 비참하고 굴욕적인 현실을 부정하고 스스로 자만과 우월감에 빠지는 어리석은 모습을 풍자한 것이다. 하지만 정신 승리는 이미 오래 전에 프로이트가 병적인 자아방어기제의 하나로 합리화를 설명하는 가운데 '타조 기제'라는 용어를 사용한 바 있다. 위험에 처해 쫓기던 타조가 모래에 머리를 처박은 상태에서 더이상 위험하지 않다고 여기는 습성에서 비롯된 용어다.

하기야 그런 정신 승리는 중국인뿐만이 아니다. 일본인 역시 교묘한 역사 왜곡 교육과 더불어 그들의 혐한 서적 코너를 가득 메운 유치찬란한 국뽕 서적들을 통해 자신들의 우월감을 재확인하기에 여념이 없기 때문이다. 그런데 신기하게도 한국 대형서점에는 반일 서적 코너를 찾아 보기 어렵다. 왜냐하면 이제 일본은 우리의 관심 대상에서 밀려났기 때문이다. 더군다나 자신들의 과거 잔악한 만행을 잊고 원폭 피해만을 기억하는 일본인들은 원폭 두 발과 함께 마지막 남은 양심마저 날려 버림으로써 일종의 정신적 불구 상태에 빠진 것이나 다름없게 되었다.

이런 골때리는 이웃들을 상대하며 살아야 하는 한국인에 비해 유대인들은 바빌론 포수 시절에 그들의 오랜 정신적 기둥인 〈탈무드〉를 집대성해 후대에 전수했으며, 로마 제국과 나치 독일 패망 사이에 걸친 2,000년의 오랜 핍박의 세월을 용케 견디고 살아남아 자신들의 조국을 되찾는 집념을 보인 동시에 인류 문화에 있어서도 눈부신 업적과 공헌을 남겼다. 그들은 자신들에게 가해진 시련과 고통을 통해 더욱 강하고 끈질긴 민족성을 발휘함으로써 비록 나라는 망해도 민족은 영원하다는 사실을 온몸으로 입증해 보였다. 유대인이야말로 본의든 아니든 간에 가장 먼저 세계화를 이룬 유일한 민족으로서 그들이 지닌 힘의 원천은 신으로부터 부여받은 소명 의식이 아닐까 한다. 그런 믿음은 바빌론이나 로마 제국도 그리고 나치 독일조차도 어쩌지 못했다. 그것이야말로 진정한 힘의 원천이었다.

물론 우리 민족은 유대인처럼 믿고 의지할 신적인 존재가 없었지만, 그럼에도 불구하고 단군의 후예라는 일관된 정체성을 유지하며 숱한 외침과 국난의 위기를 슬기롭게 헤쳐 왔다. 사실 따지고 보면 중앙아시아의 수많은 소수민족이 오늘날 중국에 복속되어 유명무실한 존재로 살아가고 있는 현실에 비춰 볼 때, 그래도 국토와 민족 정체성을 잃지 않고 수천 년간 한반도를 지켜 온 한국인의 오기와 집념만큼은 지구상에서도 그 유례를 찾아 보기 힘든 실로 놀라운 기적이 아닐 수 없다. 그런 점에서 유대인과 한국인은 인류 역사상 가장 끈질긴 생명력을 과시한 민족이라 할 수 있다.

▍망국의 슬픔과 디아스포라

유대인의 비극은 서기 135년 바르 코크바의 반란이 실패로 돌아간 후 로마 황제 하드리아누스의 명령에 의해 모든 유대인이 팔레스타인에서 추방되면서 시작되었다. 조상들의 땅에서 쫓겨난 유대인들은 그때부터 뿔뿔이 흩어져 전 세계로 머나먼 유랑의 길에 올라야 했다. 당시 유대인들은 그 땅을 되찾기까지 무려 2천 년의 기나긴 세월이 요구되리라고는 감히 상상도 못 했을 것이다.

다행히 우리는 조상들이 물려준 이 땅을 그래도 고이 간직해 왔으니 실로 고마운 일이다. 그러나 히로시마와 나가사키에 떨어진 원폭 두 방이 아니었으면, 지금까지 우리 땅을 그대로 간직했을지 장담하기 어렵다. 물론 그 원폭은 유대인 과학자들이 개발한 무기였으니 일본은 죄의 대가를 톡톡히 치른 셈이지만, 우리로서는 본의 아니게 유대인의 덕을 본 셈이기도 하다.

일본이 진주만을 습격하지 않았다면 전쟁의 양상이나 우리의 운명도 달라졌을지 모른다. 그러나 일본은 미국이라는 땅덩어리만을 생각했지 그곳에 어떤 사람들이 살고 있는지에 대해서는 무지했다. 비록 일본은 나치 독일처럼 유대인의 존재를 해충과도 같은 열등 민족으로 여기지는 않았지만, 그들이 안고 있는 민족적 시련이나 고난에 대해서는 제대로 이해하지 못하고 있었다. 단지 유대인은 엄청난 재력을 보유하고 있는 몹시 영악한 족속일 뿐이라는 점과 세계 지배 음모를 획책하고 있는 위험한 민족이라는 점에서는 나치 독일과 견해를 같이했다.

오히려 일본이 벌레만도 못한 열등 민족이라고 여겼던 대상은 조선인과 중국인이었다. 더욱이 독일, 이탈리아와 삼국 동맹 관계를 이루게 되자 간덩이가 부은 일본은 겁대가리도 없이 진주만을 공격하기에 이른 것이다. 그러나 수천 년의 세월을 여기저기 떠돌며 쫓겨 다니는 신세였던 유대인들이 마지막 생존의 터전으로 겨우 자리 잡은 신대륙일진대 지난 과거처럼 그렇게 호락호락 물러나진 않을 게 뻔했다.

그러지 않아도 미국은 독일보다 먼저 원폭을 개발해야 한다는 초조한 입장에 있었다. 그러나 예상보다 빨리 독일이 항복하는 바람에 원폭은 멋도 모르고 결사 항전만을 외치던 일본에 떨어진 셈이다. 일본의 항복으로 미국의 유대인들은 또다시 위기의 고비를 넘기고 한시름 놓게 되었지만, 독일의 항복은 그들에게 그 어떤 위안도 될 수 없었다. 이미 600만의 유대인들이 한 줌의 재로 화했기 때문이다.

오랜 삶의 터전에서 쫓겨나 온갖 박해와 수모를 당하면서도 끝까지 자신들의 생존을 위한 투쟁에 몸부림치며 살아온 유대인들은 인류 역사상 가장 끈질긴 민족이라 할 수 있다. 그러나 그들이 맞이한 디아스포라의 운명은 오히려 유대인을 철저히 단련시켰다. 생존의 달인들이라 할 수 있는 유대인 특유의 끈질긴 생명력과 뛰어난 창의력은 그런 시련과 고난을 통해서 더욱 뜨겁게 달궈진 셈이다.

현재 지구상에는 대략 1,800만 명의 유대인이 흩어져 살고 있다. 그중에서 가장 많은 800만이 신대륙에 살고 있다. 북미 750만, 중남미 50만이다. 그다음이 이스라엘로 700만이다. 유럽의 유대인은 약 200만이다. 그리고 터키에 2만, 남아연방에 8만, 호주에 15만 정도로 분포된다.

반면에 우리 한민족은 총인구 8,000만 명 이상으로 대한민국에 5,000만, 북한에 2,500만, 중국에 200만, 미국과 캐나다에 200만, 일본에 60만, 러시아 및 중앙아시아에 50만, 동남아시아에 20만, 호주에 10만, 중남미에 10만, 유럽에 9만 명이 살고 있다. 그러나 우리는 아직도 1,000만에 달하는 이산가족을 두고 있다.

특히 스탈린의 강제 이주 정책에 의해 시베리아를 거쳐 중앙아시아의 황무지로 추방된 코레이스키는 일제의 탄압을 피해 조국을 떠난 유민들의 후손으로 지금까지도 그들은 사할린 동포와 더불어 망향의 그리움 속에 세월을 보내고 있는 중이다. 하기야 광복 후에도 동족상잔의 비극을 치르며 재기에 몸부림치던 고국이었으니 그들에게 신경 쓰고 챙겨 줄 처지가 될 수 없었겠지만, 오늘날 눈부신 성장으로 선진국 반열에 오른 점을 감안하면 오랜 세월 타지에서 고생하며 살아온 교민들에게도 동포애를 발휘할 시점에 도달한 것이 아닐까 한다.

유대인들은 600만 명이 참혹하게 죽어 갔지만, 우리는 한국동란 중에만 200만 명의 사망자를 냈으며, 그리고 아직까지도 수많은 이산가족이 가슴에 한을 품고 살아가고 있는 중이다. 물론 이산가족의 아픔을 유대인과 한국인만이 겪은 건 아니다. 15세기에서 19세기에 이르기까지 아프리카에서 신대륙으로 끌려간 흑인 노예만 해도 거의 1,000만 명에 달하니 그들의 아픔 또한 얼마나 컸겠는가.

그것에 비하면 유대인과 한민족은 참으로 끈질긴 민족임에 틀림없다. 그리고 그토록 엄청난 시련과 고통에도 불구하고 살아남는 일도 보통 실력이 아니다. 그것은 남다른 아픔과 슬픔을 이겨 낼 수 있는 강인한 정신력에 힘입은 결과다. 밟으면 밟을수록 강해지는 잡초처럼 유대인과 한국인은 그 어떤 민족도 감히 흉내 낼 수 없는 끈질긴 생명력으로 반만년의 세월을 버텨 온 셈이다. 그러니 그것이 어디 보통 실력으로 될 일인가.

물론 유대인은 종교적인 이유로 더욱 비참한 굴욕과 수모를 당해 온 것이 사실이지만, 자신들의 고유한 믿음과 민족적 정체성을 잃지 않고 유지해 왔기에 그나마 생존이 가능했다고 본다. 반면에 한국인은 비록 변방의 오랑캐 취급을 받기는 했지만, 단순히 야만적인 오랑캐는 아니었다. 도덕적으로나 정신적으로 결코 무시할 수 없는 엄연한 자주독립국이었기 때문이다. 그것도 독자적인 말과 글을 지닌 그 나름대로의 위엄과 체통을 지닌 민족이었기에 비록 무력으로 짓밟기는 했어도 그리 만만히 볼 수만도 없는 문화 대국이었다.

독자적인 문화로 보자면 고대 한국인이 고대 유대인을 오히려 능가한다. 우리에게는 그런 자부심이 존재하지만, 유대인은 사실 그런 자부심조차 없었다. 그러나 오늘날에 와서는 오히려 전세가 역전되어 유대인의 자부심이 우리를 능가하게 되었다.

2천 년에 가까운 떠돌이 신세와 참혹한 홀로코스트의 아픔을 딛고 일어선 그들에 비하면 차라리 우리가 다행일지도 모른다. 우리는 그들처럼 수백만에 달하는 참혹한 대학살을 겪지는 않았기 때문이다. 비록 이산의 아픔과 분단의 고통을 겪고는 있지만, 그래도 살아 숨 쉬고 있다는 사실 하나만으로도 미래에 대한 희망을 가져 볼 수 있는 것이다.

문제는 과거의 그런 참담한 역사에도 불구하고 미래지향적인 안목을 지니고 오늘에 최선을 다하는 모습을 우리가 과연 얼마나 보여줄 수 있겠느냐 하는 점에 달려 있다. 그런 점에서 우리는 유대인에게 배울 점이 참으로 많다. 적어도 생존에 대해서는 우리 민족도 유대인에 결코 뒤지지 않는 노하우를 지니고 있지만, 단순히 살아남는 일에 그치지 않고 절망을 희망으로 그리고 탄식을 환호로 반전시킬 수 있는 노하우까지 터득하지 않고서는 우리에게 주어진 오늘날의 이 난관을 극복하기 실로 어려울 것이기 때문이다. 그것은 남이나 북이나 다 마찬가지다.

탈무드와 율법

구약성서가 유대인의 역사뿐 아니라 신과의 언약에 관한 기록이라면 모세 5경은 유대인의 도덕적 기반을 뒷받침하는 가장 중요한 율법서라 할 수 있다. 반면에 〈탈무드〉는 유대인의 생존에 필요한 삶의 지혜를 이끌어 주는 지침서라 할 수 있다. 하지만 〈탈무드〉는 딱딱한 교리문답서도 아니요, 그렇다고 단순한 처세술이나 보신술을 가르치는 세속적인 지침서만도 아니다. 〈탈무드〉는 신앙과 율법, 처세와 교훈, 생존과 양생법, 미담과 유머 등이 혼재된 일종의 백과전서식의 민족 교육서라 하겠다.

이처럼 매우 특이한 형태의 지침서를 지닌 민족은 지구상에서 유대인 말고 찾아 보기 어려울 듯하다. 〈탈무드〉는 말 그대로 지혜의 바다이며 유대인의 생존 그 자체라 해도 과언이 아니다. 왜냐하면 〈탈무드〉가 없는 유대인이란 상상하기 어렵기 때문이다. 〈탈무드〉는 서기 500년에 바빌로니아에서 책으로 편성되기 시작했지만, 본래는 오래전부터 입에서 입으로 구전되어 오기만 하던 것을 기원전 200년에서 서기 500년에 이르기까지 약 700년의 세월에 걸쳐 학자들과 랍비들 사이에 연구와 토론을 거듭한 끝에 종합·정리되어 이루어진 것이라고 할 수 있다. 특히 로마 제국에 의해 성전이 파괴된 이후에는 바빌론의 수라와 품베디타에 정착한 학자들에 의해서 〈탈무드〉가 발전되고 기록으로 집대성되기 시작했다.

하지만 〈탈무드〉가 소실될 위험을 걱정하여 기록으로 남겨야겠다는 최초의 자각은 랍비 유다에서부터 시작되었다. 그리고 그런 우려는 현실로 나타났다. 1244년에는 파리에 있던 모든 〈탈무드〉가 기독교도에 의해 몰수되어 불태워졌으며, 1415년에는 모든 유대인의 〈탈무드〉 읽는 행위가 법으로 금지되었다. 1520년 로마에서도 모든 〈탈무드〉가 압수되어 불태워졌다. 그 후에도 계속해서 〈탈무드〉를 찾아내어 압수하고 찢어 버리거나 불태우는 작업들은 나치 독일에 이르기까지 이어졌다. 실로 1,500년에 달하는 오랜 기간의 파기와 분서에도 불구하고 〈탈무드〉는 끝내 살아남아 전수되고 있는 놀라운 책이다.

유대인들에게 있어서 하느님을 섬기는 최대의 행위는 열심히 공부하는 것이다. 따라서 공부를 하지 못하게 만들면 이미 그는 유대인이 아닌 셈이다. 일찍이 로마 제국은 모든 유대인을 비유대인화하기 위해 〈탈무드〉 연구와 공부를 금지했고, 수많은 학교와 성전을 파괴해 버렸다. 그리고 자신들의 생명보다 더 소중한 〈탈무드〉를 지키기 위해 수많은 유대인이 목숨을 잃었다. 그러나 유대인의 생명을 빼앗을 수는 있어도 그들에게서 〈탈무드〉를 빼앗을 수는 없었다. 왜냐하면 〈탈무드〉는 그들의 머릿속에 든 것으로 입에서 입으로 전승되어 이어졌기 때문에 그 맥을 완전히 끊을 수는 없었던 것이다.

유대민족 오천 년의 역사에서 생존을 위한 온갖 지혜의 보고일 뿐만 아니라 뿔뿔이 흩어진 민족의 아픔을 달래 주고 자신들의 동질성 확립에 끼친 〈탈무드〉의 역할은 가히 절대적이었다. 강력한 정신적 지주로서의 〈탈무드〉는 나라와 언어를 빼앗긴 상태에서도 끊임없이 그 맥을 이어 가면서 날이 갈수록 그 내용이 보다 풍부하게 보강되었다. 더욱이 〈탈무드〉는 현실 생활과 아주 밀접한 실제적인 내용들로 가득 차 있기 때문에 훌륭한 처세 지침서의 역할도 맡아 왔다.

〈탈무드〉는 단순한 율법서가 아니다. 〈탈무드〉는 일종의 문학이다. 허구적으로 창작된 내용이라는 뜻에서 하는 말이 아니라 흥미진진한 이야기 형식으로 되어 있다는 의미다. 〈탈무드〉는 아이들의 뇌리에 오래 남아 있도록 이야기처럼 구성되어 있다. 그래서 기록된 경전은 불태워질 수 있지만 흥미로운 이야기 형식은 아이들의 기억 속에 오래 살아남기 때문에 그 어떤 박해자들도 〈탈무드〉를 완전히 제거할 수는 없었다. 따라서 〈탈무드〉의 역사는 유대인과 그 운명을 함께 공유해 왔다. 그리고 수천 년에 달하는 그 오랜 기간에 걸쳐 〈탈무드〉는 유대인의 가슴에서 신에 대한 외경심 및 메시아 사상과 더불어 그 누구도 지울 수 없는 마음의 기록으로 살아남았다.

〈탈무드〉의 가르침에 따라 유대인은 생존을 위해 쉬지 않고 학문을 연마해 왔다고 할 수 있다. 그들에게 〈탈무드〉 공부는 마치 물과 물고기의 관계처럼 떼려야 뗄 수 없는 관계로, 모든 것을 잃은 유대인에게는 배움과 교육이야말로 자신들의 생존을 유지해 주는 마지막 보루라고 여긴 것이다. 그래서 로마 제국이 성전을 파괴하고 유대인의 모든 교육을 금지했을 때, 랍비 벤 자카이가 나서 학교만은 제발 없애지 말아 달라고 간청했던 것이다. 이처럼 교육만이 살길이라고 생각한 유대인의 판단은 마치 일제강점기의 도산 안창호 선생을 연상시킨다. 그것은 위기에 처한 약소민족만이 느낄 수 있는 마지막 히든카드요, 처절한 생존의 몸부림이었던 것이다. 오늘날 유대민족과 우리 한민족에서 볼 수 있는 교육에 대한 이상 열기는 바로 그런 생존에 대한 위기의식에서 비롯된 여파 때문이 아니겠는가.

심지어 〈탈무드〉에서 기도는 되도록 짧게 하고 학문은 오래 하라고 가르친다. 이 얼마나 실용적인 가르침인가. 기도만이 능사가 아니니 결코 공부를 게을리하지 말라고 가르치는 종교는 지구상에 아마 유대교밖에 없을 듯싶다. 물론 동양에도 학문을 중시한 유교가 있지만 종교라고 보기는 어려우며, 불교나 이슬람교, 기독교 등도 학문 자체보다는 기도를 무엇보다 강조하고 매달리지 않는가. 그래서 오늘날에 이르기까지 세계적인 학자들이 특히 유대인 사회에서 쏟아져 나왔으며, 전 세계 인구의 0.3%에도 못 미치는 유대인이 노벨상 수상자의 20%를 차지하고 있는 현실도 결코 무리가 아니라는 생각이 든다.

이처럼 유대인에게 오래 세월 정신적 지주 역할을 도맡아 온 〈탈무드〉야말로 유대인을 유대인답게 만든 원동력인 동시에 서로를 지켜 준 불가분의 관계라고 해도 과언이 아닐 것이다. 유대인은 〈탈무드〉를 지키고자 필사적인 노력을 기울였으며, 〈탈무드〉 역시 유대인을 보호하고 지켜 준 영적인 스승 노릇을 해 왔기 때문이다. 일정한 국토와 민족적 지도자를 지니지 못했던 유대인 입장에서 볼 때, 그토록 오랜 세월 소멸당하지 않고 끈질긴 명맥을 이어 올 수 있게 만든 가장 주된 요인은 바로 구약성서를 기반으로 한 종교적 신념과 〈탈무드〉를 통한 민족 정체성의 확립에 있었다고 볼 수 있다.

물론 이천 년 만에 나라를 되찾은 오늘날에 와서는 〈탈무드〉에 대한 의존도가 예전만 못하다고 하지만, 그럼에도 유대인에게 〈탈무드〉의 가르침은 알게 모르게 영향을 줄 수밖에 없다. 특히 결혼 및 가족 문제, 소송 문제, 인간관계, 상거래 문제, 교육 문제 등에 대해서는 아무리 서구화된 유대인이라 할지라도 〈탈무드〉의 기본 정신에서 결코 자유로울 수 없을 것이다. 왜냐하면 유대인만큼 가족 간의 유대 관계가 끈끈한 민족도 찾아 보기 힘들뿐더러 그 밑바탕을 이루고 있는 〈탈무드〉 정신은 항상 그들 사이에 보이지 않는 연결고리를 이루고 있기 때문이다.

따라서 수천 년에 걸친 유랑 생활과 천민 신분을 청산하고 오늘날 유대인이 보인 눈부신 성공과 업적의 배경은 사실 〈탈무드〉의 가르침에 있다고 해도 과언이 아니다. 그것은 다음과 같은 〈탈무드〉의 가르침을 통해서도 분명히 드러난다. 즉, "돈이 없는 것은 인생의 절반을 잃는 것이고, 용기가 없는 것은 인생의 전부를 잃는 것이다."라는 말에서도 보듯이 유대인은 돈을 죄악시하지도 않을뿐더러 오히려 삶의 유용한 도구로 받아들인다. 더 나아가 그들은 하루하루를 처음이자 마지막 순간처럼 여기고 최선을 다해 열심히 배우고 익히기에 여념이 없는 것이다.

그래서 〈탈무드〉는 승패의 갈림길을 매우 분명한 모습으로 보여준다. "승자의 하루는 25시간이며, 패자의 하루는 23시간이다."라고 독려하는가 하면, "승자는 눈을 밟아 길을 만들지만, 패자는 눈이 녹기만을 기다린다."라고 일침을 가한다. 또한 "승자는 자기보다 우월한 자를 보면 그를 존경하고 배울 점을 찾지만, 패자는 그를 시기하고 그의 허물만을 찾으려 든다."라는 것이다. 그뿐만이 아니다. 승자는 칠전팔기의 정신으로 다시 해 보자고 도전하지만 패자는 일곱 번 쓰러진 사실만 후회하고 해 봐야 별수 없다고 체념하기 마련이며,

게다가 승자는 여차하면 다른 길도 찾아 보지만 패자는 오로지 한길만을 고집한다는 것이다.

생각해 보라. 어려서부터 이런 가르침에 익숙한 사람들과 경쟁을 한다고 쳤을 때, 과연 최후의 승자가 누가 될 것인지 상상하기는 그리 어렵지 않을 듯하다. 단일 민족으로 노벨상 수상자의 절대다수를 차지한 민족이 바로 유대인이라는 사실을 우리가 겸허히 받아들인다면, 〈탈무드〉의 이런 가르침과 전혀 무관하다고 자신 있게 단언할 수 있겠는가.

유대인은 한마디로 지독한 사람들이다. 그들은 절대로 포기하는 법이 없는 민족이다. 그리고 그 힘은 〈탈무드〉에서 나온다. 비록 그들이 〈탈무드〉를 읽지 않는다 해도 그 힘은 분명 〈탈무드〉에서 나오는 것이다. 유감스럽게도 유대인 못지않게 유구한 역사를 자랑하는 우리에게는 그런 민족적 얼과 지혜를 가르치고 한마음으로 결집하는 정신적 기둥이 존재하지 않는다는 점에서 아쉬움을 금할 수 없다.

그런 점에서 유대인은 정녕 위기를 기회로 전환하는 데 있어서 남다른 저력을 키워 온 매우 특이한 민족임에 틀림없다. 따라서 자신을 지키고 타인과 더불어 살 수 있는 노하우를 오래전부터 익혀 온 이들 유대인의 얼이 속속들이 녹아 있는 〈탈무드〉의 지혜는 단순히 유대인만의 지적 자산에 그치는 것이 아니라 어둡고 삭막한 현대를 살아가는 인류 전체의 심성을 밝혀 주고 덥혀 줄 수 있는 살아 있는 지식의 보고(寶庫)라 해도 과언이 아닐 것이다.

물론 우리 민족은 〈탈무드〉에 견줄 수 있는 민족 지침서가 존재하지 않았지만, 그럼에도 불구하고 우리는 시련과 고난에 가득 찬 역사적 경험을 잊지 않고 그런 수모와 치욕을 결코 되풀이하지 않겠다는 각오로 오늘에 이르고 있다. 더욱이 유대인이 수천 년간 조국을 잃고 온 세상을 떠돌 때, 우리 민족은 조상 대대로 이어받은 한반도를 굳세게 지켰으며, 비록 35년간 일제의 식민지로 전락했을지언정 나라는 망해도 민족은 영원하다는 오기와 자부심으로 감당하기 어려운 수난의 시기를 버틴 것이니 강한 자부심을 느낄 만도 하다.

랍비와 선비

유대교에는 신부나 수녀가 없는 것이 특징이다. 더욱이 예수나 석가모니, 무함마드처럼 교주가 따로 있거나 가톨릭의 교황과 같은 최고 성직자도 존재하지 않는다. 그들에게 최고의 권위는 바로 〈탈무드〉 자체이지 성직자가 아니다. 〈탈무드〉의 지식을 가장 많이 지니고 있는 사람들이 랍비이며 유대인은 그들을 존경한다. 유대인 사회의 특징은 랍비가 없으면 공동체 사회의 기능이 멈추고 만다는 데 있다.

랍비는 정신적인 지도자인 동시에 율사이며 교육자이면서 인생 상담자이기도 하다. 랍비의 기능이 멈추지 않는 한 유대인 사회는 존립해 나간다. 또한 그들에게 독신주의나 사회에서 고립된 성직자는 존재하지 않는다. 지역사회의 공동체로부터 격리·단절되어 사는 것이 바람직하지 못하다고 생각하기 때문이다. 더 나아가 참된 거룩함이란 일상생활을 영위하는 가운데 자기 주변의 병들고 가난한 자들과 함께 고통을 나누고 도와주며 살아가는 모습을 통해 진정으로 성취된다고 믿어 왔다.

따라서 유일한 성직자인 랍비들노 철서한 교육을 받기는 하지만 남들처럼 똑같이 결혼해서 가정을 꾸리고 산다. 인위적으로 성을 억제하는 것은 자연스럽지 못하다고 이미 오래전부터 여겨 온 것이다. 그러니 마르틴 루터의 종교개혁을 통해 비로소 성직자의 결혼이 허용된 사실을 두고 유대인은 오랜 기간 인간 본성의 소중함과 고마움에 무지했던 서양인의 무지를 속으로 비웃었을지 모른다.

〈탈무드〉의 권위자로서 랍비는 현자의 역할뿐만 아니라 일상생활의 의식 집행자면서 교육자 노릇도 해야 된다. 존경받는 율사이자 상담자로서 랍비는 인생 대소사의 문제는 물론이고 공동체 내에 시비가 벌어질 경우 어느 한쪽에 치우치지 않는 태도를 견지하며 공정한 판정도 내려 주어야 한다.

〈탈무드〉에는 현자가 되는 일곱 가지 조건을 다음과 같이 열거하고 있는데, 여기서 말하는 현자란 곧 랍비를 가리킨 것이다. 첫째, 자기보다 현명한 사람이 있을 때는 침묵한다. 둘째, 남이 이야기할 때 중간에서 막지 않는다. 셋째, 대답할 때 당황하지 않는다. 넷째, 언제나 핵심을 질문하고 요긴한 것만 대답한다. 다섯째, 당장 해야만 될 것부터 손을 대고 뒤로 미뤄도 될 것은 맨 나중에 한다. 여섯째, 자기가 알지 못할 때는 그것을 인정한다. 일곱째, 진실을 받아들인다. 결국 이런 조건을 두루 갖춘 랍비야말로 유대인 공동체의 진정한 정신적 지도자로 대우받으며 존경과 신뢰를 받게 되는 것이다.

이처럼 유대인 사회에서 〈탈무드〉에 정통한 랍비가 가장 존경을 받았다면, 우리 사회에서 가장 지식이 많았던 선비들은 과연 어땠을까. 선비란 조선 사회에서 학문을 닦은 사람을 가리킨 말이었지만, 단순히 지식만을 뜻한 것이 아니라 어질고 학식 있는 사람을 의미한 것으로, 유교적 가르침에 따라 재물을 탐하지 않고 오로지 올바른 행실과 선행을 베푸는 인격체를 드높여 부른 말이다. 하지만 성품이 곧고 착실하나 세상 물정에 어두운 사람을 지칭할 때도 선비라는 말을 쓰기도 했다. 그런 점에서 삶의 지혜를 터득하고 민중과 함께 그 지식을 공유했던 랍비와는 차이가 있다고 할 수 있다.

사실 우리나라에서 선비의 역사는 실로 오래되었다. 2세기 말엽 고구려 고국천왕 때 국상을 지낸 을파소는 선비의 도리를 몸소 실천한 대표적인 인물로 온 백성의 존경을 받았다. 또 4세기 소수림왕 시절에는 유교의 이념 아래 선비를 양성하는 태학이 최초로 세워졌다. 당시 백제와 신라에도 비슷한 제도가 시행되며 선비를 양성했는데, 이들은 주로 역사 기록과 편찬 업무에 종사했다. 고려시대에 들어서는 교육제도가 한층 정비되고 과거제도를 도입해 선비들의 관직 진출이 더욱 활발해졌으며, 고려 말에는 안향이 원나라에서 주자학을 들여와 그 후 조선 성리학 발전에 토대를 이루기도 했다. 이색, 정몽주, 정도전 등도 고려 말의 쟁쟁한 성리학자들이었다.

　하지만 조선왕조에 이르러 선비 세계는 감투에 집착해 파벌 싸움으로 일관한 훈구파와 선비의 본분을 지키고자 하는 사림파로 양분되어 숱한 사화(士禍)를 불러일으켰으며, 그런 와중에 사대부에 의한 관료제도가 정착되면서 선비들이 국정을 좌우하는 사회 지도층으로 자리 잡기에 이르렀다. 단적인 예로 홍문관, 예문관, 성균관, 사헌부, 사간원 등에 근무하는 선비들은 학문뿐 아니라 왕에게 간언하는 직책도 동시에 수행했는데, 세종 때의 집현전과 정조 때의 규장각 등은 그야말로 순수한 학문 기관이었다.

　우리는 조선왕조에서 선비의 도를 실천한 수많은 인물을 알고 있다. 성삼문과 박팽년, 김시습, 퇴계 이황과 기대승, 이율곡과 이덕형, 정약용 등이 대표적인 인물들이다. 하지만 서원을 중심으로 사색당쟁에 골몰한 다수의 선비들로 인해 그 폐해가 극에 달하게 되자 마침내 영조와 정조 시대에 서원 정비에 착수했으나 별다른 실효를 거두지 못하다가 조선 말기 흥선대원군에 이르러 비로소 서원 철폐령이 내려지게 된 것이다.

이처럼 우리나라 선비의 역사를 돌이켜보면 올바른 삶의 도리를 몸소 실천한 선비는 극소수에 불과했음을 알 수 있다. 대부분의 선비는 과거 응시를 통해 관직에 나서는 것을 삶의 목표로 두었으며, 관직에 오른 뒤에도 붕당 정치에 가담해 개인적 안위를 지키기에 급급했다. 따라서 명분상으로는 백성을 위한다고 외쳤으나 실제로 백성들과 고통을 함께 공유하는 나눔의 정신이 매우 희박했다고 할 수 있다.

그런 점에서 유대인의 랍비와는 근본적인 차이가 있다. 랍비는 학문과 율법적인 부분에서 민중의 존경을 받음과 동시에 그들의 삶의 현장에서 함께 지내며 온갖 시련과 고통을 공유하는 가운데 항상 용기와 희망을 잃지 않도록 정신적 지도자의 역할에 충실했기 때문이다. 따라서 랍비에게는 선비들이 지녔던 신분상의 특혜나 우월감은 물론 흔히 말하는 노블레스 오블리주 정신조차 찾아 보기 어렵다. 그야말로 민중과 일체가 되어 살았으니 진정한 평등과 민주 정신의 표본이 아니겠는가.

동방의 예언자들

　지구상에는 수많은 예언자들이 나타나 미래를 점치기도 했다. 그런데 알려진 예언자들의 대다수는 공교롭게도 유대인과 한국인들이 차지하고 있다는 점이 매우 특이하다. 유대인 사회에서는 단순한 예언자라기보다는 선지자로 부르는데, 여기에는 에스겔, 이사야, 예레미야, 아모스, 호세아, 말라키, 다니엘 등 구약성서에 등장하는 인물들이 주를 이룬다. 유대인들은 신약성서에 언급된 예수 또한 뛰어난 선지자로 여긴다. 요한계시록의 저자 역시 유대인이며, 20세기에 이르기까지 수많은 사람들의 관심을 이끌었던 노스트라다무스도 유대인이다.

　그중에서도 특히 중세 암흑기에 프랑스에서 활동한 유대인 의사 노스트라다무스(Nostradamus, 1503-1566)는 지구 종말에 관한 예언시를 통해 수많은 서구인을 불안에 떨게 만들기도 했는데, 흑사병으로 아내와 두 자녀까지 잃은 후 크게 상심한 나머지 오랜 기간 떠돌이 생활로 전전하다가 40대에 접어든 나이에 고향 근처 살롱드 프로방스에 정착하면서 흑사병 퇴치에 힘쓰는 한편 돈 많은 과부와 재혼해 6남매를 낳았다. 처음에 천문달력을 집필해 돈을 번 그는 점차 의술보다 점성술에 관심을 기울여 50대 이후로는 다락방에 홀로 칩거한 채 예언시 집필에 몰두하기 시작했다.

　1555년 그의 첫 예언집이 발표된 직후 어떤 사람들은 그를 사악한 악마 숭배자, 사기꾼, 심지어 미친 사람 취급까지 했지만, 세상의 변화를 바라는 많은 지식인들은 은근히 그의 예언을 반기며 희망의 메시지로 받아들였다. 그의 〈예언집〉은 4행시 형태로 이루어진 예언서로 앙리 2세의 죽음, 프랑스 혁명과 나폴레옹의 출현, 히틀러의 등장은 물론 원폭 투하, 인류의 달 착륙과 9.11 테러까지 예언한 것으로 알려져 성서 이외에 가장 오랜 기간 베스트셀러를 기록한 책으로 유명하다.

비록 종말을 암시하던 세기말이 무사히 넘어가면서 그에 대한 관심은 현저히 줄어들기는 했으나, 문제는 많은 사람들이 그런 예언을 믿고 싶어 한다는 점에 있으며, 그것은 인류가 달 착륙에 성공한 지금에 와서도 여전히 점성술사나 무당을 찾아 자신의 미래를 의탁하는 현상을 보면 더욱 분명해진다. 그런 점을 보더라도 상식적으로 납득할 수 없는 일에 마주쳤을 때 사람들이 가장 먼저 의지하는 것은 불가사의한 예언 능력이라 할 수 있는데, 그런 현상은 우리나라도 결코 예외가 아니었다. 이는 세상이 어지러울 때마다 온갖 예언서가 나타나 날개 돋친 듯이 팔려 나간 점을 통해서 확인할 수 있다.

어쨌든 노스트라다무스가 생존했을 당시 가장 두려운 사건은 수천만 명의 목숨을 앗아 간 흑사병의 창궐이었으며, 동시대의 사람들은 분명 세계의 종말이 다가온 것으로 굳게 믿었으니 노스트라다무스 역시 그런 시대적인 분위기에서 결코 자유로울 수 없었음에 틀림없다. 당연히 그는 인류의 불안한 미래에 대해 관심을 기울일 수밖에 없었을 것이며, 당시 극도의 불안감과 절망감에 빠진 동시대인의 심리를 꿰뚫어 보고 강력한 자기최면 상태에서 그런 예언시를 썼을 것으로 보인다. 그런 점에서 그는 오늘날 새롭게 등장한 미래학의 시조쯤 되는 인물이라 할 수도 있겠다.

그런데 이들 유대인 예언서 못지않게 우리나라에도 이미 오래전부터 숱한 예언서가 나타나 민심을 뒤흔들었다. 물론 중국에도 당나라 시대 관상학자 원천강과 천문학자 이순풍이 함께 지은 예언서 〈추배도(推背圖)〉가 있지만, 앞날을 예언한 기록으로 치자면 단연 우리나라가 앞선다고 할 수 있다. 특히 〈정감록〉, 〈격암유록〉, 〈송하비결〉 외에도 어지러운 세상을 바로잡는 천지공사를 행했다는 '강증산', 일본 침몰을 예언한 탄허 스님, 〈백두산족에게 고함〉을 쓴 권태훈 옹 등의 인물들이 일반 대중들에게 많은 영향을 끼쳤다. 종교적으로는 더욱 요란하다. 통일교의 문선명 교주, 천부교의 박태선 장로, 영생교의 조희성 교주, 오대양교의 박순자, 아가동산의 김기순, 신천지의 이만희, 장막성전의 유재열 등 이루 헤아릴 수 없이 많은 신흥종교 교주들이 나타나 세상을 시끄럽게 만들었다.

그러나 유대인 선지자들의 예언은 주로 신의 뜻에 따르지 않는 왕과 백성들의 잘못을 지적하고 회개를 촉구한 내용들이 대부분이다. 반면에 우리나라의 예언자들은 민족 전체의 위기 대처나 문제 해결 차원이 아니라 주로 세상이 뒤집어지고 난리가 났을 때 어떻게든 나만이라도 살아남기 위한 방도를 가르치고 있을 뿐이다. 민족의 앞날에 대해서도 언젠가는 모든 나라들이 앞다투어 조공을 바치러 오는 그런 지배 세력으로 묘사될 뿐이다. 따라서 매우 자기중심적이고도 아전인수식의 발상에 근거한 매우 유치한 내용으로 이루어져 있는 수가 많아 사해동포주의적인 휴머니즘의 냄새를 읽기 어렵다.

진정한 휴머니즘은 너도 살고 나도 사는 그런 어울림의 세상이어야 함에도 불구하고 이제부터 우리는 고생 끝 행복 시작이라는 모토 아래 타인의 불행 덕에 나의 행복이 보장된다는 매우 소아병적인 고루한 민족주의나 집단 이기주의에 바탕을 둔 내용이 대부분이라 수준 미달도 한참 미달이 아닐 수 없다. 유대인 선지자들은 신의 뜻에 따르는 올바른 삶을 요구할 뿐이지 신의 선민으로서 유대인들이 세상을 지배하는 보상이나 축복이 주어진다는 그런 허황된 메시지를 전한 적이 없다. 그런 점에서 우리의 예언자들이 비뚤어진 세상을 바로잡기 위한 지금 당장의 노력이 아니라 세상이 뒤바뀐 다음에 돌아올 복락을 무작정 약속한다는 점에서 매우 편협한 시각을 보이고 있다는 것을 알 수 있다. 매우 이기적인 기복신앙의 틀을 벗어나지 못하고 있는 셈이다. 그 어떤 종교를 막론하고 진정으로 참된 기도는 내가 아니라 남을 위한 기도라야 한다고 들었다. 바로 그런 점이 고등 종교와 저급한 사이비 종교의 차이가 아닐까 한다.

세상이 어지러울수록 사람들은 그런 사이비종교의 메시지에 더욱 마음이 쏠리니 참으로 사회 지도급 인사들의 책임이 막중하다 하겠다. 그것은 정치인, 경제인, 종교인, 교육자, 지식인 가릴 것 없이 모두에게 요구되는 책임이기도 하다. 저마다 각자의 위치에서 오로지 민중을 위해 봉사한다는 마음으로 최선을 다하지 않을 때 세상은 어지러워지고 힘없는 민중들은 혹세무민하는 저급한 예언 따위에 휩쓸리기 십상이기 때문이다. 그 어떤 유혹에도 흔들리지 않는 굳건한 나라가 되기 위해서는 무엇보다 건전하고 강건한 심성들의 소유자들이 나라를 이끌어 가야 할 듯싶다.

유대인 공동체에서 일어난 가장 큰 혁명적 사건은 바로 예수의 등장이라 할 수 있다. 율법 위주의 고루한 형식주의에 반발한 예수는 진정한 하나님의 복음을 전하려다 십자가형에 처해졌다. 예수 그리스도 역시 자신의 부활과 천년왕국의 도래를 예언했다. 그의 뒤를 이은 요한계시록은 인류의 참담한 종말을 예언하고 있다. 유대인 의사 노스트라다무스의 예언은 더욱 끔찍하다. 그러나 이들 예언의 목적은 어디까지나 인류의 각성과 회개를 촉구하기 위함이었다. 신이 진정으로 바라는 바가 무엇인지 깨닫고 그 뜻에 따라야만 더 큰 재앙을 막을 수 있다는 취지에서였다.

이런 예언자들의 전통에 익숙한 유대인들은 자신들에게 들이닥친 이루 말할 수 없는 시련과 고통에도 불구하고 그것이 다 신의 뜻이라고 받아들이며 그래도 언젠가는 자신들이 구원을 받을 것이라는 소망을 결코 포기하지 않았다. 그들이 아우슈비츠의 가스실로 줄지어 발걸음을 옮길 때에도 유대인들은 울부짖거나 소란을 피우는 법이 없었다. 그저 묵묵히 죽음의 행진을 계속했을 뿐이다.

어찌 그럴 수가 있을까. 물론 그것은 신에 대한 굳건한 믿음 때문이었다. 하지만 바로 그런 점이 유대인의 진정한 모습이요, 우리와 다른 점이기도 하다. 그 어떤 시련이 닥쳐오더라도 유대인들은 그렇게 참고 견디며 살아남았다. 그들은 결코 땅을 치고 울부짖는 법이 없다. 하늘을 원망하지도 않는다. 부모 자식이 죽어도 우리처럼 곡을 하지 않는다. 모든 것을 신의 뜻으로 돌리기 때문이다. 따라서 그 모든 유대인 선지자들의 불길한 예언도 다 신의 뜻을 전하기 위함이다.

반면에 우리의 예언자들은 비록 재앙이 다가와 세상이 뒤집어지는 한이 있어도 십승지로 알려진 피난처에 몸을 숨기고 적당한 때를 기다리기만 하면 무사히 살아남을 수 있고, 그때 가서 우리 민족은 이미 폐허가 된 세상에 지도국으로 거듭나 모든 세상이 우러러보는 새로운 문명국으로 우뚝 서게 된다는 희망찬 미래를 제시하고 있다. 하지만 그런 세상은 결코 바람직하지도 않거니와 그리 떳떳하지도 않다. 남의 불행을 등에 업고 우리가 아무리 떵떵거리며 잘 살아봤자 그 마음이 편할 리가 있겠는가.

억울한 불행을 겪은 사람이 그 어디에도 하소연할 데도 없는 절망적인 상황에서는 무슨 생각을 못 하랴. 심지어는 이 더러운 세상 모두 망해 버리라고 저주를 퍼부을 수도 있다. 그러나 그것으로 그치면 더이상의 발전이 없다. 자신에게 주어진 도저히 납득할 수 없는 시련과 고통에 대해 뼈아픈 자기 성찰을 계속하지 않으면 그 어떤 해답도 성장도 기대할 수 없기 때문이다.

구약성서의 〈욥기〉는 그런 점에서 유대인의 좌절과 분노, 그리고 절망 속에서도 끝까지 희망을 잃지 않는 용기를 보여 준다. 욥이 겪은 불행은 도저히 상식적으로 이해될 수 없는 시련이었다. 남을 해친 적도 없고 괴롭힌 적도 없는 욥은 오로지 신의 뜻에 따라 성실하게 남을 도우며 건전한 삶을 살았던 인물이었다. 그런 욥에게 어느 날 갑자기 이루 말할 수 없는 불행이 닥쳐온 것이다. 욥은 자신이 불행에 빠지게 된 이유를 찾고자 했으나 끝내 그 이유를 찾을 수 없었다. 마음이 흔들린 욥은 잠시나마 신에게 대들기도 하고 원망도 해 보았으나 마침내 그 모든 불행도 다 신의 뜻으로 받아들이고 겸허히 마음을 비운다. 그리고 결국 신으로부터 그 보상을 받기에 이른다. 욥의 이야기는 마치 유대인의 운명을 압축해 보여 주는 예언처럼 들리지 않는가.

우리 역시 마찬가지다. 타민족을 침략해 정복한 적도 없고 약탈이나 노략질은 해 본 적도 없는 순수한 백의민족으로서, 비록 가난하지만 오로지 소박하고 착한 심성으로 오순도순 살아가던 우리에게 왜 그토록 가혹한 시련과 고통이 계속 주어져야만 했는가. 그러나 우리의 예언자들은 욥처럼 치열한 자아 성찰을 시도하지 않는다. 다만 상식적으로 이해할 수 없는 그런 불행에 대한 미래의 보상만을 제시할 뿐이다. 그 보상을 바라고 지금 이 순간의 고통과 불행을 참고 견디라는 주문이다.

그러나 유대인들은 무조건 참고 견딘 것만이 아니다. 부당한 현실에서 탈피하기 위한 피나는 노력과 도전에 결코 소홀하지 않았다. 그저 가만히 앉아서 보상을 기다린 게 아니었다. 그러니 우리도 예언자들의 말만 믿고 무작정 기다리고 있을 것만 아니라 지금 이 순간 당장 무엇을 할 것인가 고민하고 몸부림을 쳐야 하지 않겠는가. 오늘날 유대인이 이룩한 성공은 거저 이루어진 게 아니라는 사실을 우리는 과감하게 인정해야만 한다.

▎우물에 독을 푼 민족

 인류 역사상 우물에 독을 타는 비열한 행위를 저지른 민족으로 억울하게 단죄받은 민족은 유대인과 한국인이 유일하다. 14세기 중세 암흑기에 흑사병이 창궐해 유럽 전체 인구의 절반 가까이 목숨을 잃었을 당시, 유대인은 집단 공황 상태에 빠진 서구인들로부터 우물에 독을 탔다는 의심을 받고 수많은 유대인이 학살당하는 참극을 겪어야 했다. 그로부터 수백 년의 세월이 지난 20세기 일본 간토 대지진 당시, 조선인 또한 우물에 독을 탔다는 소문을 믿고 이성을 잃은 일본인들에게 닥치는 대로 학살당했으니 유대인과 한국인이야말로 인류 역사에서 억울한 희생양 노릇을 강요당한 유일한 민족이 아니겠는가.

 중세 유럽을 아비규환의 생지옥으로 만든 흑사병은 기독교 사회를 초토화했을 뿐만 아니라 세상에 종말이 온 것으로 여길 정도로 온 유럽을 공포의 도가니로 몰고 갔다. 기독교인들은 그런 끔찍스러운 재앙이 신의 분노와 저주 때문이라고 여겼으며, 따라서 신이 분노할 만한 이유를 자신들이 아닌 외부에서 찾기 시작했다. 그리고 그들의 타깃으로 지목된 대상이 당시 게토에서 비천한 신분으로 살아가던 힘없는 유대인이었던 것이다.

 그렇지 않아도 중세 유럽에서 유대인의 존재는 예수를 살해한 사악한 민족으로 간주되어 인간 대접도 받지 못하고 게토에 갇혀 비참한 신세로 살아가던 처지였으니 상식적으로 이해할 수 없는 대재앙 앞에서 공포에 휩싸인 기독교인들 입장에서는 자신들이 마주친 참혹한 현실의 탓을 유대인에게 뒤집어씌움으로써 감당하기 어려운 공포와 분노의 감정을 해소하고자 했던 것이다. 물론 그것은 당시 성행했던 마녀사냥의 광기처럼 흑사병의 창궐로 인한 사회적 혼란의 책임을 힘없는 사회적 약자에게 전가한 매우 비열하고 옹졸한 태도의 일환으로 볼 수 있다.

흑사병으로 수천만 명이 죽어 나가면서 제정신을 잃은 유럽인들은 곧바로 유대인 학살에 돌입했는데, 스위스 바젤에서는 유대인 공동체 인구 전원을 불태워 죽였으며 독일 각지에서도 유대인을 추방하거나 화형에 처하는 만행이 이어졌다. 한편 독일 남부 보름스에서는 모든 유대인이 집단자살을 행하는가 하면, 당시 유럽에서 가장 큰 공동체를 이루고 살던 마인츠의 유대인은 자신들을 공격하는 폭도들에 대항해 싸우다가 수백 명의 기독교인을 살해하기도 했는데, 그에 대한 보복으로 기독교인들은 하루 사이에 무려 6,000명의 유대인을 닥치는 대로 죽였다. 독일 중부에 위치한 에르푸르트에서도 3,000명의 유대인이 몰살당했으며, 그런 만행을 피해 수많은 유대인이 폴란드 지역으로 이동하기도 했다.

이처럼 참혹한 희생을 겪어야 했던 유대인의 저지가 안타까운 것도 사실이지만, 유럽인들이 하필이면 유대인을 집중적으로 공격한 이유가 무엇일까 궁금해진다. 그런데 오늘날 병리학자들의 주장에 의하면, 당시 수많은 기독교인들이 흑사병으로 죽어 나가는 마당에 유독 유대인만큼은 희생자 수가 매우 적었으며, 그 이유는 전통적으로 유대 율법에 따라 평소에도 자주 손을 씻는 등 위생 관리에 철저했기 때문이라고 한다. 따라서 자신들과 달리 병에 걸리지 않고 멀쩡한 유대인의 모습을 목격한 기독교인들 입장에서는 사악한 유대인이 우물을 통해 괴질을 퍼뜨린 장본인들이라고 여긴 것이다. 당시만 해도 기독교 사회에서는 유대인을 반그리스도적인 사탄의 대리인으로 간주했으니 그 누가 나서서 그런 만행을 제지할 수 있었겠는가. 심지어 종교개혁을 일으킨 마르틴 루터조차도 유대인 마을을 불태우라고 독려하지 않았는가. 그야말로 시대적 광기에 사로잡힌 암흑기였다고 할 수 있다.

그런데 중세 유럽 기독교 사회에서 유대인이 우물에 독을 탔다는 소문을 퍼뜨려 수많은 유대인을 참혹하게 학살했던 것과 똑같은 일이 20세기 현대에 들어서 지구의 반대편 동양에서도 벌어졌다. 1923년 일제강점기 시절 일본 도쿄를 중심으로 발생한 간토 대지진 당시 수많은 난민의 발생으로 전국이 혼란에 빠지고 민심이 흉흉해지자 일제 당국은 국민의 관심을 다른 데로 돌리기 위한 간교한 술책의 일환으로 조선인들이 우물에 독을 타고 폭동을 일으키려 든다는 헛소문을 퍼뜨려 일본인의 심기를 자극한 것이다.

당시 일본에 거주하던 조선인은 일부 유학생을 제외하고는 일본에 강제로 끌려온 징용자들이 대부분이었다. 그렇게 무참히 학살당한 조선인의 수는 6천여 명에 달하는 것으로 알려졌으나 정확한 희생자의 수는 밝혀진 적이 없으며, 일설에 의하면 수만 명에 달하는 것으로 주장되기도 한다.

당시 대지진으로 엄청난 사회적 혼란을 맞이하게 되자 일본 내무성은 전국 경찰서에 공문을 보내 사회적 혼란을 틈타 조선인의 방화, 테러, 강도 행위에 대한 주의를 촉구했는데, 이런 내용이 사실 확인도 없이 신문에 보도되면서 온갖 유언비어가 나돌기 시작했다. 갈수록 그 내용이 더욱 부풀려져 심지어는 조선인들이 우물에 독을 풀고 방화와 약탈을 하며 일본인을 습격한다는 거짓 소문이 일본 전역에 퍼져 나갔다. 그렇지 않아도 지진 피해로 물 공급이 끊긴 상태에서 고생하던 일본인은 우물에 독을 탄다는 소문에 지나치게 과민 반응을 보였으며, 더군다나 대부분 목조건물에 살았기 때문에 유달리 화재에 민감한 상태에서 조선인의 방화 소문은 수많은 일본인의 이성을 마비시키는 결과를 낳고 말았다.

결국 일본 각지에서 민간인들로 이루어진 자경단이 조직되어 조선인을 상대로 무차별적인 살인 만행을 저지르기 시작했으니 폭도로 변한 것은 조선인이 아니라 오히려 일본인들이었다. 그들은 죽창과 몽둥이, 일본도 등으로 무장하고 닥치는 대로 조선인을 색출해 살해했는데, 살아남고자 일본식 복장으로 위장한 조선인을 찾아내기 위해 외국인이 발음하기 어려운 일본어 '15엔 50전'을 말하도록 시켜서 발음이 이상하면 곧바로 살해했다. 일부 조선인은 자경단의 무자비한 학살을 피해 스스로 경찰서 유치장에 들어가기도 했으나 자경단은 경찰서 안에까지 들어가 조선인을 밖으로 끌어내 살해했으며, 일본 경찰도 그런 만행에 수수방관하는 자세를 보였다. 여담이지만 일본이 자랑하는 소설가 아쿠타가와 류노스케도 당시 자경단의 일원으로 활동했다고 한다.

자경단은 수많은 조선인을 살해한 후 아무 데나 암매장했으며, 도쿄만으로 흘러드는 스미다강과 아라강은 떠도는 시체로 피바다를 이루었다고 한다. 하지만 이처럼 끔찍스러운 만행에도 불구하고 일제 당국은 조선인 희생자의 수를 축소해서 발표하고 국제 여론을 의식해 자경단의 일부를 연행하고 조사하는 척하다가 결국 증거불충분으로 모두 석방하고 말았다. 그런 점에서 일본 정부 자체가 조선인 학살 만행의 묵시적 동조자였던 셈이다.

하기야 이미 일제는 3.1 만세 운동 당시 수많은 조선인을 무자비하게 학살한 상태였으니 조선인의 목숨 따위는 짐승만도 못하다는 인식을 갖고 있었을 것이다. 하지만 그런 편견은 지금까지도 대를 이어 혐한 인식으로 계속 이어지고 있으며, 더 나아가 도둑이 제 발 저리듯 자신들이 과거에 저지른 만행 때문에 오늘날에 이르기까지 일본인은 계속해서 역사적 과오를 부인하고 왜곡을 시도하고 있는 중이다. 한마디로 객기를 부릴 줄은 알아도 진정한 용기는 없는 비겁함이 일본인의 실체인 듯싶다.

하지만 오늘날 전 세계를 공포로 몰아넣은 코로나바이러스 팬데믹 사태에서도 유독 대한민국은 놀라운 방역 체제와 의료 수준으로 지구인의 찬사와 부러움을 사고 있는데, 이스라엘 역시 세계에서 가장 먼저 전 국민을 대상으로 백신 접종을 시행하는 모범을 보여 많은 나라의 감탄을 자아내고 있다. 다만 우리를 더욱 어이없게 만드는 것은 도쿄 올림픽 개최에 목을 맨 일본이 우왕좌왕하며 코로나바이러스 확산에 의료 붕괴 위기를 맞이하는 순간에 이르러서도 여전히 속 좁은 섬나라 근성을 버리지 못하고 있다는 점이다. 최근 2021년 2월 일본 후쿠시마현을 강타한 지진이 발생한 직후 일본에서는 조선인과 흑인들이 우물에 독을 풀었다는 인종차별성 가짜 뉴스가 나돌기 시작했는데, 관동 대지진 조선인 학살사건이 일어난 지 100년 가까이 지났음에도 여전히 그런 시대착오적인 발상에 사로잡혀 있는 일본인의 행태가 참으로 한심스럽다 못해 딱하기까지 하다.

그런데 아이러니하게도 우물에 독을 풀어 몹쓸 역병을 퍼뜨린 주범으로 몰린 유대인이야말로 인류의 목숨을 구하는 데 가장 큰 공헌을 남겼다는 사실 앞에 우리 모두는 고마움을 표시해야 할 것이다. 단적인 예로 항생제 페니실린 효과의 입증으로 수천만 명의 생명을 구한 에른스트 보리스 체인, 결핵 치료제를 발명한 셀만 왁스만, 혈액형의 발견으로 수혈을 가능하게 만든 란트슈타이너, 매독 치료제를 발명한 파울 에를리히, 간염 백신을 개발한 블럼버그, 난치병 치료제를 개발한 거트루드 엘리온, 소아마비 백신을 개발한 조너스 소크, 인공심장을 개발한 미로우스키 등이 모두 유대인으로, 이들의 공헌에 의해 생명을 구한 사람들의 수는 총 10억에 이를 것으로 추산된다.

결국 우물에 독을 탄 민족으로 내몰려 참혹하게 죽임을 당한 유대인과 한국인이 오늘날에 이르러 오히려 인류의 생명을 보존하는 일에 다른 어느 민족보다 앞장서 탁월한 업적을 남기고 있다는 점에서 그동안 선진국임을 자부해 왔던 서양인과 일본인은 두 민족 앞에 깊이 부끄러움을 느끼고 백배사죄해야 마땅하지 않겠는가. 하지만 서구 사회에 만연한 반유대주의와 일본의 혐한 풍조는 좀처럼 수그러들 기미를 보이지 않고 날이 갈수록 기승을 떨고 있으니 참으로 답답한 노릇이 아닐 수 없다.

▌자본주의와 공산주의

　유대인은 여호와를 섬기는 일신교를 통해 자신들의 민족적 정체성을 계속 유지해 나갔다. 구약과 토라, 그리고 〈탈무드〉는 그들의 정체성을 유지하는 데 가장 큰 원동력이 되어 준 보이지 않는 힘의 근원이었다. 그들에게는 조상들로부터 물려받은 땅도 신전도 모두 남에게 빼앗기고 없었으며, 오로지 가진 것이라고는 자신들의 말과 글, 그리고 종교밖에 없었다.

　낯선 타국 땅에 들어가 눈치를 보며 살아야 하는 더부살이 천민 신세로 전락한 그들은 그나마 자신들이 섬기는 여호와 신으로부터 언젠가는 구원을 얻으리라는 희망 하나로 버티고 살았다. 그런 믿음은 아우슈비츠 수용소의 가스실을 향해 걸어갈 때조차도 그들 가슴 속에 있었다. 아무리 절망적인 상황에 처했다 하더라도 그들은 자신들이야말로 신이 선택하신 유일한 민족임을 믿어 의심치 않았다.

　그런데 그들 가운데는 신의 존재를 부정하고 다른 길을 걸은 무리들도 있었다. 마르크스주의를 신봉한 공산 혁명가들이었다. 볼셰비키 혁명을 통해 인류 최초로 노동자의 천국 소비에트 사회를 건설한 레닌과 트로츠키가 바로 그 장본인들로 그들은 마르크스처럼 유대인의 혈통을 이은 사람들이다. 물론 마르크스 본인은 종교 자체를 부정하지는 않았지만, 그의 이념을 단지 꿈이 아니라 현실로 이루어 낸 유대계 공산주의자들은 신의 존재보다 자신들의 이념을 더욱 굳게 믿었다.

　그러나 엄밀히 말하자면 마르크스의 공산주의 이념 또한 이상적인 노동자들의 천국을 약속했다는 점에서 예수가 약속한 이상주의적 천년왕국과 크게 다를 바가 없다. 다시 말해서 기독교의 천년왕국이나 마르크스의 공산주의 사회는 모두 유대인의 머리에서 나온 두 갈래 길인 셈이다. 한때 지구는 이 두 가지 이상사회를 꿈꾸는 기독교 사회와 공산주의 사회로 양분되어 서로 패권을 다투었지만, 결국 그 뿌리는 유대교와 맞닿아 있는 것이다.

20세기에 접어들어 유대인은 자본주의와 공산주의라는 두 거대 사회를 이끌며 한동안 번영을 구가하는 듯했지만, 유대인 혁명가들을 모조리 숙청한 스탈린의 관료 독재는 마침내 종말을 고하고 말았다. 그리고 현재는 전 세계의 운명이 돈줄을 쥐고 있는 유대인들에 의해 좌지우지되고 있는 상황이다. 세계 경제를 주도하는 소위 다국적 기업은 결국 유대인의 몫이기 때문이다.

이처럼 유대인의 머리에서 비롯된 서로 다른 종교와 이념은 오늘날 우리의 운명과도 직결된 문제가 되어 버렸다. 이념을 추구하는 북한과 자본을 추구하는 남한 사이에 벌어진 대립과 반목이 지금도 미해결의 과제로 남아 있기 때문이다.

그런 점에서 유대인들은 우리보다 한결 더 고수다. 유대인들은 돈을 벌기 위해서라면 종교나 이념, 체제의 차이 따위에 전혀 구애받지 않기 때문이다. 그들은 그야말로 국경 없는 상인들이다. 돈이 되는 곳이면 유대인들은 어디든 간다. 과거 냉전시대 미국과 소련이 첨예하게 대립하던 시절임에도 불구하고 유대인 기업가들은 아무런 거리낌 없이 소련과 교역을 계속했다. 그들에게 국경은 그 어떤 의미도 없기 때문이다.

오늘날 다국적 기업의 개념도 사실은 유대인에서 비롯된 것이다. 이미 오래전부터 전 세계로 흩어져 간 민족이기 때문에 유대인들에게 국적은 사실 큰 의미가 없었다. 어느 한순간 탄압이 이루어지면 곧바로 그곳을 떠야 했기 때문에 그들은 항상 앞날을 대비하는 습관이 몸에 배어 있었다. 나치 독일에 의해 모든 재산을 송두리째 빼앗긴 경험은 그들에게 실로 뼈아픈 교훈을 준 셈이다.

그 이후로 유대인들은 치고 빠지는 투자 기술을 동원해 막대한 이윤을 남겼다. 그리고 어느 한곳에 모든 것을 걸고 집중적으로 투자하는 우를 범하지 않는다. 유대인들이 언제든지 훌훌 떠날 수 있는 항구도시에 주로 모여 사는 이유도 알고 보면 그런 역사적 체험이 몸에 배어 있기 때문 아니겠는가.

뉴욕, 보스턴, 마이애미, 로스앤젤레스, 샌프란시스코, 시카고, 런던, 파리, 함부르크 등 유대인들이 집중해 살고 있는 도시들은 모두 바다와 인접한 도시들이다. 여차하면 뜨겠다는 뜻이다. 비록 그들에게 안전이 보장된 땅은 별로 없었지만, 그래도 영국과 미국만큼은 든든한 피신처를 제공해 주었다.

특히 종교의 자유가 보장된 미국은 그들에게 새로운 도전과 번영을 약속하는 제2의 가나안 땅이었다. 젖과 꿀이 흐른다는 가나안 땅은 팔레스타인에만 있는 건 결코 아니었다. 적어도 미국에서는 유대교당에 돌을 던지고 불을 지르는 그런 일은 없었다. 다만 공산주의 이념만큼은 용납되지 않았다. 미국에 터를 잡은 유대인 가운데서도 사회주의자들은 활동에 큰 제약을 받았다. 그러나 유럽 대륙에서처럼 대대적인 추방과 학살은 벌어지지 않았으니 그것만도 어딘가.

반면에 우리 민족은 종교적 이유 때문에 핍박을 받은 사실이 없다. 대원군의 쇄국정책으로 한때 천주교 박해가 있었지만, 그것도 잠시였을 뿐 오히려 일제는 종교적 박해를 일삼지는 않았다. 일제가 중점적으로 가한 박해는 창씨개명과 한글 사용 금지로 이는 곧 민족 정체성을 파괴하기 위한 목적에 따른 것이었다.

일제는 공산주의 이념 자체도 무시하는 태도를 보였다. 그런 이념 따위로 대일본 제국을 상대한다는 건 문제가 될 수 없다는 자만심 때문이었으리라. 사실 천황의 존재를 신격화했던 당시 체제에서는 그 어떤 종교나 이념도 무용지물이었다. 문제는 국가의 상징이 사라져 버린 한반도였다.

예기치 못하게 어느 순간 갑자기 다가온 광복으로 인해 마음의 준비가 전혀 이루어지지 못한 한반도에서는 권력의 실체가 빠져나간 그 공백을 메울 수 있는 지도 이념이나 체제가 존재하지 않았다. 따라서 소련을 등에 업은 김일성은 주인 없는 빈집을 차지하듯 손쉽게 북한을 장악해 버렸다. 반면에 남한은 좌우익 이념 대립과 친일파의 득세 등으로 인해 사회적 혼란이 극에 달했다.

이념적 차이에 구애받음이 없이 일치된 신앙심으로 굳게 뭉친 유대인과는 그런 점에서 달랐다. 그런 차이는 적어도 유대인처럼 멸족의 위기를 겪어 보지 못했기 때문일지도 모른다. 자칫하면 민족 전체가 지구상에서 사라질 수도 있다는 극한상황을 우리는 감히 상상도 못 했기 때문이다. 굴욕적인 노예로 살지언정 목숨만큼 보장된다면 그런 위기의식을 느끼지 못할 수도 있다.

유대인들도 오랜 세월 그렇게 참고 견디며 살아왔지만 홀로코트 경험을 통해 정신이 번쩍 든 셈이다. 나치의 매우 조직적인 대규모 인종 말살 정책이야말로 유대인의 각성을 일깨워 준 것이다. 중국도 일본의 침략으로 절체절명의 위기에 처하면서 이념적 차이를 떠나 국공합작을 이루어 일본군에 저항했다.

  민족적, 국가적 위기에 처함으로써 그런 극적인 대타협을 이루는 모습을 우리 역사에서 볼 수 없었다는 점이 너무도 안타깝고 아쉬울 따름이다. 그것은 진정한 위기를 위기로 인식하지 못하는 고질적인 무신경 때문인가 아니면 이념적 아집 때문인가. 그것은 아직도 우리가 제대로 풀지 못하고 있는 미완의 숙제라 하겠다.

시온 장로 의정서와 격암유록

20세기 초에 나타나 오늘날에 이르기까지 유대인의 발목을 잡고 늘어지는 검은 손길이 있으니 바로 그건 〈시온 장로 의정서〉라는 괴문서라 하겠다. 1903년 제정러시아에서 처음으로 공개된 이 괴문서는 그 후 나치 독일에 의해 반유대주의 정책을 합리화하는 수단으로 악용되기도 했다.

유대인 장로들에 의해 비밀리에 작성된 문서라고 널리 선전된 이 괴문서에 의하면, 온갖 기발한 방법을 통해 인류의 사고력을 둔화시켜 바보로 만들고 쾌락 위주의 물질만능주의에 빠지게 함으로써 결국 유대인들이 세계를 지배한다는 가공할 내용으로 가득 차 있다.

시온 의정서는 나치 독일의 히틀러뿐 아니라 전 세계의 반유대주의자들에게 필독서가 되었는데, 미국의 자동차왕 헨리 포드도 이 문서를 널리 배포하며 자신의 반유대 감정을 노골적으로 드러내기도 했다. 워낙 거물급 인사들이 태연스레 유대인의 세계 지배 전략에 관한 음모를 이야기하니 일반 대중들은 무턱대고 믿을 수밖에 없었다.

하지만 시온 의정서는 명백한 위서임이 이미 오래전에 밝혀진 바 있다. 더 구체적으로 밝히자면, 시온 의정서를 처음 작성한 장본인은 제정러시아 비밀경찰의 파리 지부장이었던 라흐코프스키와 그의 부하인 골로빈스키로, 이들은 당시 계속되는 노동자들의 파업과 혁명의 기운이 감돌아 매우 불안정한 러시아 정국의 타개책으로 대중들의 사회적 불만의 초점을 유대인 문제로 쏠리게 만들어 위기를 벗어나 보려는 얕은 술책의 일환으로 괴문서를 만들어 유포한 것이다.

실제로 당시 제정러시아에서는 공공연하게 유대인을 상대로 한 대학살이 자행되고 있었다. 더군다나 시온 의정서 내용은 전적으로 이들의 상상력만으로 고안된 게 아니라 프랑스의 풍자가 모리스 졸리가 쓴 책 〈마키아벨리와 몽테스키외가 지옥에서 나눈 대화〉와 반유대주의자로 알려진 독일의 소설가 헤르만 괴드셰의 〈비아리츠〉 내용을 교묘하게 뒤섞어 시온 의정서라고 유포한 것이다.

세르게이 닐루스는 1905년에 보다 완벽한 형태의 책으로 내용을 보완해 출판하면서 그것이 마치 1897년 제1차 시온주의자 대회에서 결의된 보고서인 것처럼 주장했다. 1905년은 바로 피의 일요일 사건이 터진 해이기도 했다. 결국 시온 의정서는 원래 의도했던 것과는 오히려 정반대의 길로 러시아 정국을 몰고 감으로써 혁명의 불씨를 더욱 높인 결과를 낳고 말았다. 10월 볼셰비키 혁명으로 소비에트 사회의 길을 튼 장본인은 유대계 혈통의 레닌과 트로츠키였기 때문이다.

그러나 러시아 혁명을 주도하며 소련 사회를 이끌었던 유대인 혁명가들 대부분은 레닌 사후에 권력을 차지한 스탈린에 의해 대대적인 숙청을 당하고야 말았다. 그리고 시온 의정서에 기록된 세계 지배 전략은 유대인이 아니라 오히려 그 후에 나타난 히틀러와 스탈린에 의해 보다 노골적으로 전개되기에 이르렀으니 역사의 흐름은 실로 예측을 불허하는 듯싶다. 그럼에도 불구하고 이런 역사적 과오를 되풀이하지 않기 위해서는 대중적 선동을 목적으로 한 거짓된 행태에 대해 철저한 검증이 요구된다고 하겠다.

이처럼 매우 사악한 의도로 철저하게 조작된 시온 의정서에 비할 바는 아니지만 대중적 영향력 면에서 상당한 위력을 발휘한 위서가 우리나라에도 존재한다. 〈정감록〉과 쌍벽을 이루는 예언서 〈격암유록〉이 바로 그것이다. 조선 중기의 학자 격암 남사고 선생이 지은 것으로 널리 알려진 〈격암유록〉은 비록 난해한 파자법이나 은어 등으로 그 내용을 손쉽게 파악하기 어려운 기록이긴 하나 남북 분단과 한국동란의 참극을 암시하는 예언을 통해 말세가 가까웠음을 경고하고 있다.

다른 한편으로는 남북통일과 더불어 우리나라가 동양 제일의 강대국이 될 것임을 예언하고 있어 그래도 매우 희망적인 미래를 예견하고 있다. 게다가 요한계시록에 나오는 144,000명의 숫자가 〈격암유록〉에도 똑같이 등장하고 있어서 더욱 그 신비로움을 더하고 있다. 물론 〈격암유록〉은 천기를 누설하는 내용이라 하여 당대에는 책으로 간행되지 못하고 그 자손들에 의해 비밀리에 전수되기만 하다가 광복 후에 가서야 비로소 세상에 공개된 것으로 알려졌으나 그 진위 여부는 우리가 알 수 없다.

다만 〈격암유록〉이 위서라는 주장도 만만치 않아서 그 내용을 무조건 수용하기에는 무리가 있다. 왜냐하면, 조선 중기에는 사용될 수 없었던 일본식 한자와 현대식 한자어의 사용, 기독교의 성경 내용을 모방한 점 등이 도처에 눈에 띄기 때문이다. 김하원이 쓴 〈위대한 가짜 예언서 격암유록〉에 의하면, 오늘날 우리가 알고 있는 〈격암유록〉은 조선 중기가 아니라 구한말 영친왕 때 나온 작품이라는 주장이다.

다시 말해서 그것은 신앙촌을 건설한 박태선 장로의 추종자들이 성경 내용을 토대로 마치 남사고가 쓴 것처럼 꾸며 낸 것이며, 원본이 발견되지 않은 이유도 그것이 위서임이 드러날 것을 두려워한 나머지 증거인멸의 차원에서 없애 버렸기 때문이라는 것이다. 그러나 문제는 그 후에도 여러 신흥종교 단체에서 자신들의 교세 확장을 위한 목적으로 위서인 〈격암유록〉을 계속해서 활용했다는 점에 있다.

만약 〈격암유록〉이 위서임이 사실이라면 나라의 장래를 걱정해 애써 기록을 남긴 남사고 선생을 욕되게 하는 일인 동시에 우리 민족 전체에 대해서도 엄청난 죄를 저지른 셈이다. 왜냐하면 〈시온 장로 의정서〉라는 단 한 권의 위서 때문에 유대인이 입은 엄청난 정신적 피해를 생각한다면 그야말로 천벌을 받고도 남을 짓이기 때문이다.

사악한 인간들은 그야말로 언제 어디서 무슨 짓을 저지를지 모른다. 그렇기 때문에 우리는 무엇이 옳고 그른지에 대해서 항상 깨어 있어야만 한다. 그런 분별력이 마비될 경우 사회는 어지러워지고 잘못하면 나라를 잃을 수도 있다. 따라서 건전한 비판적 성찰이 항상 요구되는 것이며, 그러지 않고서는 무엇이 잘못 돌아가고 있는지 깨닫기가 어려운 것이다.

이 세상에는 〈시온 장로 의정서〉처럼 혹세무민하는 말과 행동으로 사람들을 혼란에 빠트리는 그런 요설들이 너무도 많다. 거짓과 진실을 교묘하게 뒤섞어 더욱 사람들을 혼란케 하는 것이다. 그런 요설로 대중을 선동하고 흥분하도록 부추긴 사악한 인간들은 인류 역사에도 무수히 등장한다. 사람들은 흔히 그런 인물들에 대해 카리스마적 지도자라 일컫는다.

그러나 진정으로 인류에 봉사하는 사람들은 높이 치솟은 연설대 위에 있는 게 아니다. 오히려 사람들 눈에 잘 띄지 않는 빈민가의 어두운 골목이나 조용한 진료실 안에서 또는 지하의 썰렁한 연구실 안에 자리 잡고 있을 뿐이다. 뜨거운 환호와 박수 소리, 그리고 요란한 구호와는 동떨어진 세계에 그들은 존재한다. 그렇게 숨어서 이웃을 위한 봉사에 헌신하는 사람들이 있는 한 우리에게는 그래도 희망이 있는 셈이다. 비록 힘겹지만 그들을 통해서 그나마 살아갈 가치와 힘을 얻기 때문이다.

한글과 에스페란토

　우리나라 역대 왕 중에서 대왕의 칭호를 받는 인물은 고구려 광개토대왕과 조선왕조의 세종대왕 두 사람뿐이다. 광개토대왕은 우리 고대사에서 가장 넓은 영토를 지배하며 막강한 국력을 만방에 과시한 왕이었으며, 세종대왕(世宗, 1397-1450)은 인류 역사상 최초로 새로운 문자를 발명한 인물로 그가 창안한 한글은 500년 가까운 세월 동안 한국인의 눈과 입이 되어 오늘날 세계에서 가장 낮은 문맹률을 자랑하는 나라가 되는 데 결정적인 역할을 하게 만들었다.
　세종대왕이 한글을 창제하고 훈민정음을 반포한 것은 1446년이었으니 당시에는 지구상에 언어학이라는 학문 자체가 존재하지도 않았던 시절이었다. 서양에서 언어학이 본격적으로 등장한 것이 18세기 말이었으니 그보다 이미 수백 년 전에 그것도 왕의 신분으로 인간의 발음 구조 연구에 바탕을 둔 한글 창제는 실로 인류 역사상 전무후무한 획기적인 사건이 아닐 수 없다. 그것도 어려운 한자에 무지한 백성을 안타까이 여겨 배워 익히기 손쉬운 새로운 문자를 만든 것으로 대왕의 애민사상이 얼마나 극진했는지 알 수 있다. 훈민정음의 뜻 자체가 '백성을 가르치는 바른 소리'가 아니겠는가.
　이처럼 누구나 손쉽게 배워 익힐 수 있는 한글로 인해 학문의 보급이 모든 백성에게 널리 퍼지게 되었으며, 예술과 과학의 발전에도 크게 기여했음은 두말할 것도 없다. 또한 한글의 보급으로 인해 정보 교류의 속도가 눈부시게 빨라졌으며, 전 국민의 두뇌 기능 발전에도 보이지 않는 힘으로 작용했다. 누구나 글을 읽고 배울 수 있다는 점에서는 신분 차이를 뛰어넘는 평등사상에도 크게 기여한 것으로 평가될 수 있다.

따라서 오늘날 다방면에 걸쳐 우리가 이룩한 눈부신 성장의 배경에는 세종대왕이 창제한 한글이 자리 잡고 있었음을 부인하기 어렵게 된다. 한글이 없었다고 한번 상상해 보라. 과연 오늘날의 번영이 가능했겠는가. 일제가 그토록 기를 쓰고 한글을 없애고자 한 것도 결국 우리 민족의 얼을 송두리째 없애려 했던 것이 아니겠는가. 그런 점에서 말과 글이 얼마나 그 민족의 얼과 혼을 유지하는 데 없어서는 안 될 핵심적인 존재인지 이해가 될 것이다.

그런데 이미 수천 년 전에 나라를 잃고 오랜 세월 떠돌이 생활로 전전해야만 했던 유대인은 비록 자신들의 고유한 히브리 문자와 언어를 지니고 있었음에도 불구하고 낯선 이역 땅에 적응해 살아가야 했기 때문에, 그들에게 가장 먼저 부딪치는 문화적 어려움은 바로 그 지역의 생소한 언어와 문자였다고 할 수 있다. 따라서 그들은 생존을 위해 자신들의 고유어와 현지어를 적절히 합성한 이디시어를 따로 만들어 사용하기도 했다.

그리고 그런 언어적 어려움 속에서 살아가던 폴란드의 유대인 안과의사 자멘호프(Ludwik Zamenhof, 1859-1917)는 제각기 다른 언어 사용으로 인해 벌어지는 민족 간의 불화와 대립의 폐단을 절감하고 새로운 인공어 에스페란토를 창안해 1887년 발표하기에 이르렀다. 성서적으로 보자면 창세기 바벨탑 사건을 통해 인간의 언어가 제각기 달라지며 뿔뿔이 흩어진 이래 수천 년 만에 처음으로 국제 공용어가 새롭게 탄생한 셈이다. 에스페란토에 사용되는 문자는 총 28자의 알파벳으로 이루어져 있다. 공교롭게도 한글 창제 초기에 발표된 문자 역시 자음과 모음을 합해 총 28개였다.

하지만 에스페란토는 여러 가지 이유로 그 사용이 제한적이었다. 그중에서도 가장 큰 장벽은 유럽 사회에 만연한 고질적인 반유대 감정이었다. 설상가상으로 동시대에 반유대주의에 기름을 부은 것은 유대인이 세계 지배 음모를 획책하고 있다는 터무니없는 내용의 〈시온 장로 의정서〉였다. 인간의 모든 사상과 학문, 언어, 금융, 언론, 예술을 장악하고 세뇌함으로써 유대인의 노예로 삼으려 한다는 이 괴문서의 출현으로 인해 에스페란토 운동은 출발부터 큰 난관에 봉착한 것이다.

하기야 당시 유럽의 기득권 세력을 극도로 긴장시킨 공산주의 사상의 창시자 역시 유대인 카를 마르크스였으며, 인류 최초 프롤레타리아 혁명으로 제정러시아를 붕괴시킨 레닌과 트로츠키 또한 유대인이었으니 시온 의정서 내용은 갈수록 힘을 얻어 가기만 했다. 히틀러와 스탈린도 그 내용을 굳게 믿은 신봉자였는데, 그들의 믿음은 결국 얼마 가지 않아 유대인 학살과 유대인 숙청으로 각각 이어지게 되었다. 실제로 자멘호프의 자녀들도 나치 독일의 강제수용소로 끌려가 그곳에서 최후를 마쳤다.

비록 자멘호프는 인류 화합과 평화를 도모한다는 좋은 취지로 에스페란토 운동을 벌였으나 반유대주의가 극성을 떨던 시대사조에 맞부딪친 나머지 세상의 호응을 받지도 못하고 세상을 뜨고 말았다. 특히 당시에는 자신들의 문화와 언어에 큰 자부심을 지니고 있던 프랑스인의 반발이 거센 데다 영어가 국제 공용어가 되다시피 한 오늘날에 와서는 영미권의 반발 또한 만만치가 않다. 따라서 발붙일 곳을 잃은 에스페란토는 극히 제한적인 일부에서만 사용되고 있는 실정이다. 사실 에스페란토 창안의 뜻은 좋은 것이었으나 각 나라의 고유한 문화와 언어를 보존한다는 차원에서 보자면 매우 비현실적인 시도였다고 볼 수 있다.

한 가지 흥미로운 사실은 자멘호프가 에스페란토를 창시하기 반세기 전에 미국의 원주민 체로키족 출신의 세쿼야(Sequoyah, 1770-1843)가 자신의 부족을 위한 체로키 문자를 창안했다는 점이다. 비록 그는 1830년대 미 정부의 강제 이주 정책에 따라 수천 킬로미터나 떨어진 서부 오클라호마의 인디언 보호 구역에 도달하기까지 소위 '눈물의 길'로 불리는 참담한 여정을 통해 수많은 동족이 죽어 가는 비극을 겪어야 했으나, 그가 창제한 문자를 통해 체로키족의 정체성과 자긍심을 계속 유지해 나갈 수 있었다는 점에서 세쿼야는 체로키족의 세종대왕이라 해도 과언이 아닐 것이다.

백인 문명에 동화되기를 거부한 세쿼야는 갈라진 부족의 통합을 위해 무진 애를 썼으나 불행히도 그의 꿈은 이루어지지 못했다. 하지만 그는 자신의 꿈을 포기하지 않고 멕시코로 이주한 부족의 일행을 찾아 나섰으며, 그들을 찾게 되면 다시 돌아와 합류할 것을 설득하고자 소수의 일행을 이끌고 먼 길을 떠난 것이다. 그러나 이미 70대 노령에 접어든 그는 사라진 동족을 찾지도 못한 채 이역만리 멕시코 변방에서 외롭게 숨을 거두고 말았다.

▎제3제국과 대일본 제국

　나치 독일과 대일본 제국은 서로 동맹을 맺어 자신들의 침략전쟁을 밀고 나갔다. 나치의 희생양은 유대인이었고, 일본의 희생양은 조선인이었다. 그러나 독일의 유대인은 더부살이 신세로 붙어살다가 인종 박멸의 희생양이 되었지만, 우리는 엄연히 독립 국가인 대한제국 백성으로 살다가 어처구니없게 나라를 잃고 만 것이다.

　과거에 우리는 일본인의 신세를 져 본 적도 없거니와 오히려 고대에는 온갖 문물을 전해 준 고마운 스승의 나라이기도 했다. 그런 은혜를 망각하고 일본인은 우리를 두 차례나 무참하게 짓밟은 셈이다. 임진왜란과 한일 합병을 통해서 말이다.

　한일 합병 문서도 사실 조작된 내용이었다. 순종은 끝까지 그 문서에 서명 날인을 거부했지만 일본은 내관을 매수해 국새를 날치기하고 총리대신 이완용으로 하여금 서명토록 강요함으로써 제멋대로 작성한 것이기 때문이다. 그러니 더욱 통탄할 노릇이 아닌가.

　순종은 모친인 명성황후가 시해당하는 현장을 직접 목격한 인물이기도 했으니 그 가슴에 맺힌 한은 이래저래 컸을 것이 분명하다. 더군다나 역관 김홍륙이 고종과 황태자를 시해할 목적으로 커피에 탄 독을 마신 후로 건강이 더욱 악화된 순종은 오래 장수하지도 못하고 단명하고 말았다. 김홍륙은 당연히 반역죄로 참수되었다.

　나라 기강이 그 지경이니 망국의 길은 이미 정해진 수순이었을 뿐이다. 일본은 땅 짚고 헤엄치듯 손쉽게 한반도를 삼켜 버리고 말았다. 나치는 유대인을 해충으로 간주하고 그 씨를 아예 말려 버리고자 했지만, 일본은 조선말을 금지하고 창씨개명을 통해 황국신민의 일원으로서 조선인의 동화를 강요했다는 점에서 나치 독일과 달랐다.

일본은 조선인의 민족적 정체성의 뿌리를 아예 잘라 버려 단지 천한 밑바닥 신분의 일본인으로 만족하며 살아가기를 바란 것이다. 반면에 나치 독일은 유대인의 동화를 원치 않았으며, 열등 민족으로 간주한 것에 그치지 않고 아예 지구상에서 그 존재 자체를 박멸해 버리고자 했다. 그렇게 해서 전 유럽에 흩어져 살고 있던 600만의 유대인을 한 줌의 재로 만들어 버린 것이다.

소위 최종 해결책이라고 알려진 대대적인 인종 청소, 인종 박멸을 실천에 옮기고 말았으니 집단 망상도 이쯤 되면 원자폭탄을 능가하는 엄청난 파괴력을 지녔다고 볼 수 있다. 히로시마와 나가사키에 투하된 원폭으로 인한 사망자 수가 도합 20만 명에 이른다고 보면 600만의 유대인 희생자 수는 실로 엄청난 숫자다.

그러나 문제는 숫자에 있는 게 아니라 인륜의 파괴와 도덕적 파멸에 있다. 대일본제국과 나치 독일이 저지른 가장 큰 죄악은 바로 그 점에 있다. 유대인과 조선인 마루타를 대상으로 한 끔찍스러운 생체 실험은 그들의 잔악성을 입증하는 극히 작은 예에 불과할 뿐이다. 나치 독일의 유대인 박해는 자신들의 인종적 우월감을 확인하는 데 그친 게 아니라 종족 그 자체를 말살하려 든 매우 악랄하고도 비인간적인 만행이었다.

히틀러의 〈나의 투쟁〉이나 로젠베르크의 〈20세기의 신화〉 등을 통해 드러난 반유대주의는 거의 편집증적 망상에 가까운 나치 이데올로기의 핵심을 이루는 부분이기도 했다. 나치는 그렇게 해서 제3제국의 세계 정복 야욕을 합리화하는 가운데 오히려 유대인들이야말로 세계 정복의 음모를 꾸미는 탐욕스러운 족속으로 몰아붙이고 대대적인 인종 박멸 계획에 들어간 것이다.

나치는 유대인의 모든 재산을 몰수하고 그들을 게토에 가두었으며, 마침내는 최종 해결책을 세워 조직적인 집단 살육에 돌입했다. 그 최종 임무는 친위대장 히믈러와 아이히만이 맡았다. 처음에는 총살로 시작했으나 처리할 인원수가 너무 많아 감당하기 어렵게 되자 독가스를 이용하기로 방침을 바꿨다. 당시 처형 현장을 직접 둘러본 히믈러는 옷에 핏물이 튀자 얼굴이 하얗게 질리는 모습을 보일 정도로 소심했던 인물이라고 알려졌지만 그런 인물이 수백만의 집단 살인을 지휘 감독했다니 믿어지지 않는다.

물론 나치 독일과 일제는 각자 나름대로 변명을 늘어놓을 수는 있겠다. 유대인 박해는 독일만이 가한 것이 아니며, 조선인 박해 역시 일본만이 저지른 게 아니라고 말이다. 그러나 입장을 바꾸어 생각해 보자. 만약 유대인이 혁명을 일으켜 권력을 장악하고 수백만의 독일인을 집단학살하거나 또는 한국이 일본을 침략해 일본인들을 강제징용에 동원하고 정신대에 끌고 갔다면 과연 그들은 어떤 반응을 보였을까.

가해자의 논리와 피해자의 논리는 항상 다를 수밖에 없는 노릇이지만, 나치와 일제의 만행은 누가 보더라도 도저히 묵과할 수 없는 반인륜적 범죄임에 틀림없다. 그 어떤 논리와 변명도 통할 수 없는 천인공노할 악행이자 천벌을 받고도 남을 만행이었기 때문이다.

유대인과 한국인이 결코 열등 민족이 아니라는 점은 오늘날의 눈부신 발전을 보더라도 충분히 입증된 사실이다. 그럼에도 불구하고 나치와 일제는 아무런 근거도 없는 이념적 논리를 내세워 유대인과 조선인을 열등 민족으로 간주하고 이루 말로 다 할 수 없는 수모와 굴욕을 안겨 준 것이다.

반만년의 유구한 역사를 지닌 두 민족에 대한 그런 박해는 오히려 그들 자신의 열등감을 없애기 위한 고육지책이었을 수도 있다. 일종의 편집증적 반응에 따른 과잉행동이었던 셈이다. 유대인의 막대한 자본이 독일 사회를 독점하고 그들의 배후 조종에 의해 독일을 파멸의 구렁텅이로 이끈다는 히틀러의 피해망상이 바로 단적인 예에 속한다.

일본은 일본대로 오랜 세월 조선에 대해 일종의 피해의식과 열등감을 지니고 있었다. 과거에 소위 왜구로 불리던 그들은 당시 문화 대국이었던 조선 땅을 수시로 넘나들며 온갖 약탈과 노략질로 매우 성가신 정벌의 대상이었을 뿐이다. 그랬던 그들이 감히 한반도를 넘보기 시작한 것은 우리보다 일찍 서구 문물을 받아들인 결과 부쩍 강화된 무력 때문이었다. 문화적 열등감을 무력적 우월감으로 상쇄하려 든 셈이다.

서구 열강의 압력에 시달리던 청국이 대국으로서의 지위를 잃고 마구 흔들리게 되자 그 틈을 비집고 일본은 아시아의 새로운 맹주로 등장하기 시작했다. 게다가 청일전쟁과 노일전쟁의 승리로 인해 그들은 하늘을 찌를 듯한 기세로, 한반도에 그치지 않고 동양 전체를 삼키려는 야심을 품고 만주사변과 중일전쟁을 일으켰으며, 더 나아가 태평양전쟁까지 일으킴으로써 결국에는 스스로가 파멸을 자초한 셈이다.

나치 독일의 패망은 이미 소련 침공을 통해 그 불길한 조짐을 보이고 있던 것이고, 일본의 패망은 진주만 공격을 통해 이미 예고된 것이나 다름없었다. 그런데 아이러니한 사실은 패전으로 인해 독일인은 자신들의 대죄를 뉘우치고 도덕성을 되찾은 반면에 일본인은 자신들이 저지른 악행을 뉘우치지 못하고 여전히 도덕성을 상실한 상태에 머물고 있다는 점이 다르다.

그 배경에는 일본이 유일한 원폭 피해자가 되었다는 사실이 작용하고 있기 때문인데, 히로시마의 원폭 투하로 인해 일본은 졸지에 가해자 신분에서 피해자 신분으로 입장이 뒤바뀐 셈이다. 결국 일본에 떨어진 원폭 두 방으로 인해 마지막 남은 최소한의 도덕성마저 날려 버린 셈이 되고 말았다.

하지만 유대인과 서구인들이 가장 경계하는 대상은 일본이 아니라 독일이다. 반면에 우리가 가장 경계할 대상은 역시 일본과 중국이 될 수밖에 없다. 이들이 가깝고도 먼 이웃이 될 수밖에 없는 이유는 수천 년의 세월 동안 우리를 압박하고 고통을 안겨 준 직접적인 당사자들인 동시에 오늘날에 와서도 우리의 지상 과제인 통일을 진심으로 바라지 않기 때문이다. 심지어 중국은 동북공정이라는 이상한 정책을 통해 북한마저 흡수하려 드는 고도의 전략을 은밀히 추진하고 있기에 더욱 경계의 대상이 될 수밖에 없다.

그러나 이제 유대인은 더이상 독일의 희생양도 아니고 우리 한국인 역시 일본이나 중국의 희생양이 될 수 없다. 그러기 위해서는 우리 민족 자신이 과거의 참담한 역사를 철저히 되돌아보고 미래지향적인 관점에서 우리 자신을 추슬러야만 하겠다. 모든 분열과 반목을 청산하고 진정으로 하나가 될 수 있는 통합과 타협의 길을 모색하지 않으면 안 될 것이다.

홀로코스트의 비극

20세기에 들어 유대인들은 또다시 멸족의 위기를 넘겼다. 그것은 역설적이게도 그들의 철천지원수였던 로마 제국을 무너뜨린 게르만 족에 의해서였다. 독일인은 중세에 신성 로마 제국을 거쳐 프로이샤 제국 그리고 나치가 세운 제3제국에 이르기까지 항상 유럽 대륙에 분쟁의 씨앗을 불러일으킨 장본인이었다.

유대인은 영적인 힘으로 로마 제국을 굴복시킨 반면에 독일인은 총칼의 힘을 빌려 유럽 대륙을 석권하려 했다. 그리고 결국 수백만의 유대인이 희생양이 되어 아우슈비츠의 가스실에서 한 줌의 재로 화했다. 지구상에 존재하는 유대인의 절반 이상이 희생된 셈이다.

한번 상상해 보라. 만약 일제에 의해 대대적인 학살이 이 땅에서 벌어져 인구의 절반인 1,000만 명이 무참하게 죽임을 당했다면 어땠을지 말이다. 생각만 해도 끔찍스러운 일이다. 중국 남경에서 벌인 일본군의 천인공노할 만행으로 인해 수십만의 중국인들이 비참하게 죽어 간 일을 생각한다면 일본인은 그런 일을 저지르고도 남을 인간들이었다.

유대인이 겪은 홀로코스트의 비극은 단지 희생당한 사람들의 숫자에만 있는 게 아니었다. 같은 인간으로서 그야말로 참기 어려운 굴욕과 수모를 겪었기 때문이다. 남녀노소 구분 없이 온몸을 발가벗기고 죽음의 행진을 시켰으며, 얼굴에 침을 뱉고 발로 차고 채찍으로 때리며 항상 고개를 숙이고 다니도록 강요했다. 강제로 몰수한 유대인의 재산은 독일 시민들에게 골고루 나눠 주며 선심을 쓰고, 이에 항의하는 유대인은 재판 없이 즉결 처분했다.

지금도 남아 있는 아우슈비츠 수용소 입구에 걸린 문구는 독일의 위대한 철학자 헤겔의 〈정신현상학〉에 나오는 주인과 노예의 변증법을 연상시키기에 족하다. "노동이 너희를 자유롭게 하리라." 전통적인 기독교 국가 중 하나였던 독일에서 이런 이념이 나왔다는 사실 자체가 도저히 믿어지지 않는다. 예수 그리스도는 일찍이 "진리가 너희를 자유롭게 하리라."라고 선포하셨지 노예를 부리고 그들을 마음대로 학살해도 좋다는 말씀을 하신 적이 없다.

유서 깊은 철학의 나라 독일에서 그리고 종교개혁의 나라 독일에서 그런 잔혹한 발상이 실제로 현실에서 이루어졌다는 사실은 그들이 예수의 복음 정신을 잘못 이해하고 있었거나 아니면 의도적으로 왜곡한 것임에 틀림없다. 하기야 종교개혁을 일으킨 마르틴 루터 자신부터가 유대인 박해를 부추긴 당사자였으니 더이상 할 말이 없지만, 현대의 가장 위대한 철학자로 손꼽히는 마르틴 하이데거조차 나치 이데올로기에 동조해 발 벗고 나선 점을 상기해 본다면, 아무리 위대한 종교가나 철학자라 하더라도 심리적 차원의 결함에서 결코 자유로울 수 없음을 입증해 주는 단적인 예라 하겠다.

나치 독일의 최종 해결책은 그야말로 인간이 상상할 수 있는 영역에 한계가 없음을 가리키는 집단 망상의 극치였다. 백해무익한 벌레 같은 족속들은 지구상에서 아예 그 씨를 말려 버리고 오로지 아리안족의 순수한 혈통만이 세계질서를 유지하며 지상낙원을 건설한다는 그런 망상은 프롤레타리아 독재를 통해 노동자들만의 천국을 건설한다는 공산주의 이념보다 한술 더 뜬 광기의 소산이 아니고 무엇이겠는가.

그러나 그런 피의 순수성에 집착한 건 히틀러뿐만이 아니었다. 심리학계의 세계적인 석학으로 손꼽히는 스위스의 정신의학자 카를 융도 불결한 유대심리학을 척결하고 순수 아리안 심리학을 통해 새로운 정신치료의 활로를 찾아야 한다고 역설했기 때문이다. 이런 판국이니 나치 독일에서 자행된 끔찍한 홀로코스트에 대해 모두가 입을 다물고 침묵으로만 일관했던 것이다. 카를 융도 그렇고 바티칸의 교황도 그랬으며, 영국의 역사학자 토인비도, 그리고 노벨 문학상을 받은 시인 T. S. 엘리어트도 일체 나치의 만행에 대해 비난을 퍼붓지 않았다. 미국의 시인 에즈라 파운드는 한술 더 떠서 이탈리아로 건너가 파시즘에 동조하는 활동을 벌이다 미군에 체포되어 미국으로 송환된 후 정신병원에 수용되는 수모를 당하기도 했다.

나치는 유대인의 학살뿐 아니라 끔찍스러운 생체실험 대상으로 삼기도 하고 그 죽은 시체에서 남겨진 가죽으로 책 표지나 전등갓을 만들고 그 잔해로 비누를 만들기까지 했으니 실로 참혹하기 그지없는 일이었다. 기르는 가축도 그렇게까지 심하게 다루지는 않았을 것이다. 그런 짓을 감히 저지르고도 하나님의 축복을 기대하고 천년왕국을 기다렸다면 이미 제정신이 아닌 것이다. 나치 독일의 상징은 그 유명한 구부러진 십자가 하켄크로이츠였다. 연합국의 일원인 미국이나 프랑스의 국기에도 십자가는 보이지 않는다. 그런데 십자가를 국가의 상징으로 내세운 나치 독일이 오히려 인류 역사상 가장 비인간적인 만행을 저지른 셈이다. 나치에 못지않은 대학살을 자행한 크로아티아의 우스타샤 역시 바둑판무늬로 된 십자가 형태의 상징을 사용했다.

그렇다면 일본은 중국 남경에서 수십만 명의 중국인들을 그토록 끔찍하게 학살했으면서 한반도에서는 왜 그런 대학살을 자행하지 않았을까 궁금해진다. 그 해답은 간단하다. 중국과는 전쟁 중이었으며, 조선은 이미 자신들의 식민지였기 때문이다. 만약 대한제국이 합방을 거부하고 정식으로 일본과의 전쟁을 불사했다면 그보다 더한 끔찍스러운 학살이 자행됐을 게 뻔하다. 일본은 남경대학살을 통해 중국인의 저항 의지를 꺾어 놓으려 했을 것이 분명하다. 그러나 중국은 국공합작을 통해 끝까지 저항하며 항복하지 않았다. 불쌍한 건 조선인이었다. 이미 그 이전에 조선에서도 항일 의지를 보인 적이 있었지만 우리는 그때까지만 해도 일본의 실체를 제대로 알지 못했다.

설마가 사람 잡는다고 삼일운동이 일어나자 일본은 가차 없이 총칼로 무자비하게 진압해 버렸다. 평화적인 시위인데도 말이다. 당시 사망자는 7,500명, 부상자는 16,000명, 체포된 자는 47,000명에 이르고, 수많은 민가와 교회가 불탔다. 제암리 교회 학살도 그때 벌어진 일이다. 그 후 일본은 관동대지진 때도 무고한 조선인을 무차별적으로 6,000명이나 학살했으니 동양에서나 서양에서나 가장 만만한 게 유대인과 한국인이었을지도 모른다.

나치에 의한 홀로코스트는 인류가 저지른 가장 최악의 만행이었다. 그리고 그에 버금가는 악행은 크로아티아의 도살자 파벨리치에 의한 세르비아인 대학살이요, 수많은 유대인을 학살한 제정러시아의 포그롬과 일본군에 의해 자행된 남경학살도 참혹하기로는 결코 뒤지지 않는다. 이 모든 만행은 타민족에게 가해진 악마의 소행들이었지만, 그 후에 내전을 통해 벌어진 동족 간의 학살도 끔찍하기는 마찬가지였다. 한국동란과 캄보디아, 루안다 등에서 일어난 대학살은 특히 비참했다. 이처럼 인간은 잔혹한 본성을 지닌 동물이기도 하다. 그래서 이미 끔찍스러운 홀로코스트를 겪은 유대인들은 서로 앞다투어 인간의 본성에 대해 깊이 고민하기 시작함으로써 수많은 연구 업적들을 남긴 것이다. 홀로코스트 생존자에 대한 연구는 지금도 진행 중이다.

그런데 그들과는 대조적으로 우리는 그런 역사적 사회심리학적 연구 작업에 무관심하다. 불행했던 과거는 그대로 지하에 묻어 버리고자 애쓰기만 한다. 모르는 게 약이요, 아는 게 병이라고만 외친다. 그래서는 우리의 후대들에게 과거의 불행을 알릴 수가 없을 뿐만 아니라 과거의 오류와 실수를 두 번 다시 반복하지 않는다는 보장도 할 수 없게 된다. 전염병을 한번 앓으면 면역 기능이 생긴다고 하지만 역사적 과오는 그런 면역 기능을 만들어 주지 않는다. 유대인들은 그런 과오가 두 번 다시 일어나지 않도록 철저한 대비를 하며 살고 있다. 우리 또한 그런 대비에 결코 소홀해서는 안 되겠다. 사실 따지고 보면 유대인은 예수라는 단 한 사람을 희생시켰지만, 그 때문에 6백만의 유대인이 통닭구이처럼 불에 타 희생되었다. 예수가 인류의 죄를 대신해 십자가에 매달렸다면, 수백만의 유대인도 인류의 죄를 대신해 희생당한 셈인가.

6백만의 유대인을 살해한 나치 독일도 그런 덤덤한 태도로 마치 당연한 일처럼 그리고 한 걸음 더 나아가 일종의 사명감을 지니고 그들을 죽음으로 내몰았다. 오늘도 아우슈비츠 수용소 입구에 붙은 현판에는 "Arbeit Macht Frei"라는 글귀가 그대로 보존되어 수많은 관광객을 맞이하고 있다. "노동이 너희를 자유롭게 하리라."라는 뜻이다. 그러나 이는 곧 주인이 노예에게 가르치는 개똥철학일 뿐이다. 아니 철학이랄 것도 없다. 간교한 술책일 따름이다.

종교개혁의 나라 독일에서 그런 일이 벌어졌다는 사실 자체가 믿어지지 않는다. 예수께서는 뭐라고 하셨는가. 진리가 너희를 자유롭게 한다고 말씀하셨을 뿐이다. 더 나아가 원수를 사랑하고 이웃을 사랑하라고 주문하셨다. 오히려 예수의 말씀을 따르고 실천한 민족은 독일인이 아니라 유대인이었다. 유대인들은 그런 참혹한 일을 겪고도 독일인을 용서하고 보복하지 않았으며, 오히려 그들의 전후 복구를 돕기까지 했다. 그리고 수많은 분야에 걸쳐 인류의 복지와 학문의 발전을 위해 헌신하고 숱한 생명들을 구했다. 인류의 보편적 진리를 밝히기 위해 불철주야 노력한 것은 바로 유대인들이었다.

물론 한국인도 패망한 일본인들이 본국으로 철수할 때 아무런 보복도 하지 않고 오히려 측은지심의 시선으로 그들의 풀 죽은 모습을 지켜보기만 했을 뿐이다. 그럼에도 불구하고 미국과 소련의 합의에 따라 삼팔선이 그어지고 남북이 갈라지는 분단의 비극을 겪게 되었으니 실로 얄궂은 운명이 아닐 수 없다. 패전국으로 동서가 분단된 독일의 경우와 마찬가지로 일본 역시 분단국이 되어야 마땅함에도 오히려 해방을 맞이한 한반도가 분단되었으니 더욱 그렇다. 역사의 흐름에는 그야말로 일정한 법칙이 없나 보다. 그 어떤 예상도 불허하니 말이다.

생체실험과 마루타

인간을 상대로 마취도 없이 생체실험을 한다는 일은 상상만 해도 끔찍스러운 일이 아닐 수 없다. 하지만 실제로 그런 일들이 제2차 세계대전 기간 중에 나치 독일과 일제에 의해 버젓이 벌어졌으니 참으로 천인공노할 노릇이다. 그런 비인도적 만행의 주역은 나치 독일의 군의관 멩겔레 대위와 일본 관동군 731 부대 사령관 이시이 중장이었다. 비록 그들은 애국 차원의 과학적 실험이라는 명분을 내걸고 오히려 크나큰 자부심과 사명감으로 그런 악행을 일삼았겠으나, 아무리 그렇더라도 일말의 양심이 있는 인간이라면 어찌 그토록 참혹한 일들을 벌일 수 있을까 도저히 이해할 수가 없다. 그야말로 생체실험의 악마들이라 할 수 있다.

물론 과거에도 동양에서는 사형수에게 가장 잔혹한 형벌로 능지처참을 가하기도 했으며, 서양에서도 로마 제국의 십자가 처형이나 중세 유럽에서 행하던 화형식이 존재하기도 했지만, 그것은 형벌 차원에서 이루어진 일이었지 의학적 실험을 위한 일이 결코 아니었다. 그런 점에서 독일과 일제에 의해 자행된 생체실험은 최소한의 의료 윤리마저 깡그리 무시한 도덕적 광기에 속한다고 볼 수 있다. 정상적인 인간으로서는 상상조차 할 수 없는 일이기에 더욱 그렇다.

제2차 세계대전 당시 악명 높은 아우슈비츠 수용소에서 죽음의 천사로 불린 나치 군의관 요제프 멩겔레(Josef Mengele, 1911-1979)는 어린아이들과 여성들이 포함된 유대인 수용자들을 대상으로 숱한 생체실험을 시행한 인물로 악명이 자자했다. 그는 원래 뮌헨 대학에서 인류학을 공부하고 유대인의 인종적 차이점을 연구한 우생학적 논문으로 인류학 박사학위를 받았으며, 그 후 다시 프랑크푸르트 대학에서 의사 자격까지 따낼 정도로 뛰어난 두뇌의 소유자였지만, 백인우월주의에 가득 찬 매우 냉혹한 인간이었다.

1937년 나치당에 가입하면서 친위대에 들어간 그는 1943년 비르케나우 수용소를 거쳐 아우슈비츠 수용소의 의무 책임자로 발령 받았다. 당시 멩겔레 대위는 유대인을 상대로 가스실로 보낼지 아니면 강제노역을 시킬 것인지 선별하는 임무를 수행하는 동시에 유전학에 대한 연구도 병행해 나갔다. 수용자들이 새로 역에 도착하면 그는 항상 흰색 코트를 걸치고 죽음의 선별 작업을 했기 때문에 처음에는 사람들이 그를 가리켜 '하얀 천사'라고 부르기도 했다.

그는 수용자들을 대상으로 자신의 연구 실험을 시행했는데, 특히 아이들의 눈에 염색약을 주입해 동공 색깔의 변화를 관찰하거나 마취 없이 장기를 제거하는 외과적 수술을 자행했으며, 희생자들이 죽으면 그 눈알을 적출해 개인 소장품으로 보관하기도 했다. 여성들을 대상으로 강제 불임수술 등 잔인한 실험도 계속했는데, 대부분의 여성이 합병증으로 숨을 거두었다. 일부 여성들은 가스실로 보내기 전에 생체실험의 대상이 되기도 했다. 당시 가스실로 보낼지 아닐지를 결정하는 수용자들의 운명은 멩겔레의 손가락 하나로 좌지우지되던 시절이었으니 그가 죽음의 천사로 불린 것은 지극히 당연한 결과였다.

독일이 항복하자 멩겔레는 남미로 도주해 아르헨티나를 거쳐 브라질에 숨어 지냈는데, 이스라엘의 모사드와 나치 사냥꾼 시몬 비젠

탈의 추적을 피해 수시로 가명을 쓰며 신분을 위장한 채 살았다. 특히 남미에 은닉 중에 체포되어 사형까지 당한 아이히만의 경우를 잘 알고 있던 그는 작은 소리에도 수시로 놀라 잠을 제대로 이루지 못하는 등 극도의 신경과민 상태로 말년을 보냈는데, 그럼에도 불구하고 과거 자신이 저지른 행위에 대해서는 한 줌의 죄의식도 느끼지 않았다고 한다.

그는 상파울루의 아름다운 해변에서 수영을 즐기던 중 갑자기 심장마비를 일으켜 68세 나이로 죽었는데, 나중에 발견된 그의 유골을 통해 멩겔레의 신원이 밝혀지게 되었다. 하지만 온갖 악행을 저지른 그가 아무런 처벌도 받지 않은 상태에서 그것도 고통 없이 평온한 모습으로 죽었다는 사실은 아무리 생각해도 이 세상이 공평하지 못하다는 느낌을 지울 수 없게 만든다. 하기야 이스라엘 감옥에서 교수형이 집행된 아이히만도 죽기 직전에 남긴 마지막 유언에서 자신도 신을 믿으며 죽는다고 했으니 과연 인간의 도덕적 광기와 전도된 의식은 어디가 그 끝인지 알다가도 모를 일이다.

멩겔레는 운 좋게 도주했지만, 히틀러의 주치의를 지냈던 카를 브란트(Karl Brandt, 1904-1948)는 연합군에 체포되어 뉘른베르크 전범 재판에서 사형을 언도받고 교수형에 처해졌다. 나치에 의해 자행된 악명 높은 단종법의 주도자로 알려진 그는 수많은 수용소 내에서 자행된 잔혹한 생체실험에도 깊이 관여한 사실이 밝혀짐으로써 더이상의 정상 참작이 허용되지 않았다.

반면에 라벤스브뤼크 수용소에서 폴란드 정치범들을 대상으로 소름 끼치는 생체실험을 자행했던 여의사 헤르타 오베르호이저(Herta

Oberheuser, 1911-1978)는 전범 재판에서 20년형을 선고받았으나 10년형으로 감형되었고, 1952년에 모범수로 풀려나 은둔 생활을 보내다가 1978년에 사망했다. 그녀는 심지어 건강한 아이들을 대상으로 사지를 절단하고 장기를 꺼내는 실험을 자행했으며, 상처 내부에 톱밥이나 먼지 등의 이물질을 넣어 관찰하기도 했다.

일본 관동군 731 부대 사령관이었던 이시이 시로(石井 四郎, 1892-1959) 중장은 악명 높은 마루타 실험을 자행한 인물이다. 마루타란 통나무를 뜻하는 말로 생체실험의 대상이 되었던 포로들을 지칭하는 은어였다. 교토 제국대학에서 의학을 공부하며 전체 수석을 차지할 정도로 뛰어난 머리의 소유자였던 그는 일본제국 군대 의무장교로 배속되어 도쿄의 군의학교에 근무했다.

대학원 과정을 마친 후 2년간 유럽 각지를 여행하면서 제1차 세계대전 이래 발전을 거듭한 화학무기와 생물학적 무기에 대한 정보를 두루 섭렵하고 귀국한 그는, 중일전쟁 이래 일본 관동군이 점령하고 있던 만주 하얼빈 외곽 지역에 세균전에 대비한 천황 직속의 비밀 부대를 창설해 본격적인 생체실험에 들어갔다.

150개의 건물이 세워진 방대한 규모의 비밀 요새에서 자행된 각종 실험에는 중국인, 조선인, 몽골인, 러시아인 등이 강제로 동원되었는데, 그 수효는 만여 명에 이르렀으며, 남녀노소 구분 없이 심지어는 임산부까지 끔찍스러운 실험 대상이 되어 희생당했다. 이들을 일본군은 짐승만도 못한 존재로 취급하며 잔혹하게 다루었다. 수용자들을 인간으로 보지 않도록 하기 위해 새로 전입한 신병이 도착하면 의무적으로 수용자 한 사람을 골라 때려죽이도록 지시했으며, 일부 군인들과 장교들은 실험을 끝내고 죽어 가는 수감자를 원판에 묶은 상태에서 그 원판을 돌리며 단검을 던지는 게임을 즐기거나 여성 수용자를 강간하기도 했다.

731 부대에서 이루어진 실험은 크게 생체 해부 실험과 세균전 실험, 그리고 무기 성능 실험으로 분류될 수 있다. 생체실험은 대부분 마취 없이 시행된 것으로 예를 들어 위를 절제한 뒤 식도와 장을 연결하기, 임산부의 몸에서 산 채로 태아 꺼내기, 팔다리를 절단한 후 출혈 상태를 조사하고 반대편에 붙여 봉합하기, 장기의 일부를 제거하기, 산 채로 피부 벗겨 내기, 남녀 생식기를 잘라 내어 상대방의 국부에 이식하는 성전환수술 등 실로 인간으로서 할 수 없는 끔찍스러운 잔악 행위들을 일삼았다.

이 외에도 동물의 혈액이나 소변을 주입하기, 혈관에 공기나 동물의 혈액, 바닷물 주입하기, 굶겨 죽이기, 화학무기를 이용한 가스실 실험, 고압실 실험, 화상 실험, 진공 실험, 그리고 목을 매달거나 동상에 걸리게 해 생존 시간을 측정하기도 했다. 그 외에도 원심분리기에 넣고 숨이 끊어질 때까지 돌리기도 했다. 무기 성능을 알아보기 위해서는 사람들을 말뚝에 묶어 놓고 소총이나 수류탄, 화염방사기 등을 시험했으며, 세균폭탄이나 화학무기의 성능도 시험했다.

세균전 실험은 더욱 끔찍했다. 예방접종이라고 속여 페스트균, 콜레라균 등의 세균을 직접 인체에 주입하고, 전염 속도를 측정하기 위해 세균을 넣은 만두를 급식했으며, 남녀 수용자들을 상대로 임질, 매독 등의 성병을 고의적으로 감염시키기도 했다. 이시이가 직접 개발한 도자기 폭탄에는 각종 전염병 세균이 내장되었는데, 인근 지역에 투하함으로써 수십만 명의 중국인들이 숨진 것으로 추정되기도 한다.

일본이 패전하자 이시이는 증거인멸 차원에서 모든 시설을 파괴했으며, 살아남은 포로들마저 모조리 처형했다. 비록 이시이를 포함한 731 부대원들은 미군에 체포되어 조사를 받았지만 강력한 처벌을 원하는 소련 당국의 주장에도 불구하고 이들 전원은 결코 전범재판에 회부되지 않았다. 미군 당국과의 은밀한 거래에서 결국 이시이가 승리한 셈이다. 그동안의 극비 실험 정보를 제공하는 대가로 가볍게 풀려난 이시이는 그 후에도 군복무를 계속했으며, 한국전쟁 시에는 군의관 신분으로 잠시 한국을 다녀가기도 했다.

군에서 제대한 이후로는 미국을 방문해 세균전에 대한 정보를 제공했으며, 귀국해서는 무료 진료소를 차리고 환자들을 치료하기도 했다. 이처럼 그는 아무런 제재도 받지 않고 자유롭게 여생을 보냈는데, 수많은 인명을 잔혹하게 살상했던 그가 일본 녹십자 활동에도 관여하고 더 나아가 도쿄올림픽 조직위원장까지 맡아 활동했다는 사실은 실로 파렴치한 모습이 아닐 수 없다. 그렇게 천수를 누리고 살던 그는 말년에 이르러 기독교로 귀의했으며 인후암에 걸려 67세를 일기로 사망했다.

이처럼 제2차 세계대전 당시 나치 독일과 일제에 의해 은밀히 자행된 생체실험은 자신들보다 열등하다고 여긴 유대인과 중국인, 조선인 등을 상대로 행해졌다는 점에서 인종주의와 종족주의가 낳은 가장 악랄한 도덕적 광기의 극치였다고 할 수 있다. 더군다나 전장에서 적을 사살하거나 대규모 폭격을 가하는 경우 양심의 가책을 느끼는 군인이 매우 드물 수밖에 없겠지만, 살아 있는 사람을 대상으로 끔찍스러운 실험을 행하는 입장에서 아무런 죄의식도 없이 그런 행위를 저지를 수 있다는 것은 정상적인 인간으로 간주하기 어렵다.

그런 점에서 우리는 유대 철학자 마르틴 부버가 〈나와 너〉에서 설파한 말을 떠올리지 않을 수 없게 된다. 그는 나와 너의 관계 속에서 인간의 진정한 가치와 의미를 찾을 수 있다면서 만약 그런 관계가 단지 사물에 불과한 그것과의 관계로 전락하게 되면, 다시 말해서 나와 그것의 관계로 전락하게 될 경우 인간은 절대적으로 타락한다는 것이다.

그렇게 볼 때, 나치 독일과 일제가 유대인과 중국인, 조선인 등을 대량 학살하고 생체실험을 가한 것은 자신들과 동등한 가치를 지닌 인간이 아니라 단지 사물에 불과한 그것으로 간주했다는 의미가 된다. 우리가 의자나 책상을 부수고 죄의식을 느끼고 괴로워하진 않을 테니 말이다. 중요한 점은 그럼에도 불구하고 유대인과 중국인, 한국인이 가해자들에 대해 똑같은 방식으로 보복하지 않았다는 사실이다. 왜냐하면 양심을 지닌 인간이기 때문이다.

▎다물과 시오니즘

　유대인과 한국인은 비록 그 기간은 차이가 매우 크지만 망국의 아픔과 슬픔을 지닌 민족이다. 조상 대대로 물려받은 소중한 땅을 어이없이 다른 민족에게 빼앗겼다는 점에서 두 민족은 씻을 수 없는 치욕의 역사를 공유하고 있는 것이다. 하지만 우리가 스스로 빼앗긴 나라를 되찾은 것이 아니라 일본의 패망에 힘입어 어부지리로 얻은 광복이었던 데 반해 유대인은 오로지 자신들의 눈물겨운 노력의 힘으로 빼앗긴 땅을 되찾은 것이니 광복 직후 민족 분단을 겪어야 했던 우리와는 그 입장이 매우 다를 수밖에 없다.

　그런 점에서 2천 년 만에 독립을 이룩한 이스라엘의 존재는 전 세계로 뿔뿔이 흩어져 살던 유대인에게 엄청난 감회와 희열을 안겨 주었음에 틀림없다. 그리고 이스라엘 건국의 배경에는 오랜 기간에 걸친 시오니즘 운동이 있었던 것이다. 시오니즘은 유대인 국가 건설을 목적으로 한 민족주의 운동으로, 말 그대로 오래전부터 자신들의 조상이 성산으로 여기던 시온산으로 돌아가고자 하는 꿈과 소망을 드러낸 것이다.

　시오니즘은 19세기 말 전 유럽을 들끓게 만들었던 드레퓌스 사건을 두 눈으로 직접 목격하고 나라 없는 설움을 뼈저리게 느낀 오스트리아의 유대계 기자 테오도르 헤르츨에 의해 처음으로 제창된 운동으로, 그의 노력에 의해 마침내 1897년 제1차 시오니즘 대회가 스위스 바젤에서 처음 개최되기에 이른 것이다. 결국 시오니즘 운동의 본질은 유대인들이 더이상 서구 사회에서 굴욕적인 무시를 당하지 않고 오래전에 잃었던 팔레스타인 땅으로 돌아가 자신들만의 조국을 새로 건설한다는 것이었다.

하지만 헤르츨의 야심 찬 시오니즘 운동은 처음부터 암초에 부딪칠 수밖에 없었다. 우선 당시 팔레스타인을 지배하고 있던 터키 정부가 반대하며 제동을 걸고 나선 것이다. 시나이반도를 중심으로 한 영국과 이집트 정부와의 협상도 실패로 돌아갔다. 심지어는 1903년 영국령인 동아프리카 우간다를 영국 정부가 제안했지만, 끝까지 팔레스타인을 고집한 헤르츨과 시오니스트 내부의 의견 분열로 무산되고 말았다.

헤르츨은 이렇게 동분서주하다가 결국 자신의 꿈을 이루지 못하고 1904년 44세의 이른 나이로 세상을 뜨고 말았는데, 그를 20세기의 모세로 여겼던 유대인들에게는 그의 죽음이 큰 충격으로 받아들여졌다. 결국 이스라엘의 건국은 헤르츨 사후 40년을 더 기다려야 했다. 드레퓌스 대위나 헤르츨 두 사람 모두 생전에 유대인 국가의 탄생을 보지 못하고 세상을 떠나야 했지만, 그 후에 등장한 나치 독일에 의해 600만에 달하는 동족들이 참혹하게 학살당하는 모습을 보지 못하고 죽었으니 그나마 다행이었다고나 할까.

헤르츨이 사망한 후 시온주의자들의 입지는 더욱 위축될 수밖에 없었다. 다른 무엇보다 뿌리 깊은 반유대주의 정서도 문제였지만, 특히 서구 열강들의 이해관계가 서로 뒤엉켜 문제가 더욱 복잡해진 것이다. 더욱이 2천 년 전에 잃었던 조국을 다시 되찾는다는 발상 자체가 너무도 비현실적인 데다가 유대인 사회 내에서조차 회의적인 태도가 팽배했다. 그중에서도 가장 회의적인 사람들은 공산주의자들로부터 나왔다.

혁명의 열기로 한창 들떠 있던 유대인 이상주의자들은 가능성이 희박해 보이는 새로운 조국의 건설보다는 자신이 몸담고 있는 세상을 변혁하는 일이 더욱 현실적인 대안이라고 여긴 것이다. 더군다나 실제로 아무도 예상치 못한 러시아 혁명의 성공으로 인해 시오니스트들의 입지 또한 상대적으로 줄어들 수밖에 없었으며, 동시에 서구 사회에서 공산주의 혁명을 주도한 레닌과 트로츠키 등 유대인들에 대한 경계심도 더욱 커지는 결과를 낳았다.

특히 독일에서는 로자 룩셈부르크를 비롯해 수많은 유대인이 사회주의 혁명운동에 뛰어들면서 그에 대한 반동으로 극우단체인 나치의 등장을 더욱 촉발한 결과를 낳고 말았는데, 결국 유대인과 공산주의를 가장 위험한 공적으로 간주한 히틀러는 반유대주의 정서에 편승해 대중들의 폭발적인 인기를 등에 업고 마침내 정권을 차지하기에 이른 것이다. 시오니즘은 고사하고 유대인 전체의 생존이 위태롭게 된 것이다.

따라서 유대인들은 스스로 올가미에 걸린 셈이 되고 말았지만, 히틀러는 공산주의 사회뿐 아니라 서구자본주의 사회를 뒤에서 조종하는 실세 역시 유대인이라고 굳게 믿었다. 결국 히틀러는 유럽 자체에 온갖 화근을 불러일으키는 유대인 세력을 척결하는 일부터가 선결 과제라고 여겼으며, 그런 인종주의에 입각한 나치 이데올로기는 서구자본주의 사회 및 소비에트 사회를 상대로 동시에 전쟁을 벌인 것이다.

하지만 일단 불붙은 시오니즘의 열기는 이미 20세기 초에 유대인 사회에 번지기 시작했으며 온갖 박해를 피해 팔레스타인으로 향하는 유대인 난민의 행렬은 그 후에도 계속 이어졌다. 특히 독일과 소련 등 유대인 탄압이 심했던 지역에서 팔레스타인 이주 행렬이 끝없이 이어졌다. 당시 팔레스타인을 통치했던 영국 정부는 그런 이주의 물결을 어떻게든 막아 보려 애썼지만, 자신들의 옛 조국 땅을 찾고자 하는 유대인의 집념을 도저히 말릴 수는 없었다.

두 차례의 세계대전에서 수세에 몰린 영국 정부는 전세를 만회하기 위해서 유대인들의 막대한 지원이 필요하게 되었으며, 실제로 수많은 유대인이 새로운 조국 건설에 대한 희망을 안고 인적, 물적 지원을 아끼지 않았던 것이다. 물론 그 기폭제가 되었던 계기는 1917년 영국 외상 밸푸어에 의해 발표된 '밸푸어 선언'이었다. 유대인 국가의 건설에 아낌없는 지원을 약속한 이 선언으로 인해 유대인들은 팔레스타인으로의 이주를 본격적으로 시작하기에 이르렀으며, 유대계 재벌들 역시 막대한 자금 지원을 아끼지 않은 것이다.

특히 나치 독일에 의해 수백만의 동족들이 희생당하는 현실 앞에 미국과 소련의 유대인들은 이념을 초월해 너도나도 앞다투어 연합군에 가담해 싸움으로써 전쟁을 승리로 이끄는 데 크게 일조했다. 이처럼 온갖 우여곡절 끝에 유대인들은 마침내 1948년 옛 팔레스타인 땅에 조국을 새로 건설하고 독립을 선언했다. 로마 제국에 의해 유대민족이 세계 각지로 뿔뿔이 흩어져 정처 없이 유랑 생활로 접어든 이래 거의 2천 년 만의 일이었다. 그들이 통곡의 벽 앞에 기도하며 남다른 감회에 젖을 만한 일대 사건이었다. 물론 그들의 시련은 지금도 계속되고 있지만 말이다.

반면에 우리 한국인은 어떠한가. 일제에 항거하기 위해 김구 선생이 상해임시정부를 이끌었으며, 한때는 김좌진 장군이 독립군을 이끌고 청산리 전투에서 일본군을 격파하는 쾌거를 이루기도 했으나 당시 중국은 상해임시정부 지원에 매우 소극적인 데다 그나마 미국을 상대한 외교적 노력은 전적으로 이승만에 의존한 상태였다. 더군다나 당시 김구와 이승만은 서로 의견이 엇갈려 내분 상태에 있었으니 그런 불화는 광복 후 국민 통합에 큰 걸림돌이 되기도 했다.

더군다나 우리는 광복 직후부터 남북이 분단되고 더 나아가 동족상잔의 비극까지 겪으면서 반쪽짜리 불구의 몸이 되었으니 실로 통탄할 노릇이 아닐 수 없다. 그런 점에서 우리는 이미 수천 년 전에 우리의 조상들이 마음에 되새겼던 다물(多勿) 정신에 주목할 필요가 있다. 고조선이 한나라에 망하고 수많은 유민들이 정처 없이 떠돌던 시절, 옛 고조선의 드넓은 강토를 되찾겠다는 다물 정신에 입각해 고구려를 건국한 주몽은 이미 그 시절에 코리안 드림을 이룬 선각자였다고 할 수 있다. 더욱이 그의 유지를 받들어 만주 일대를 석권한 광개토대왕 시절에는 단군 이래 가장 넓은 영토를 차지하며 강성한 국력을 자랑했으나, 고구려가 멸망한 이후로는 만주 일대가 고스란히 당나라에 넘어가 버렸으며, 20세기 초에는 일제와 청나라 사이에 간도협약이 체결되어 자기들 멋대로 간도 땅마저 청나라 영토로 편입되었다.

결국 우리는 옛 조상들이 이루었던 광대한 영토를 까맣게 잊고 오늘날에 와서는 잃어버린 우리의 반쪽 북한 땅을 바라보기만 하고 있을 뿐이며, 더욱 안타까운 일은 작은 섬 독도 하나만을 두고 일본과 끊임없이 승강이를 벌이고 있으니 참으로 조상들 앞에 면목이 서지 않는다. 그야말로 코리안 시오니즘이라고도 할 수 있는 다물 정신의 부활이 언제 실현될 수 있을지 답답한 심정을 누를 길이 없다. 오히려 자칫 잘못하다가는 동북공정에 혈안이 되어 있는 중국에게 북한 땅마저 잃게 되는 것은 아닌지 걱정이 앞선다. 물론 그런 사태가 벌어지도록 우리가 그대로 묵과하는 일은 결코 없겠지만, 오랜 역사 과정을 통해 우리의 국토 변천사를 살펴볼 때 안이한 낙관은 금물이라 하겠다. 호시탐탐 이 땅을 넘보는 이웃, 특히 중국과 일본 때문에 우리는 예나 지금이나 불철주야 경계를 소홀히 할 수 없기 때문이다.

▌통곡의 벽과 통곡의 미루나무

 천신만고 끝에 간신히 나라를 되찾은 유대인이 예루살렘에 귀환했을 때, 그들 앞에 우뚝 선 통곡의 벽은 실로 만감이 교차하는 감회를 일으키기에 족했을 것이다. 통곡의 벽은 예루살렘 동편에 세워진 고대 이스라엘 신전의 벽 일부가 남아 있는 것으로 유대인들이 겪은 오랜 고난과 시련의 역사를 상징하는 대표적인 성지다.

 유대인들은 이 벽 앞에서 기도하며 자신들의 조상들이 겪은 온갖 박해와 고통을 상기하고 신에게 감사의 마음을 전하기도 한다. 숱하게 멸족의 위기를 넘기며 불가능할 것으로 여겼던 조국을 되찾은 일에 대한 감사의 마음이겠다.

 유대교에서 철저하게 지키는 유월절(逾越節)은 파스카라 부르는데, 모세의 인도로 홍해를 건너 이집트 왕국으로부터 벗어난 엑소더스 사건을 기념하는 의식을 말한다. 소위 유대인의 광복절 기념일인 셈인데, 이날만큼은 고난의 떡과 더불어 쓴 나물을 먹으며 조상들의 고난을 되새긴다. 40년간 사막을 방황하며 시련을 겪었던 유대인 조상들을 기리는 의식인 것이다. 얼마나 가슴에 사무쳤으면 잊지도 않고 수천 년에 걸쳐 그런 의식을 치르고 있겠는가.

 그런데 우리에게는 그런 의식조차 없으니 괴로운 과거는 무조건 잊고자 하기 때문일까. 하기야 우리는 조상들의 땅에서 쫓겨나 본 적도 없고, 민족 전체가 노예로 팔려 나간 일도 없으니 정신대 문제 정도는 대수롭지 않게 여길지도 모른다. 그래서인지 국치일은 아무도 기억하지 않으며 광복절 행사조차도 의례적인 행사로 그치고 만다.

요즘 학생들은 8월 29일을 마이클 잭슨 생일로만 알고 있지 바로 그날이 국치일인 줄은 까맣게 모르고 산다. 망각은 곧 재발의 위험을 부르기 쉽다. 아무리 껌이나 씹으며 건들거리는 미국인들이라 할지라도 진주만을 기억하라며 일본군의 기습을 절대로 잊는 법이 없다. 심지어 일본인들은 자신들이 저지른 만행을 부인하면서도 히로시마 원폭 투하만큼은 잊지 않고 그날의 비극을 되새긴다. 중국도 역사적 사건 현장에 수십만 개의 돌을 깔아 놓고 일본군에 의해 자행된 남경대학살을 결코 잊지 않는다.

그런데 우리는 삼일운동이나 국치일, 정신대, 독립군 희생자, 강제징용 희생자들을 위한 기념관이나 위령탑 하나 변변히 만든 게 없으니 참으로 답답한 노릇이다. 비극적인 역사를 망각하면 그런 비극은 또다시 재연될 수 있다. 그런 점에서 최근 태풍에 쓰러져 영원히 그 모습을 볼 수 없게 된 통곡의 미루나무를 생각하면 더욱 마음이 아파 온다.

지금까지 일반인에게 잘 알려지지 않은 통곡의 미루나무는 독립문에 위치한 서대문 형무소 뒤뜰 담장 곁에 홀로 외롭게 자라던 나무였다. 그 나무는 일제강점기였던 1923년 서대문 형무소가 세워질 때 심어진 것으로 사형장에 끌려가는 수많은 독립투사의 마지막 모습을 묵묵히 지켜본 뼈아픈 역사의 산증인이었다.

그런데 그 나무는 제대로 자라지 못해 보는 이로 하여금 안타까움을 자아냈으며, 사람들은 그 이유를 독립을 보지도 못하고 죽어 간 독립투사들의 원통함이 서렸기 때문이라고 여겼다. 통곡의 미루나

무로 부른 것도 그런 이유에서다. 물론 그것은 매우 자의적인 해석으로 볼 수도 있겠지만, 오죽하면 한 그루 나무에게마저 통한의 역사적 아픔을 투사하겠는가. 하지만 통곡의 미루나무는 이제 사라져 볼 수가 없고 단지 사형장 입구 안내문의 기록을 통해서만 그 존재를 알 수 있게 되었다.

그런 점에서 유대인들은 통곡의 벽을 되찾음으로써 수천 년간의 고난을 보상받았지만, 우리에게 돌아온 보상은 오히려 민족 분단과 동족상잔의 참극이라는 뼈아픈 기억만이 있을 뿐이다. 나라를 되찾은 유대인들은 통곡의 벽을 통해 수천 년간 그들이 겪었던 고난의 역사를 되살리며 남다른 각오를 다지겠지만, 우리에게는 망국의 아픔과 슬픔을 되살릴 상징물을 갖지 못했다. 그나마 남아 있던 통곡의 미루나무도 영원히 사라지고 없어졌으니 더욱 그렇다.

더군다나 국치일은 두 번 다시 상기하고 싶지 않은 기피의 대상일 뿐이다. 그래서 조선총독부 건물도 허물어 버리지 않았는가. 따라서 일제의 강점은 단지 기억의 저편으로 사라졌을 뿐, 국치를 상징하는 탑이나 기념관도 존재하지 않는다. 물론 독립기념관이 있지만, 그곳을 찾는 사람들은 그리 많지 않다. 그것도 독립을 기념하는 건물이지 망국의 한을 담은 기념관은 아니다.

사실 독립이란 말 자체도 어폐가 있다. 원래부터 우리는 독립국이었으니 말이다. 그래서 8월 15일도 독립기념일이 아니라 광복절이라 부르는 것이다. 35년간 일제에 의해 부당하게 강점된 것일 뿐이다. 한일 합병도 사실 엄밀히 따지고 보면 불법적인 국권 탈취였다. 순종은 분명 그 문서에 서명조차 하지 않았다. 일제가 내관을 매수해 제멋대로 국새를 찍은 것이다. 실로 전례가 없는 해괴망측한 합방이었다. 그것도 오백 년간 이어진 조선왕조의 종말을 의미한 것일 뿐이다.

물론 태평양전쟁에서 일본이 패망하지 않았으면 그들의 강점은 계속 이어졌을지도 모른다. 그리고 많은 조선인들도 그렇게 빨리 일본이 망하리라곤 미처 예상하지 못했을 것이다. 그러나 영원한 제국은 그 어느 때도 존재한 적이 없다. '국가는 망해도 민족은 영원하다'는 말도 있지만, 그것은 실상을 모르고 하는 소리다. 나치 독일은 유대민족 자체를 지구상에서 아예 없애 버리려 하지 않았는가. 유대인들은 그런 사실을 영원히 잊을 수 없을 것이다. 그들은 통곡의 벽 앞에서 항상 그 기억을 되살릴 게 분명하다.

하지만 우리는 수도 서울 한가운데 망국의 아픈 기억을 되살리고 두 번 다시 그런 일이 없도록 다짐할 수 있는 범국민적 상징물이 없으니 우리의 후대들에게 과연 무슨 교훈을 전할 것인가. 일제강점기는 고사하고 한국동란의 쓰라린 아픔마저 제대로 알지 못하는 게 요즘 젊은 세대들 아닌가. 기억상실증과 도덕불감증이야말로 가장 두려운 적이 아닐 수 없다. 과거의 시련과 고통을 또다시 반복하지 않으려면 통곡의 벽 앞에서 온몸을 흔들며 기도하는 유대인을 통해 그 어떤 교훈을 얻어야만 하겠다.

이민선과 귀국선

신대륙의 발견은 서양에서 핍박받는 유대인에게 새로운 희망의 땅이 되었다. 물론 수많은 백인들도 종교적 박해를 피하기 위한 목적으로 이민선에 오르거나 또는 가난에 못 이겨 무작정 신대륙으로 향하기도 했지만, 유대인만큼 처참한 박해와 학살을 피해 앞다퉈 이민선에 몸을 실은 민족도 드물 것이다. 특히 18세기 제정러시아에서 자행된 유대인 학살 포그롬은 잔혹하기로 악명이 자자했는데, 목숨을 부지하기 위한 필사적인 노력으로 수많은 유대인이 러시아를 탈출해 신대륙으로 향했으며, 그런 집단적 탈출은 20세기 들어 나치 독일의 등장으로 다시 재연되었다.

오늘날 신대륙에 거주하는 유대인의 조상은 대부분이 그런 난민 출신이었다고 할 수 있다. 그들은 모든 것을 송두리째 빼앗긴 상태에서 거의 맨손으로 이민선에 몸을 실었으며, 대서양을 건너 낯선 신대륙에 발을 내딛은 후에도 사회 밑바닥 생활부터 새로운 삶을 시작해야만 했다. 그럼에도 그들이 오늘날의 번영을 이룩한 것은 오로지 포기를 모르는 끈질긴 도전 정신과 남다른 민족적 자긍심 때문이었다. 그런 점에서 유대인은 우리 민족과 매우 비슷하다고 볼 수 있다.

나치 독일의 집단적 광기로 인해 수백만의 동족을 잃은 유대인은 마침내 1948년 옛 조상이 살던 땅에 이스라엘 공화국을 세워 독립을 선포하기에 이르렀다. 나라를 잃은 지 무려 2천 년 만에 되찾은 조국이었다. 그런데 같은 해에 정부 수립을 선포한 대한민국은 불과

38년 만에 나라를 되찾은 것이니 사실 유대인과는 비교도 되지 않을 만큼 짧은 기간이라 할 수 있다. 물론 기간으로 치자면 인도는 120년간 영국의 통치를 받았으며, 아일랜드는 무려 400년 동안이나 영국의 지배를 받았으니 우리와 비교하는 일 자체가 무리겠지만, 잔혹함으로 말하면 지구상에서 일제를 능가할 나라도 별로 없을 것이다.

어쨌든 온갖 핍박과 학살을 피해 이민선을 타고 신대륙으로 향했던 유대인은 조국이 독립을 선언하자 이번에는 귀국선을 타고 이스라엘로 모여들기 시작했다. 물론 그동안 오랜 세월 타지에서 삶의 터전을 닦은 절대다수의 유대인은 그럴 수 없었지만, 조국에 대한 갈망에 사로잡힌 사람들은 모든 것을 내던지고 기꺼이 고국행을 선택한 것이다. 오토 프레민저 감독의 영화 〈영광의 탈출〉은 바로 조국 이스라엘로 돌아가기 위해 귀국선 엑소더스호에 오른 유대인 홀로코스트 생존자들의 강한 집념을 다룬 작품이다.

그런 점에서 일제의 패망으로 해방된 조국으로 귀국하는 가슴 벅찬 심정을 노래한 가수 이인권의 해방가요 〈귀국선〉은 유대인의 심정과도 일맥상통한다. 하지만 똑같은 귀국선이라도 패전국으로 전락해 일본으로 귀국하는 일본인들과 날아갈 듯 들뜬 마음으로 고국 땅으로 귀국하는 한국인들의 모습은 서로 다를 수밖에 없었다. 그런데 신기하게도 한국을 떠나는 일본인들에 대해 집단적으로 보복하는 행위는 거의 나타나지 않았으니 우리는 과연 동방예의지국이라 자부할 수 있겠다.

하지만 그런 자부심은 얼마 가지 않아 무참히 깨져 버렸다. 좌우익 대립으로 인해 동족끼리 무자비한 고문과 학살이 이어졌으니 말이다. 귀국의 벅찬 감격도 잠시일 뿐이었다. 더군다나 귀국선을 타고 고향에 돌아오지 못한 재일동포들은 비록 동족상잔의 비극을 겪지는 않았지만 그 후 북송선 만경봉호를 타고 앞다퉈 이북으로 향했다. 그러나 지상낙원의 꿈을 안고 니가타항을 출발한 그들 대다수는 가뜩이나 물자 부족에 허덕이는 북한에서 이루 말할 수 없는 고초를 겪어야만 했다.

1959년부터 1984년까지 계속된 북송사업으로 이북으로 건너간 재일동포의 수는 거의 10만 명에 육박했다. 물론 대부분이 조총련계 동포이긴 했지만 극심한 차별 대우로 비참한 밑바닥 생활에 허덕이던 재일동포들에게 도움의 손길을 뻗친 것은 그나마 북한이었지 남한 정부는 아무런 도움도 주지 않았다. 그런 한과 설움은 지금도 사할린과 중앙아시아에 남아 있는 고려인 사회에서 계속되고 있는 문제다.

그런 점에서 일본인들은 철저하다. 남양군도에 버려진 전사자의 유골까지 모조리 거두어 본국으로 모셔 갔기 때문이다. 하지만 남달리 강한 애국심을 자랑하는 우리가 동포애 차원에서는 일본인들에 비해 훨씬 뒤떨어지고 있지 않은가. 물론 그것은 너무도 오랜 세월 학대받고 배를 곯으며 살았기 때문에 심성들이 그만큼 야박해진 탓일까. 너무도 참혹한 일들을 많이 겪었기에 내 한 몸 추스르기도 벅차서 이웃을 생각할 겨를조차 없었기 때문일까. 하지만 생활이 풍족해진 오늘날에 와서도 그런 습성은 여전하니 알다가도 모를 일이다.

더욱 이상한 일은 머나먼 아프리카 수단이나 에티오피아의 불쌍한 난민들을 위해서는 팔을 걷어붙이고 봉사활동이나 자선사업을 하면서도 정작 가까운 재일동포나 사할린, 중앙아시아의 고려인에 대해서는 아무런 관심도 보이지 않는다는 점이다. 월남에 버려진 라이다이한 2세들도 마찬가지다. 이태석 신부야 한국인으로서가 아니라 가톨릭 사제로서 인류애에 입각해 흑인 소년들을 도운 것이지만 그것은 테레사 수녀가 알바니아인이 아니라 가톨릭 성직자로서 가난한 인도인을 돕는 데 일생을 바친 점과 같다. 그러니 우리도 이제부터는 비좁은 땅에서 서로 헐뜯고 비방하지만 말고 시선을 외부로 돌려 한 많은 세월을 속으로 삭이며 지내고 있는 해외 동포들에게도 도움의 손길을 뻗쳐야 할 것이다. 더 늦기 전에 말이다. 우리 실력이라면 북한의 만경봉호보다 훨씬 더 크고 좋은 배를 얼마든지 만들 수도 있지 않은가.

하지만 유대인은 그런 배를 만들 필요를 느끼지 않는다. 민족 분단이나 이념적 갈등으로 동족상잔의 비극을 겪지도 않았을뿐더러 해외 동포들이 오히려 자신들의 조국인 이스라엘을 전폭적으로 지원하고 있기 때문이다. 그만큼 전 세계에 흩어져 사는 유대인은 오늘날 다른 어느 민족보다 탄탄한 사회적 기반을 다진 입장에서 자신감에 차 있으며 정치적으로나 경제적으로 막강한 영향력을 행사할 정도로 성장했음을 의미한다. 더욱이 서방세계에서 유대인의 지적인 두뇌 능력은 타의 추종을 불허하는 힘으로 작용하고 있으니 감히 누가 유대인을 업신여기고 무시할 수 있겠는가. 비록 과거에는 유대인이 비천하고 열등한 민족 취급을 받았으나 오늘날에 와서는 오히려 두려움과 견제의 대상이 되고 있는 상태다. 그것도 결국 힘을 지니고 있기 때문 아니겠는가. 그런 점에서 우리도 더이상 내분에 휘말리지 말고 일치단결하여 국력 신장에 힘써야 할 것이다.

중동전쟁과 한국전쟁

　수천 년 만에 가까스로 나라를 되찾은 유대인이지만, 그들을 맞이한 것은 또 다른 생존의 위협이었다. 이스라엘 건국을 반대하는 아랍인의 공격이 본격적으로 시작되었기 때문이다. 아랍 세계는 유대인을 지중해로 내몰아 수장시켜 버린다는 각오로 거센 공격을 가하기 시작했는데, 이스라엘 건국 이래 60년 동안 총 6회에 걸친 중동전쟁이 바로 그것이다. 참으로 기구한 운명을 타고난 유대인이 아닐 수 없다.

　제1차 중동전쟁은 1948년 이스라엘이 독립을 선포하고 그동안 위임통치를 맡았던 영국군이 철수한 직후부터 아랍군의 선제공격으로 시작되었다. 건국 당시 이스라엘은 제대로 된 군비조차 갖추지 못한 상태였으나 국가의 사활이 걸린 위기 상황에서 유대인은 남녀노소를 가리지 않고 일치단결해 필사적인 각오로 아랍군의 공격을 막아 내었다. 그 후 휴전 협상이 진행되는 동안 미국의 지원으로 전투력을 강화한 이스라엘군은 모세 다얀 장군의 탁월한 지도력에 힘입어 전쟁을 승리로 이끌고 국민적 영웅이 되었는데, 사람들은 이 전쟁을 이스라엘 독립전쟁이라고 부르기도 했다.

　제1차 중동전쟁이 끝난 이듬해 한반도에서는 한국전쟁이 발발하면서 수백만 명에 달하는 목숨이 희생되었는데, 3년에 걸친 동족 간의 전쟁으로 전 국토는 잿더미로 화하고 천만 이산가족을 낳는 비극을 초래했다. 다른 무엇보다 가슴 아픈 사실은 같은 동족끼리 참혹한 살상을 벌인 전쟁이었다는 점이다. 유대인으로서는 감히 상상도 할 수 없는 일이라 할 수 있다. 하기야 유대인은 처참한 동족상잔의 비극을 겪어 보지 못했으니 그럴 만도 할 것이다.

물론 고대 시절 이스라엘도 바빌론 제국에 의해 망국의 치욕을 당하기 전부터 우리처럼 남북이 분단된 역사를 겪은 적이 있었다. 솔로몬 왕이 죽고 난 후 왕위 계승권을 둘러싼 후계자 다툼 끝에 내란이 벌어져 북쪽의 이스라엘 왕국과 남쪽의 유다 왕국으로 분열된 것이다. 하지만 이스라엘 왕국은 아시리아에 의해, 그리고 유다 왕국은 신바빌로니아 제국에게 멸망하고 말았다. 기원전 6세기 수많은 유대인이 바빌론에 노예처럼 끌려간 바빌론 유수도 그때 일어난 치욕적인 사건으로, 당시 우리나라는 고조선 시대였으니 얼마나 오래 전의 일이었는지 알 수 있다. 이처럼 뼈아픈 역사를 겪어야만 했던 유대인은 그 이후로 두 번 다시 동족끼리 서로 죽이고 학대하는 어리석음을 보이지 않았다.

반면에 우리는 고조선이 한나라에 의해 멸망한 후에도 고구려, 신라, 백제 사이에 끊임없는 반목과 전쟁이 계속되었으며, 그런 반목과 대립은 오늘날에 이르러서도 남북 대결을 통해 여전히 멈출 기색을 보이지 않으니 참으로 안타까운 노릇이 아닐 수 없다. 그런 섬에서 유대인은 자신들의 치욕적인 역사를 결코 잊은 적이 없으며, 단지 기억만 하는 데 그치지 않고 성서나 〈탈무드〉 등 다양한 형태로 기록에 남겨 대대손손 전하고 있는 것이다.

고대 시기에 무려 2천 년 이상 장구한 세월을 유지하다 기원전 2세기에 멸망한 고조선에 관한 기록이 오늘날 전무하다시피 한 점을 되새겨 본다면, 기원전 11세기와 10세기에 걸쳐 활동한 고대 이스라엘 왕국의 사울왕과 다윗왕, 솔로몬왕의 행적에 대한 기록은 얼마나 자세한가. 물론 우리 민족도 과거에 치른 수난의 역사를 결코 잊은 적이 없지만, 철저한 기록으로 남겨 영원히 기억하는 것과 단지 입으로만 외치는 것은 하늘과 땅 차이만큼이나 크다고 할 수 있다.

오늘날 이스라엘과 대한민국의 생존은 여전히 위협받고 있는 중이다. 두 나라 똑같이 휴전 상태에 있으며, 미국의 지원을 받고 있는 점도 같다. 다른 점이 있다면 이스라엘은 수시로 주변 아랍권의 위협 아래 있으며, 대한민국은 동족인 북한의 도발과 핵 위협을 받고 있다는 사실이다. 다시 말해서 유대인은 종교적 차이로 인해서 이슬람교도 집단과 한국인은 이념적 차이로 인해 동족인 북한과 서로 극한 대립을 이어 가고 있는 것이다.

다만 민족의 사활이 걸린 측면에서 보자면 유대인이 더욱 절실하고 일촉즉발의 위기에 처한 상황이라 할 수 있겠으나, 지금까지 이스라엘은 적으로부터 본토 깊숙이까지 침공당해 본 적이 단 한 번도 없을 정도로 막강한 군사력을 보유하고 있다. 더욱이 이스라엘은 여성들도 병역의무가 있을 정도로 정신 무장 면에서 아랍 세계를 압도한다. 물론 우리 국군도 막강한 전력을 갖추고 있지만, 인구 600만 명의 유대인이 상대하고 있는 범아랍권은 총 3억 인구에 달하는 대규모 집단이니 그야말로 필사적인 각오가 아니고서는 나라를 지키기 어려운 입장이 아닐 수 없다. 그런 점에서 볼 때 우리는 동족끼리 극적인 타협을 이룰 수만 있다면 단군 이래 가장 강성한 통일한국을 이룰 가능성이 더욱 크다고 하겠다.

이처럼 손바닥만 한 크기의 국토를 지닌 이스라엘과 대한민국은 똑같이 1948년 건국한 이래 오늘날에 이르기까지 바다를 등진 상태에서 한 치도 물러설 수 없는 절체절명의 위기를 맞이해 오고 있으나, 남다른 각오와 불굴의 정신으로 그 누구도 감히 넘볼 수 없는 막강한 군사력을 확보했을 뿐만 아니라 특히 대한민국은 넘사벽의 방산 능력으로 세계 굴지의 무기 수출국으로까지 등극함으로써 한강의 기적이 단순히 우연의 결과가 아니었음을 세계만방에 과시하고 있는 중이다. 더욱이 최근 벌어진 우크라이나-러시아 전쟁을 통해 드러난 유럽 열강들의 열악한 방산 실태를 보완해 줄 대안으로 대한민국과 이스라엘의 무기가 거론되고 있는 현실을 보면 지구상의 그 어떤 민족보다 피눈물 나는 핍박을 받아 온 두 민족이라는 점에서 그야말로 역사적 아이러니가 아닐 수 없다.

▎유대인과 한국인의 닮은 점

　서양에서는 아일랜드인을 가리켜 '하얀 유대인'이라고 부르기도 한다. 그만큼 영국의 압제로부터 숱한 시련과 고난을 받았기에 그런 별명이 붙은 것이다. 사실 아일랜드인은 400년에 걸친 오랜 기간을 영국의 지배하에 보내면서 켈트족의 고유 언어인 게일어를 잃어버렸을 뿐만 아니라, 19세기 중반에는 영국의 농업정책 실패로 인해 대기근이 덮치면서 수백만 명이 굶어 죽는 참극을 겪기도 했다. 당시 아일랜드에서 신대륙으로 대규모 이민이 발생한 것도 살아남기 위한 처절한 몸부림이었다. 더욱이 숱한 희생을 치르고 힘겹게 얻은 독립 후에도 북아일랜드는 여전히 영국의 영토로 남아 있어 사실상 민족이 분단된 상태라 할 수 있다.

　그렇다면 우리 한민족은 과연 어떠한가. 수천 년에 걸쳐 민족적으로 겪은 수모와 치욕으로 치자면 결코 유대인에 뒤지지 않는다고 할 수 있다. 그런 점에서는 '황색 유대인'이라고 불러도 좋을 것이다. 사실 지구상에서 유대인과 한국인만큼 유구한 역사를 지닌 민족도 드물 것이다. 두 민족 모두 오천 년에 달하는 장구한 세월 속에서 온갖 시련과 고난을 겪으면서도 용케 살아남아 오늘날의 번영을 구가하고 있으니 어찌 보면 기적에 가깝다고 할 수 있다.

　물론 그런 기적은 오랜 세월 혹독한 시련을 통해 단련된 인내심과 끈질긴 도전 정신의 결과이며, 남달리 강한 저항 의식에서 비롯된 것이기도 하다. 사실 유대인과 한국인만큼 수천 년에 걸쳐 숱한 위기의 고비를 넘긴 민족도 그리 흔치 않다. 유대인은 나라 잃은 설움을 가슴에 묻고 전 세계를 떠돌며 온갖 멸시와 박해를 받았으며, 한국인은 그나마 작은 땅덩어리를 지금까지 용케 지켜 낼 수 있었지만, 끊임없이 괴롭히는 외적들의 침입으로 편히 잠들 날이 거의 없었다.

이처럼 오랜 수난의 역사를 공유한 유대인과 한국인은 생존에 대한 갈망이 다른 그 어떤 가치보다 우선이었으며, 자신들에게 주어진 모멸감이나 수치심 따위는 얼마든지 이겨 낼 수 있는 일시적인 감정으로 여겼을 뿐이다. 민족이 소멸하지 않고 생존할 수만 있다면 그보다 더한 굴욕도 감내할 오기가 발동했기 때문이다. 그런 점에서 유대인과 한국인은 민족의 사활에 목숨을 내걸었던 것이다.

민족이 살아남기 위해서는 다른 무엇보다 민족 정체성과 민족의 얼이 요구되었는데, 유대인은 〈탈무드〉와 유다이즘을 통해, 그리고 한국인은 단군의 후예라는 자부심과 더이상 물러설 곳이 없다는 절박한 심정으로 외세의 침입에 저항한 것이다.

어쨌든 유대인과 한국인이 지구상에서 사라지지 않고 오늘날에 이르기까지 그 명맥을 유지하고 있는 것은 오랜 고난의 역사를 통해 단련된 끈기와 인내, 당찬 도전과 저항 정신에 힘입은 결과였다. 그리고 그렇게 살아남기 위해서는 오로지 교육을 통해 지식과 기술을 연마하고 끊임없는 발전을 통해 남부럽지 않게 살겠다는 필사적인 각오를 다지게 된 것이다.

더군다나 유대인과 한국인은 오늘날에 와서 뛰어난 두뇌 능력으로 인정받고 있는데, 특히 유대인은 정확한 상황 판단과 탁월한 언변에 힘입은 설득력으로 정치, 경제, 사회 각 분야에서 핵심적인 브레인 또는 싱크 탱크 역할을 전담하고 있는 실정이다. 실제로 미국 명문대학의 수재들 가운데 절대다수를 유대인과 한국인이 차지하고 있음은 잘 알려진 사실이다. 그만큼 유대인과 한국인은 악착같이 공부에 매달리는 공붓벌레요, 밤새워 일하는 일 중독자들이다.

물론 이 모든 특성들은 하루아침에 이루어진 것이 결코 아니다. 오랜 세월을 거쳐 무시당하고 핍박받는 가운데 어떻게든 살아남기 위해서는 상대의 진의를 파악하고 그에 따라 자신의 행보를 결정해야만 했기 때문이며, 그런 생존에 대한 필사적인 노력으로 인해 자신도 모르게 저절로 두뇌 회전 훈련이 이루어진 셈이다. 또한 자신의 안전을 도모하고 먹고살기 위해서는 어떻게든 돈을 벌어야 했기에 상대를 설득하는 말솜씨가 요구될 수밖에 없었다. 말 한마디 잘못으로 패가망신할 뿐만 아니라 목숨까지 잃는 경우가 비일비재했기 때문이다. 오늘날 그런 능력을 대표하는 유대인을 꼽자면 단연 외교의 달인 헨리 키신저와 세상의 돈줄을 쥐고 있는 조지 소로스를 들 수 있다.

하지만 그렇게 살아남기 위한 방편으로 두뇌 회전이 발달된 민족을 꼽자면 유대인뿐 아니라 한국인 역시 타의 추종을 불허한다. 오늘날 한강의 기적으로 불리는 경제성장으로 세상을 놀라게 한 대한민국의 국제적 위상을 보면 그야말로 금석지감을 금할 수가 없다. 물론 돈을 밝힌다는 점에서는 한때 일본인을 경제적 동물이라 비하하며 '동양의 유대인'이라 부르기도 했지만, 요즘 봐서는 중국인도 결코 만만치 않아 보인다. 적어도 상술이나 이재에 능한 점으로 봐서는 유대인과 중국인이 서로 만만치 않을 듯하다. 이미 세계 경제의 주도권을 쥐고 있는 유대인의 다국적 기업에 대해 중국인들은 세찬 도전을 가하고 있지만, 미국 월가를 지배하고 있는 유대인들이 그리 만만하게 물러설 존재들은 아닐 듯싶다.

다만 그런 남다른 집념 때문에 유대인은 베니스의 상인 샤일록처럼 돈만 아는 피도 눈물도 없는 수전노라는 이미지가 각인되기도 했다. 사실 사회적 진출이 철저하게 가로막힌 유대인들이 생업을 유지할 수 있는 방편이란 오로지 상업밖에 없었으니, 그런 편견은 모든 것을 수탈해 가는 바람에 가난에 찌들어 살아갈 수밖에 없었던 조선인을 두고 더러운 조센징이라 멸시하고 욕하던 일본인의 태도와 오십보백보라 하겠다.

그런 점에서 오늘날 전 세계의 돈줄을 쥐고 있는 유대인과 단기간에 걸친 눈부신 경제성장으로 선진국 반열에 오른 한국인을 대하는 서구 사회와 일본의 심경은 매우 착잡할 것이다. 왜냐하면 오랜 기간 서구인들은 유대인을 가장 비열하고 천한 민족으로 업신여겨 왔으며, 일본이나 중국 역시 한국인을 힘없는 약소민족으로만 여기고 계속해서 무시해 왔기 때문이다. 이처럼 세상으로부터 배척당하고 푸대접을 받아 온 두 민족은 극심한 열등감과 모멸감, 피해의식에서 결코 자유로울 수 없었지만, 그런 수모를 이겨 내고 끝까지 살아남아 오늘날의 번영을 이룩한 것은 오로지 민족적 자긍심과 남다른 오기에 힘입은 결과였다.

따라서 오천 년의 역사에서 단지 35년간 나라를 잃었던 우리 역사도 사실 기적에 가까운 것이었다고 자위할 수 있다. 그토록 오랜 세월에 걸쳐 혹독한 시련을 겪으면서도 타민족에 동화되지 않고 민족 주체성과 고유문화를 지켜 냈을 뿐만 아니라 조상들이 물려준 땅도 지금까지 보존하고 있으니 말이다. 오늘날 중국의 일부로 흡수된 티베트인, 위구르인, 여진족, 말갈족, 거란족, 몽골인을 보라. 그들에 비하면 한국인은 전적으로 자신의 능력과 힘으로 오랜 세월 독립국임을 내세우며 숱한 침략에 저항하고 물리쳤으니 중국이 아무리 동북공정을 통해 치졸한 역사 왜곡을 시도한다 해도 한국인의 민족혼이 사라지지 않는 한 그런 모든 시도는 결국 부질없는 짓으로 끝나고 말 것이다.

가족을 중심으로 혈연관계에 강한 집착을 보이는 점도 유대인과 한국인의 공통점이라 할 수 있다. 특히 유대인은 수천 년에 걸친 박해로 인해 일가친척이 서로 뿔뿔이 흩어지고 떠돌이 생활로 여기저기를 전전하는 수가 많았기 때문에 믿고 의지할 대상은 가족밖에 없다는 의식이 매우 강했다. 그런 점에서 나치가 강제수용소 입구에서부터 유대인 수용자의 가족마저 따로 떼어 놓음으로써 서로 소식조차 알 수 없게 만든 일은 마지막 남은 희망과 의지의 끈마저 끊어 버리는 그야말로 천인공노할 만행이었던 것이다. 그런 점에서는 우리 한국인도 전쟁으로 인한 난리 통에 가족이 서로 헤어져 소식을 알 수 없는 상태로 살아가던 일천만 이산가족의 비극을 결코 잊을 수 없다. 하지만 그동안 가뭄에 비 오듯 간간이 이루어지던 이산가족 상봉도 남북 간의 정치적 이해관계에 따라 중단되고 있으니 가족애마저 무참하게 짓밟아 버린 나치 독일의 행태와 하등 다를 게 없어 보인다.

흔히 우리는 단결력이 부족하다는 자조적인 한탄에 젖어 지내기도 했다. 그러나 그것은 매우 단편적인 시각에서 나온 말일 뿐이다. 물론 한국인은 평소에 서로 침 튀기고 핏대 올리며 싸우기도 하고 사소한 일로도 제각기 편을 갈라 상대방을 비방하기도 한다. 그만큼 우리는 다혈질이고 성미가 급하다. 하지만 그것이 전부가 아니다. 그렇게 원수처럼 싸우다가도 나라에 일단 위기가 닥치게 되면 언제 그랬냐 싶게 서로 힘을 모아 국난의 위기를 극복해 나가기 마련이다. 외적의 침입이 있을 때마다 들고 일어선 의병이 그렇고 심지어 평소에 살생을 금하는 승려들까지 창을 들고 나섰다.

단 한 번도 외침을 당해 본 적이 없는 일본이야 그렇다 치고, 과거에 자신의 땅을 짓밟고 온갖 악행을 저지른 일제에 대해 목숨을 바쳐 항거한 중국인에 대해 들어 본 적이 있는가. 하지만 우리는 수많은 독립투사들이 목숨을 바쳐 항거했다. 어디 그뿐인가. 오늘날에 와서는 금융대란 때도 전 국민이 앞장서 금 모으기 운동으로 나랏빚을 갚아 한순간에 위기를 극복했으며, 태안 기름 유출 사고로 온 바다가 검게 오염되었을 때는 누가 시키지도 않았음에도 수백만의 시민이 자원봉사자로 나서 삽과 양동이를 들고 기름띠를 제거함으로써 단기간에 환경오염을 해결하는 놀라운 단합심을 발휘하지 않았는가. 이처럼 한국인은 일단 발등에 불이 떨어진 상태에서는 너나 할 것 없이 팔뚝을 걷어붙이고 이웃과 나라를 위해 거침없이 나서는 습성을 지니고 있다. 물론 유대인의 단합심과 위기관리 능력 또한 세계가 인정하는 장점이기도 하다.

유대인과 한국인은 오랜 세월 모진 시련과 고통을 겪으면서도 해학과 유머 감각을 결코 잃지 않은 민족이기도 하다. 웃음을 통해 모든 원망과 시름을 한순간에 떨쳐 버리는 노하우를 몸에 익힌 것이다. 그런 점에서 유대인과 한국인만큼 웃음에 통달한 민족도 드물 것이다. 오늘날 세계적인 명성을 날린 희극인 중에는 유대인이 절대다수를 차지하고 있다고 해도 결코 과언이 아니다. 마르크스 형제, 막스 에를리히, 루이 드 퓌네스, 피터 셀러즈, 조지 번스, 대니 케이, 제로 모스텔, 피터 포크, 제리 루이스, 우디 앨런, 진 와일더, 스티븐 프라이, 벤 스틸러, 아담 샌들러 등 기라성 같은 희극인들이 모두 유대인이라는 사실을 과연 우리는 어떻게 받아들여야 할까.

하지만 유대인만 사람들을 웃기는 것이 아니다. 비록 해외에 널리 알려진 적은 없지만 우리나라 역시 타의 추종을 불허하는 코미디의 왕국이라 할 수 있다. 만담의 원조로 꼽히는 장소팔과 고춘자를 비롯해 김희갑, 구봉서, 서영춘, 배삼룡, 송해, 백남봉, 남보원, 이상용, 이용식, 이주일, 심형래, 김형곤, 최양락, 이창훈 등등 일일이 열거하기도 힘들 정도다. 그야말로 이들 희극인이 없었으면 그토록 힘겨운 시절을 어떻게 이겨 냈을지 의심스러울 정도니 말이다. 이처럼 한국인은 웃음을 통해 온갖 시련과 시름을 털어 낼 수 있었다는 점에서 유대인을 무척 닮았다고 할 수 있다.

마지막으로 언급하고 싶은 점은 유대인과 한국인의 높은 윤리의식과 질서 의식이다. 유대인이야 오랜 세월 자신들의 고유한 율법과 〈탈무드〉의 영향으로 매우 엄격한 도덕성을 유지해 왔다고 볼 수 있는데, 오히려 그 수준은 강박적일 정도로 죄의식과 신의 징벌에 강한 집착을 보인 게 사실이다. 따라서 출생 직후부터 할례를 치른 유대인에게는 성병과 자궁암, 희귀병이 매우 드문 편에 속하며 포르노 배우도 찾아 보기 힘들다. 물론 강한 죄의식을 동반한 우울증이 유대인에게 만연한 것도 부인할 수 없는 사실이기도 하지만 그들은 최악의 상황에서도 항상 신의 구원을 바라고 희망의 끈을 놓지 않았던 것이다.

반면에 한국인은 신의 존재보다 사물의 이치와 순리에 따라 옳고 그름을 따졌으며, 그 어떤 위기에 부딪쳤을 때도 결코 좌절하지 않고 도덕성과 질서 의식을 유지하는 가운데 인간의 도리와 정의로움을 가장 큰 가치로 여겼다. 따라서 충효(忠孝) 사상은 인간으로서 마땅히 지켜야 할 도리의 중심으로 자리 잡았으며, 강한 도덕성에 기반을 둔 정의를 실현하는 일이야말로 인간답게 사는 유일한 길임을 온몸으로 익혀 온 것이다. 따라서 정의를 위해서는 목숨도 기꺼이 바치는 일이 우리 역사에 이루 헤아릴 수 없이 벌어졌는데, 사육신의 죽음을 비롯해 현대의 민주화 투쟁을 통해서도 얼마든지 확인할 수 있는 현상이다.

이처럼 유대인과 한국인은 여러 측면에서 닮은 점이 있지만, 그중에서도 가장 큰 공통분모는 생존에 대한 열망과 투쟁으로 그토록 간절한 욕구는 혹독한 삶의 밑바닥까지 내려가 본 경험이 있는 고난의 민족만이 이해할 수 있는 매우 특이한 현상이라 할 수 있다. 그리고 유대인과 한국인은 지금 이 순간에도 변함없이 생존의 위협을 받고 있는 중이다. 이들 두 민족은 역사적으로 타민족을 침략하고 정복한 적이 단 한 번도 없다. 오히려 주변국으로부터 이루 형언할 수 없는 수모와 박해를 받기만 했던 민족이다.

따라서 오늘날 이스라엘과 대한민국이 강력한 군사력을 지니게 된 것은 오로지 자신들을 방어하기 위한 것이지 결코 남을 공격하기 위한 것이 아니다. 유대인과 한국인이 지닌 간절한 소망은 단 하나, 조용히 평화롭게 살 수 있도록 건드리지만 말아 달라는 매우 소박한 꿈이지만, 심술궂은 이웃들은 하나같이 못살게 굴며 호시탐탐 기회만 엿보고 있으니 결국 이들의 생존은 전적으로 국력을 강하게 키우는 일에 달려 있다고 볼 수 있다. 오죽하면 유사시에는 나도 죽고 너도 죽는다는 독침 전략을 내세우겠는가. 실제로 오늘날에 와서는 그 누구도 함부로 유대인과 한국인을 대할 수 없을 정도로 두 민족은 강한 국방력을 키워 나가고 있는 중이다. 하기야 바다를 등지고 있는 이스라엘과 대한민국이니 더이상 물러설 곳도 없는 입장이다.

▌유대인과 한국인은 이렇게 다르다

한국인과 유대인은 역사적 고난의 과정이나 우수한 두뇌라는 측면에서, 그리고 뜨거운 교육열과 신앙심 면에서 보더라도 서로 닮은 점이 많은 것도 사실이지만, 자세히 들여다보면 다른 점이 더 많다. 우선 유대인의 역사에는 우리 역사에 등장하는 폭군이나 독재자가 존재하지 않는다. 그들은 왕조차도 스스로 신에게 선택된 인물로 여겼기에 신의 뜻을 전하는 선지자의 말에 항상 따랐기 때문이다. 반면에 로마 제국 황제가 임명한 헤롯 대왕과 그의 아들 헤롯 안티파스가 폭정을 일삼았으나 사실 그들은 유대인이 아니었다.

우리의 역사에서 특히 조선왕조 오백 년은 노골적인 신분제도로 인해 양반과 노비의 삶이 극명하게 대비된다. 노비들은 사람 취급을 받지 못해 성씨와 족보조차 없었으며, 대를 이어 노비로 살았는데, 많을 경우에는 인구의 절반가량이 노비였다고 한다. 주인의 학대를 피해 도주한 노비의 수도 상당했으며, 도망간 노비를 잡는 일종의 노예 사냥꾼으로 추노꾼까지 있을 정도였다. 우리나라의 노비제도는 1894년 갑오개혁으로 비로소 폐지되기에 이르렀다.

하지만 유대 사회에는 우리와 비슷한 노비제도가 존재하지 않았다. 기원전 15세기 모세의 인도로 이집트의 고달픈 노예 생활에서 벗어나 천신만고 끝에 가나안 땅에 도착한 유대인들이었으니 노예란 말만 들어도 치를 떨었을 것이다. 더욱이 신의 뜻에 복종한 그들은 모세가 전한 십계명을 철저히 지키고자 했으며, 특히 마지막 열

번째 계명에 이르기를, 이웃의 아내나 남종과 여종, 가축 등 이웃의 소유는 무엇이든 탐내서는 안 된다고 못을 박고 있는데, 물론 여기서 말하는 종은 하인과 비슷한 존재로 마음대로 팔고 사는 노예와는 차원이 다른 것이다. 더군다나 아무리 종이라 해도 다 같은 신의 자녀들로 간주했으니 우리의 노비처럼 함부로 다루거나 죽이지도 않았다.

다른 무엇보다 유대인 지배층은 조선왕조의 양반계급과는 달리 피 터지는 당파 싸움에 골몰한 적이 없다. 특히 우리 역사에는 무오사화, 갑자사화, 기묘사화, 을사사화 등의 4대 사화뿐 아니라 그 외에도 천주교를 탄압한 신해박해, 신유박해 등 수많은 숙청작업을 통해 정적들을 제거했는데, 유대인의 역사에는 그런 일이 단 한 번도 있던 적이 없으니 그들이 얼마나 율법에 강박적으로 매달려 살았는지 알 수 있다.

그런 점에서 유대교는 유대인을 오랜 세월 도덕적으로 단련시킨 민족종교로 자리 잡아 지금까지도 유대인의 정신세계를 지배하고 있는 중이다. 하지만 우리는 그토록 강력한 영향력을 지닌 국교나 민족종교를 지녀 본 적이 없으며, 오히려 종교의 자유를 보장하는 민주 체제로 인해 불교, 기독교, 천주교, 대종교, 천도교, 증산교, 영생교 등 수많은 종교가 난립한 상태에 있다. 다만 예외적으로 북한만큼은 종교를 대신해 공산주의 이념으로 모든 인민의 정신을 강력하게 통제하고 있다.

유대인이나 한국인 모두 오랜 세월 가부장적 전통 아래 지내 온 점을 비슷하다고 할 수 있겠으나, 그럼에도 여성과 어린이를 대하는 태도 면에서는 큰 차이가 있었다. 특히 우리는 남성 본위의 유교적 영향으로 인해 오래전부터 여성 차별이 극심했는데, 남녀칠세부동석은 오히려 애교에 가깝고 칠거지악이라 해서 남자가 마음만 먹으면 얼마든지 트집을 잡아 아내를 집에서 내쫓을 수 있었다. 또한 젊은 나이에 남편을 잃은 아내는 수절하는 것을 원칙으로 여기고 정절을 잘 지킨 여성에게는 열녀문을 세워 주기도 했다. 반면에 남성들은 성적으로 자유를 만끽하는 특권을 누리며 살았는데, 능력만 있으면 마음대로 첩을 두었으며, 그렇게 낳은 서자들도 이루 헤아릴 수 없이 많았다. 물론 그런 축첩제도는 대한민국 건국 후에 비로소 사라지게 되었다. 노비제도보다 축첩제도가 더 오래 지속된 것이다.

하지만 유대인 사회는 율법과 〈탈무드〉의 가르침에 따라 일부일처제를 철저히 지키는 한편 여성과 어린이에 대한 차별도 거의 보이지 않았다. 오늘날에 이르기까지 이슬람 사회에서 일부다처제가 인정되고 있는 것과 크게 대비되는 현상이다. 특히 간음은 유대인 사회에서 엄격하게 다루어진 금기 사항이었으니 오랜 세월 축첩제도를 당연시 여겼던 우리 사회와는 성에 대한 인식 자체가 근본적으로 달랐던 것이다.

잔혹한 고문과 형벌 면에서도 유대인과 한국인은 차이가 있었다. 유대인과 관련된 형벌이라고 하면 흔히 예수의 십자가 처형을 떠올리기 쉽지만, 산 채로 못을 박고 목숨이 끊어질 때까지 십자가에 매달아 놓는 그런 잔혹한 형벌은 사실 유대인의 방식이 아니라 로마인의 처형법이었다. 스파르타쿠스의 노예반란 당시 사로잡힌 수천 명의 노예들을 아피아 가도의 십자가에 매달아 본보기로 삼은 것도 로마인이었다. 실제로 유대인의 역사에는 그토록 잔혹한 형벌 제도가 존재하지 않았으며, 당연히 끔찍스러운 고문 방법도 찾아 보기 힘들다.

반면에 우리 역사에서는 실로 끔찍한 고문과 형벌 제도로 인해 일반 백성들은 관아나 포도청에 끌려가는 일을 가장 두려워했다고 한다. 우리가 사극을 통해 흔히 목격하는 고문 가운데 가장 대표적인 것은 다리를 부러뜨리는 주리틀기와 인두로 지지는 낙형이라 할 수 있으나, 그 외에도 무릎에 무거운 돌을 올려놓는 압슬, 발뒤꿈치 인대를 끊어 앉은뱅이로 만드는 단근질 등 잔혹한 고문들이 있었다. 형벌 중에서 흔히 가해진 곤장형도 죽음을 면하기 어려운 경우가 많았는데, 그중에서도 가장 참혹하고 끔찍스러운 것은 산 채로 맨살을 도려내는 능지처참과 사지를 찢어 죽이는 거열형으로, 사육신 중에서 성삼문, 박팽년, 하위지, 유성원 등이 거열형을 당했으며, 〈홍길동전〉의 저자로 알려진 허균은 역모죄로 몰려 산 채로 능지처참을 당했다. 이토록 참혹한 형벌에 비하면 차라리 참수형이 나을지도 모른다.

고문과 형벌의 차이도 그렇지만 우리 민족만큼 화를 잘 내고 욕설이 발달한 민족도 그리 흔치 않은 반면에, 유대인은 좀처럼 화를 내는 법이 없으며 대놓고 욕을 퍼붓는 일도 거의 없다. 그만큼 유대인은 입단속에 엄격하고 격한 감정을 드러내는 일이 없도록 조심한다. 왜냐하면 입을 잘못 놀리거나 감정을 드러냄으로써 타민족으로부터 화를 당한 경우가 많기 때문이다. 그런 이유로 그들이 금과옥조로 여기는 〈탈무드〉에서는 시종일관 말과 감정 표현에 경솔함이 없도록 주의할 것을 당부한다. 그래서 유대인은 바닥에 엎드려 있으면 넘어져 다칠 이유도 없다고 가르치는 〈탈무드〉의 내용을 마음 깊이 새겨들은 것이다.

　하지만 〈탈무드〉의 그런 충고는 우리 한국인에게 전혀 통하지 않는다. 화를 내고 욕을 하지 않으면 울화통이 터져 견딜 수가 없기 때문이다. 그래서 한국인은 억울하고 분통이 터지거나 하면 억지로 참지 않고 그 자리에서 격한 감정을 터뜨리는 것이다. 심지어 상을 당해 슬픔에 겨울 때도 온 마을이 떠나가라 곡소리를 낸다. 그런 차이 때문에 유대인에게는 우울증이 많고 한국인에게는 화병이 많은 것으로 보인다. 다만 그런 감정을 손쉽게 드러낼 수 없는 경우 한국의 여인들은 머리띠를 두르고 자리에 누워 곡기를 끊는 방식으로 침묵시위를 벌이기도 한다. 하지만 유대인 여성들은 결코 그런 식으로 자신의 화를 과시하지 않는다. 오히려 신 앞에 무릎 꿇고 기도하며 자신의 잘못이나 실수가 없었는지 스스로를 되돌아보는 것이다. 〈탈무드〉의 가르침 덕분이다.

　또 한 가지 중요한 두 민족의 차이점은 기록 문화의 전통에 있다. 사실 방대한 규모의 구약성서는 종교적 가치뿐만 아니라 유대인의 오랜 역사를 상세히 기록한 내용이기도 하다. 하지만 우리는 수많은 사료를 잃었고 현재 남아 있는 역사서로는 〈삼국사기〉와 〈삼국유사〉가 고작이다. 비록 〈고려사〉와 〈조선왕조실록〉이 있지만, 그것은 왕실에 대한 연대기일 뿐이며 오천 년에 달하는 장구한 역사를 체계적으로 다룬 역사책은 존재하지 않는다. 그런 차이점은 현대에 이르러서도 마찬가지다. 우리는 일본군 위안부와 강제징용자 문제로 반세기가 넘은 지금까지도 분노를 삭이고 있지만, 그렇다고 해서 그런 희생자들에 대한 생생한 기록을 보유하고 있지 못하다. 철저한 기록과 증거가 없으니 일본은 여전히 뻔뻔스럽게 그런 역사적 과오를 부정하고 있는 것이 아니겠는가.

반면에 유대인은 그렇지 않다. 자신들이 당한 뼈아픈 경험을 단지 기억의 저편으로 흘려 버리는 안이함을 버리고 꼼꼼하게 기록으로 남긴 것이다. 수많은 홀로코스트 희생자들이 수용소의 지옥 체험을 낱낱이 기록으로 남겨 고발하고 있는데, 그들은 아무런 외부적 지원도 없이 단지 그런 악행이 역사적으로 되풀이되는 일을 막기 위해 스스로 펜을 든 것이다. 심지어 홀로코스트 문학이라는 장르까지 만들어 전 세계에 자신들이 겪은 부당한 현실을 고발해 온 것이다. 가장 대표적인 인물로 꼽히는 엘리 위젤은 그런 공로를 인정받아 노벨 평화상까지 타지 않았는가. 참으로 지독한 민족이다.

우리가 유대인을 따라잡기 어려운 부분이 또 있다. 외교술이다. 우리는 과거 고려를 침략한 거란족 대군을 세 치 혀 하나로 물리친 외교의 달인 서희를 배출한 이래 거의 1,000년이 넘도록 그에 버금가는 외교관을 지녀 본 적이 없다. 헨리 키신저 같은 외교술의 달인이 나오려면 앞으로 더욱 오랜 세월을 기다려야 할지 모른다. 우리가 특히 외교술에 미숙한 것은 상대의 심리를 파악하는 능력이 부족하기 때문이다. 자기주장에만 집착하다 보니 상대가 무엇을 원하고 무엇을 양보해야 할지 판단이 서지 않는 것이다. 밀고 당기는 기술이 부족한 건 오늘날 남과 북이 똑같다. 마치 노론과 소론이 서로 사생결단을 내며 죽기 살기로 당쟁을 벌인 모습과 별반 다를 게 없다. 외교에 미숙하니 그토록 숱한 외침도 당한 게 아니던가. 따라서 죽어 나는 건 민중들뿐이다.

그런 점에서 유대인들은 동족애가 유별나다. 중동전쟁이 벌어졌을 때 미국에서 공부하던 유대인 유학생들은 누가 뭐라 할 것도 없이 자진해서 이스라엘로 귀국해 자원입대했지만, 과연 우리의 유학생들도 그런 행동을 보일지 장담하기 어렵다. 6.25 동란 중에도 조국을 돕겠다고 자진해서 귀국해 참전한 한국인 교민들에 대한 이야기를 들어 본 적이 없으니 더욱 그렇다. 반면에 이스라엘 건국을 위해 유대인들은 너도나도 앞다퉈 세계대전에 참전했다. 그들은 연합국의 일원으로 또는 소련군에 가담해 독일군과 싸웠으며, 나치 수용소에 갇힌 동족들을 해방하기 위해 누구보다 선봉에 나서는 모습을 보였다. 일제를 한순간에 굴복시킨 숨은 공로자들도 원폭을 개발한 유대인 과학자들이었다. 조국 해방을 위해 태평양전쟁에 가담한 한국인 미군 병사에 대해 들어 본 적이 없으니 동포애로 치자면 우리는 유대인에 다소 뒤진다고 봐야 한다.

머리가 좋기로는 우리 한국인도 결코 유대인에 뒤지지 않는다. 그러나 그토록 좋은 머리를 계속해서 살려 나가지 못하고 주위에서 키워 주지도 않는다. 우리 사회에서는 누군가 특출난 인물이 나타나면 시기심 때문에 가만 놔두지를 않는 버릇이 있다. 그래서 어떻게든 결함을 찾아내어 집단적인 따돌림을 하거나 사회적으로 재기하지 못하도록 아예 매장해 버린다. 과거에 우리는 선구적인 과학자 장영실에게도 그랬고 실학의 거두 정약용에게도 그랬다. 하물며 이미 세계적인 명성을 얻은 우장춘 박사마저도 역적의 아들이라 하여 푸대접으로 일관하지 않았는가. 그들을 계속 지원하고 도왔더라면 일찌감치 세계적인 업적을 낳았을 것이다. 심지어 나라를 위기에서 구한 이순신 장군을 모함해 한때 한성으로 압송하고 투옥한 적도 있다. 그런 점에서 우리는 일본인들을 속이 좁다고 멸시하지만, 사실은 우리 자신도 속 좁은 짓들을 많이 벌이지 않았는가.

반면에 유대인들은 머리가 비상한 인물이 등장하면 서로가 이끌어 주고 뒤를 봐 주는 데 결코 인색하지 않다. 특히 과학계와 의학계, 금융계와 사업계, 법조계, 예술계 분야에서 보인 유대인의 결속력은 그들이 타의 추종을 불허하는 독보적인 위치를 차지하는 데 크게 기여한 보이지 않는 힘으로 작용했다고 볼 수 있다. 속된 표현으로 끼리끼리 다 해 먹는다는 말도 있지만, 그것은 단지 시기심에서 우러나온 말일 뿐이다.

유대인들의 돈에 대한 집착 또한 정말 유별나다. 그러나 오늘날 부를 독점하고 있는 그들이지만 유대인만큼 막대한 기부금을 자선사업에 쏟아붓는 사람들도 드물다. 그것도 다 〈탈무드〉의 가르침에 따른 행위다. 반면에 우리나라의 재벌들만큼 자선사업에 인색한 사람들도 드물 것이다. 돈에 대한 철학에 있어서도 유대인과 한국인은 그렇게 다르다.

한국인은 돈에 대해 매우 이중적이다. 돈에 대한 갈망이 크면서도 다른 한편으로는 돈을 혐오하고 증오하기 때문이다. 지구상에서 돈 많은 부자나 재벌에 대한 증오심이 한국인만큼 큰 민족이 또 있을까 싶다. 하지만 유대인은 돈을 증오하거나 더럽다고 여기지 않으며, 부자를 욕하는 법도 없다. 근검절약이 몸에 밴 그들은 설사 부를 축적하더라도 사치와 향락에 빠지는 법이 없다. 항상 신의 뜻을 의식하고 따르기 때문이다.

그런 점에서도 한국인과 다르다. 물론 아시아에서 한국인만큼 신앙심이 두터운 민족도 드물다. 중국이나 일본인에 비하면 더욱 그렇다. 중국은 공산화를 이루었기 때문에 종교가 사라졌으며, 일본은 기묘한 신도의 존재로 기독교가 거의 발을 붙이지 못했다. 그러나 사실 따지고 보면 우리가 의지하는 종교도 모두 외래 종교일뿐더러 그마저 중구난방식으로 분열되어 있다. 이 비좁은 땅에 불교, 유교, 천주교, 기독교, 천도교, 증산교, 대종교, 원불교 등을 비롯해 온갖 교파들이 산재해 있다. 반면에 유대인과 아랍인, 인도인, 서양인들은 일관된 종교 체제를 오래도록 유지하고 있는 셈이다. 더군다나 유대인이 매우 강박적인 죄의식에 사로잡힌다면, 우리 한국인은 상대적으로 죄의식이 부족하고 오히려 체면 유지에 급급한 편이다. 따라서 서양을 비롯한 유대인 사회가 죄의식 문화라면 한국인을 포함한 동양 사회는 체면을 중시하는 수치심 문화가 특징이라고 감히 말할 수 있겠다.

마지막으로 한 가지 더 추가하자면, 유대인은 한국인만큼 치열한 승부 근성이 요구되는 스포츠에는 별다른 활약을 보이지 않는다는 점이다. 유대인으로 가장 세계적인 명성을 얻은 선수로는 전설적인 수영 선수 마크 스피츠가 있지만, 그를 세계적인 선수로 키운 것은 미국이지 이스라엘이 아니었다. 그 외에 유대인이 두각을 나타낸 스포츠 종목은 거의 눈에 띄지 않는다. 그런데 승부욕이 남달리 강한 한국인은 축구를 비롯한 구기 종목뿐 아니라 마라톤, 스케이팅 종목에 더해 특히 양궁, 사격, 펜싱, 태권도, 유도, 레슬링, 권투 종목에 강세를 보여 왔는데, 이들 종목의 특성을 살펴보면 매우 전투적이라는 점에서 공통분모를 갖고 있다. 그만큼 우리는 수천 년간 숱한 외세의 침략을 통해서 자기를 방어하기 위해 목숨을 내걸고 싸워야만 했던 오랜 전통이 유전자에 새겨져 있는 모양이다.

그런 점에서 볼 때, 우리 한국인은 치열한 경쟁에서 살아남기 위한 싸움판에서 결코 물러서지 않는 강인함을 물려받은 민족임을 알 수 있다. 따라서 평소에는 서로 침 튀겨 가며 언쟁을 벌이다가도 외부의 침략이 있을 경우에는 언제 그랬냐는 듯 서로 힘을 합쳐 죽기 살기로 싸웠으며, 불의에 대해서는 목숨을 내걸고 저항하는 모습을 보인 것이다. 그렇게 필사적으로 외세에 저항하다 보니 우리는 오천 년에 이르는 장구한 역사에서 불과 35년의 기간 동안 망국의 설움을 겪었을 뿐이다.

반면에 유대인은 어떤가. 그들은 무려 2천 년의 기나긴 세월 동안 나라를 잃고 뿔뿔이 흩어져 온갖 수모와 박해를 받으며 지내야 했다. 다시 말해 유대인의 역사는 중간에 2천 년의 공백이 생긴 것이다. 하지만 우리 한국인은 죽이 되든 밥이 되든 그래도 지금까지 단 한 번도 조상이 물려준 이 땅을 포기하지 않고 굳건히 지키고 있는 중이다. 그만큼 한국인은 땅에 대한 집착이 유달리 강했던 반면에, 유대인은 오로지 하늘에 있는 신에 의지해 온갖 시련을 견디어 온 것이다.

지금까지 언급한 유대인과의 차이점을 간략히 요약하면 다음과 같다. 비굴하지 않다, 나서기를 좋아한다, 대가 세다, 자기주장이 강하고 듣는 귀가 없다, 양보를 모른다, 통이 크다, 허풍이 심하다, 감정에 치우친다, 놀기를 좋아하고 밤새워 술 마신다, 기분파라 선심을 잘 쓴다, 인심이 후하다, 싸움을 잘한다, 질투심이 강하다, 절대로 굴복하지 않는다, 의협심이 강하다, 남의 일에 잘 끼어든다, 험담을 잘한다, 욕의 달인들이다, 잔정이 많다, 동정심이 강하다, 남의 탓을 잘한다, 쉽게 화를 내고 쉽게 푼다, 부화뇌동하는 경향이 심하다, 음식에 집착한다, 체면을 중시한다, 조급증이 심하다, 의리를 중시한다, 건망증이 심해 역사적 과오를 반복한다, 세계에서 가장 우수한 한글을 지니고도 책을 읽지 않으며 기록도 부실하다.

하지만 그럼에도 불구하고 우리에게는 희망이 있다. 남에게 지기 싫어하는 승부욕과 불의를 보면 참지 못하는 남다른 정의감, 강자에게는 강하고 약자에게는 한없이 약한 대인의 기질, 무슨 일이든 손쉽게 포기하는 법이 없는 강한 집념과 도전 정신, 그 어떤 굴욕과 수모도 견디어 낼 수 있는 인내심, 아무리 힘겨워도 일할 때는 끝장을 보고 놀 때는 철저히 놀 줄 아는 삶의 탄력성, 타인에게 피해를 주지 않기 위해 항상 눈치를 보면서도 자신과 나라의 발전을 위해서는 거침없이 나서 자기주장을 내세우는 당당함, 성미가 다소 급하지만 그런 특성 때문에 세상의 불편함을 단시간에 편리함으로 바꿔 놓는 놀라운 재능, 그리고 누구를 만나든 모두가 나의 부모 자식, 형제자매처럼 여기는 따스한 정의 문화, 이 모든 특성이 우리에게는 밝은 앞날을 보장하는 강력한 동력이 될 것으로 믿어 의심치 않는다. 그런 점에서 우리는 앞으로 유대인을 능가하는 번영의 민족이 되기에 충분한 자격과 능력을 갖추고 있다고 자부하며, 실제로 그 길을 향해 당당한 자세로 나아가고 있는 중이다. 하기야 유대인이나 우리 한국인이나 더이상 뒤로 물러설 곳도 없으니 무슨 여러 말이 필요하겠는가.

2부
게토는 살아 있다

게토의 반란

유대인의 강제 거주 지역을 의미하는 이탈리아어 게토(ghetto)의 어원은 절교장의 뜻을 지닌 히브리어 'get'에서 비롯되었다. 1179년 제3차 라테란 공의회에서 기독교인과 유대교인과의 교류를 금지한 이후에 12세기 후반부터 독일을 중심으로 유대인에 대한 강제 격리가 확산되기 시작했으며 14세기 전 유럽을 공포에 휩싸이게 만들었던 페스트의 창궐을 계기로 그러한 격리정책이 더욱 가속화되었다. 그들에게는 시민권도 주어지지 않았다.

게토라는 명칭이 정식으로 통용된 것은 1516년 베네치아에 설치된 유대인 거주 지역에 처음으로 사용되면서부터였다. 그 후 로마에 게토가 설치된 후 일반화되었다. 그러다가 18세기 말에 이르러 나폴레옹 전쟁의 여파로 유대인에게는 어느 정도의 자유가 보장되기 시작했으나 러시아와 동유럽 국가들에서는 20세기에 이르러서도 게토가 존속되었다.

나치 독일이 집권하면서 독일은 베를린뿐 아니라 폴란드 등 각지의 점령지에 수많은 게토를 설치하여 유대인들을 강제 수용하였다. 그중에서 가장 큰 규모의 게토는 바르샤바에 세워졌으며, 2차 세계대전 막바지에 이곳에서 대규모의 반란이 일어나 수많은 인명 손실이 발생하기도 했다.

나치는 1935년 독일인과 유대인의 결혼을 금지하는 새로운 인종법인 뉘른베르크 법안을 공표했다. 그것은 본격적인 게토의 부활을 알리는 동시에 끔찍한 인종 박멸을 예고하는 전주곡이기도 했다. 중세 이후 악의에 찬 기괴한 소문들이 반유대주의를 정당화하는 근거로 내세워졌지만, 나치 독일에 이르러서는 보다 정교한 이론적 작업을 통하여 조직적인 인종 박멸 사업으로 이루어졌다는 점에서 실로 가공스러운 일이 아닐 수 없다.

지구상에서 게토가 완전히 사라진 것은 20세기 중반이었으니 그동안 유대인이 게토에서 벗어나 해방을 만끽했던 기간은 불과 백여 년에 지나지 않았던 셈이 된다. 그러나 오랜 세월 게토에 갇혀 지내던 유대인들은 그 압제의 굴레를 벗어나면서 점차 자신들의 재능을 발휘하기 시작했다. 그들의 진가는 특히 금융과 법률, 의학과 예술 방면에서 두드러졌다. 19세기는 그런 재능의 기초를 닦기 위한 준비 기간이었으며, 20세기에 이르러 보다 뚜렷한 모습으로 나타나기 시작했다.

특히 그들은 기존의 절대주의적 가치 개념이나 세계관을 뿌리째 뒤흔드는 놀라운 능력들을 발휘했는데, 마르크스의 자본론, 프로이트의 정신분석이론, 아인슈타인의 상대성이론, 자멘호프의 세계 공용어 에스페란토 창안, 후설의 현상학, 뒤르켐의 사회학이론, 촘스키의 언어생성론, 에이젠슈타인의 몽타주 기법, 프루스트의 의식의 흐름 기법 등에서 시작하여 레비-스트로스의 구조이론과 자크 데리다의 해체주의 이론에 이르기까지 유대인들의 새로운 발상법은 단순히 물리적 공간에 갇혀 있는 게토가 아니라 세계를 변혁하려는 정신적 공간 내에서 이루어진 새로운 게토의 반란이었다고 할 수 있다.

그중에서도 특히 마르크스의 공산주의운동과 프로이트가 일으킨 정신분석운동은 서구 사회에 엄청난 충격과 지각변동을 불러일으킨 장본인이었다. 마르크스의 이념과 프로이트의 무의식이론은 오랜 기간 기독교 사상의 틀 안에만 갇혀 있던 서구인들의 의식 세계와 안목을 넓히는 데 크게 공헌하였고 그 파장은 실로 놀라웠다. 비록 오늘날에 이르러 소련의 붕괴와 약물치료의 발달로 마르크스와 프로이트에 대한 관심이 예전만 못하게 되었지만, 프로이트의 이론은 자아심리학과 대상관계이론이라는 양대 기둥을 중심으로 그 명맥을 계속 이어 가고 있는 중이다.

우리말에 고삐 풀린 망아지라는 말처럼, 유대인들은 더럽고 불결한 게토의 감옥에서 풀려나게 되자 길길이 날뛰는 망아지로 돌변한 게 아니라 오히려 미쳐 날뛰는 세상을 바로잡는 일에 몰두했다. 그들은 식민제국주의와 기독교 사상이라는 협소한 시야에 사로잡혀 끝도 한도 없는 자만심과 우월감에 빠져든 서구인들에게 자신을 돌아볼 수 있는 자의식과 죄의식을 심어 준 셈이다.

그것은 서구인들 스스로의 힘으로는 매우 어려운 작업일 수밖에 없었다. 중이 제 머리 못 깎는다는 말도 있듯이 서구인들은 자신들의 한계가 어디까지인지 스스로 깨달을 수 없었다. 그 역할을 유대인들이 대신한 것이다. 오랜 세월 아웃사이더의 입장에서 백인들의 모순되고 부조리한 모습들을 가장 가까이 곁에서 지켜본 유대인들의 눈에는 타락한 서구문화야말로 올바른 세상이 과연 어떠해야 할지에 대한 예리한 인식을 심어 준 계기가 되었던 셈이다.

그들은 비좁은 게토 안에 갇혀 지내며 온갖 수모를 겪으면서도 날카로운 비판 의식을 한순간도 잃어버린 적이 없다. 비록 카를 융은 그런 유대인의 속성에 대해 '유대인들은 항상 서구인들의 약점을 주시하고 그 빈틈을 노린다'며 다소 경멸적인 태도를 보였지만, 그런 태도 자체가 인종적 우월 의식의 발로가 아닐 수 없다.

비난과 비판은 엄밀히 다른 것이다. 서구인들은 유대인을 감정적으로 경멸하고 비난했지만, 유대인은 서구인들을 이성적으로 냉철하게 비판했다. 그리고 그런 비판은 상당한 시련과 고난을 겪어 보지 않고서는 불가능한 일이다.

그런 점에서 우리 역시 반성할 부분이 많다. 그렇게 혹독한 시련을 겪고서도 우리는 아직까지 이성적인 비판이 아니라 감정적인 비난에 익숙하기 때문이다. 북한과 남한은 서로에 대해 정당한 비판이 아니라 원색적인 비난 일색이다. 그것은 우리 사회 내부에서도 마찬가지다. 정당한 비판을 적절히 수용할 수 있는 사회는 창의적으로 발전하는 열린사회다. 그러나 한 치의 비판도 받아들이지 못하고 혹독한 비난으로 앙갚음하는 사회는 닫힌사회요 폐쇄된 사회다. 그런 사회는 말 그대로 막 가자는 사회다.

유대인은 바로 그런 막 가는 세상의 희생양 노릇을 수천 년간 강요당해 왔기에 그 누구보다 예리한 감수성과 비판 의식을 갖추게 된 것으로 보인다. 그들이 일으킨 게토의 반란은 그래서 인류의 진보를 위해 쓰인 것이다. 그것이 신의 뜻인지 아니면 그들 스스로 노력한 결과인지는 알 수 없지만, 분명한 사실 한 가지는 그들이 사용한 무기는 칼이 아니라 머리였다는 점이다. 비판적이고도 창의적인 발상의 전환이야말로 유대인이 휘두른 유일한 무기였던 셈이다.

그런 점에서 결코 그들 못지않게 혹독한 시련을 겪은 우리일진대 우리라고 유대인을 능가할 수 있는 재능과 창의력을 발휘하지 못한다는 법이 따로 있겠는가. 그러나 우리가 그렇게 되려면 우선 그들이 과연 어떤 시련과 고난의 과정을 극복하고 그런 경지에 도달했는지 그 전후 사정에 대해 이해할 필요가 있을 것이다. 지난 과거의 역사를 알면 오늘의 곤경과 갈등을 이해할 수 있고 그런 갈등의 고리를 푸는 노력을 통해 밝은 미래를 보장받을 수 있기 때문이다. 그것은 개인이나 집단이나 다 마찬가지다.

유대인의 사상과 철학

오랜 게토 생활로 유대인 사회는 비록 가장 비천한 신분을 유지했음에도 불구하고 그 정신만큼은 결코 흔들리지 않았다. 그것은 중세 이후부터 이미 뛰어난 사상가, 철학자들을 그들 사회에서 배출한 점만 봐도 짐작이 가능하다. 더군다나 그들 중 일부는 세상을 뒤바꿀 정도의 파괴력을 지닌 사상과 철학으로 유럽 사회를 긴장시키기도 했다.

물론 그들이 지닌 힘과 재능이 어디서 비롯되었는지는 보는 관점에 따라 제각기 다르겠지만, 그것이 신에게서 부여받은 재능이든 아니면 유전적인 소인이든 그런 건 여기서 중요한 문제가 아니다. 다만 그들에게 주어진 엄청난 현실적 고통과 시련이 그들로 하여금 많은 번민과 생각에 빠지도록 이끌었을 것은 분명한 사실이다.

상식적으로 도저히 이해할 수 없는 참담한 고난에 빠진 사람들일수록 깊은 회의에 빠져 자신들에게 주어진 시련과 고통의 의미를 누구보다 철저하게 되짚어 보지 않겠는가. 그런 점에서 유대인들이야말로 그 어느 민족보다 뼈저린 자성과 회의를 거치면서 심오한 사상의 물길을 건져 올리는 작업에 몰두했을 법하다. 따라서 유대인 사상가 및 철학자의 명단을 올리다 보면 행복한 돼지우리 안에서는 결코 심오한 사상이 싹틀 수 없다는 사실을 절감하게 된다.

우선 16세기 프랑스의 사상가 몽테뉴를 비롯해서 17세기에 활동한 암스테르담의 고독한 철인 스피노자를 빠트릴 수 없겠다. 몽테뉴는 부유한 귀족 가문에서 태어났으나 어머니는 세파르디 유대인이었다. 툴루즈에서 법률을 공부하고 법관으로 활동하다가 고향에 돌아가 저술 활동에 몰두하며 그 유명한 〈수상록〉을 남겼다. 휴머니즘에 입각한 그의 사상은 데카르트, 파스칼, 루소 등에 많은 영향을 끼쳤다.

스피노자는 평생 골방에서 안경 렌즈나 깎는 비천한 장인 신분이면서도 그의 범신론적 철학이나 윤리학은 타의 추종을 불허할 정도로 심오한 경지에 도달한 탁월한 철학자였다. 물론 이 때문에 그는 기독교 사회는 물론 자신이 속한 유대인 사회에서마저도 모두 배척을 당하는 불운을 겪어야 했다.

그러나 이 세상에 가장 뜨거운 불씨를 안긴 장본인은 19세기에 나타난 독일의 카를 마르크스였다. 세상의 모든 계급을 타파하고 만민평등사회를 구현하며 모든 재산을 공유하는, 노동자들에 의한 노동자를 위한 노동자들의 이상사회를 꿈꾼 그의 사상은 단순한 공상적 사회주의가 아니라 실제로 이 땅 위에 그런 지상낙원을 건설한다는 공산주의운동으로 발전했다. 그리고 그런 이념은 레닌과 트로츠키 등이 주도한 러시아 혁명을 통해 현실로 이루어졌다. 비록 마르크스가 예언한 대로 자본주의사회에서 성공한 것은 아니었지만 말이다.

이처럼 자신들이 몸담은 사회에 대한 유대인의 관심은 사상뿐만 아니라 사회학 분야를 통해서도 드러나는데, 프랑스의 에밀 뒤르켐, 독일의 게오르크 짐멜 등 세계적인 사회학자들이 바로 그들이다. 사회에 대한 그들의 지대한 관심은 철학자들에서도 엿보인다. 앙리 베르그송, 시몬 베유, 레몽 아롱, 에른스트 카시러, 비트겐슈타인, 막스 호르크하이머, 에리히 프롬, 마르틴 부버, 게오르크 루카치, 칼 포퍼,

허버트 마르쿠제, 한나 아렌트, 레비나스, 자크 데리다, 베르나르-앙리 레비 등 쟁쟁한 유대인 철학자들 역시 형이상학적인 주제에만 매달린 게 아니라 세상과 대면하는 데 조금도 주저하지 않았다.

특히 사회주의에 기울어진 시몬 베유는 말로만 철학을 외친 게 아니라 실제로 노동 현장에 뛰어들어 온몸으로 자신의 신념을 실천하고자 했으며 스페인 내전에도 가담해 좌파 인민정부를 돕기도 했다. 그러나 그 후로는 이념과 철학보다는 종교적 신비주의에 기울어〈중력과 은총〉과 같은 저술을 남겼다. 원래 몸이 허약했던 그녀는 파리가 독일군에 점령당하자 런던으로 도피해 프랑스 레지스탕스를 돕는 일에 헌신했지만 식사도 거르며 무리한 봉사활동을 고집하다 34세라는 아까운 나이로 요절하고 말았다.

현실 참여라는 관점에서 보자면 마르쿠제 역시 매우 능동적인 철학자였다. 헝가리의 루카치는 유대계 출신 마르크스주의 사상가로〈역사와 계급의식〉,〈실존주의냐, 마르크스주의냐〉등을 통해 부르주아계급의 허위의식을 비판하고 인간 소외의 문제를 심도 있게 파헤쳤다. 정치적 활동에 깊이 관여한 루카치가 그런대로 안정적인 여생을 보낸 반면에, 독일의 유대계 마르크스주의 철학자 발터 벤야민은 세상에서 인정받지 못하고 나치에 쫓겨 여기저기 방황을 거듭하다 결국에는 피레네 산중에서 자살하고 말았다. 스페인의 프랑코 정부가 그의 입국을 거부하고 독일군 점령하의 프랑스로 강제송환하기로 방침을 정한 직후였다. 러시아 태생인 이사야 벌린은 러시아 혁명 이후 일찌감치 영국으로 이주해 철학을 공부했으며, 옥스퍼드에서 철학을 가르치며 수많은 저술 활동에 몰두했다.

에리히 프롬은 휴머니즘적 사회주의 건설에 남다른 집념을 보인 사상가이자 분석가로 그의 방대한 저술 활동은 일일이 열거하기 어려울 정도다. 〈소유냐 존재냐〉, 〈자유로부터의 도피〉, 〈건전한 사회〉, 〈종교와 정신분석〉, 〈사랑의 기술〉 등을 통해 그는 마르크스와 프로이트, 그리고 유일신 사상을 결합하고자 애쓰기도 했으나 지나친 이상주의로 흐른 나머지 오늘날에 와서는 그에 대한 관심이 시들해진 감이 든다. 소련이 붕괴된 이후로는 더욱 그렇다. 유신 독재 시절, 우리나라에서는 프롬의 저서들이 금서 목록에 올라 있을 정도로 운동권 사회에서는 필독서가 되다시피 하기도 했다.

그러나 정작 프로이트 자신은 공산주의 이념 자체에 대해서도 유아적 환상의 산물로 여김으로써 소비에트 사회에서는 반동적 부르주아 심리학자로 매도되었고 그 후 소련에서는 정신분석이 영원히 추방되는 수모를 겪고 말았다. 프로이트와 거의 동시대를 살았던 독일의 유대계 철학자 에드문트 후설은 현상학의 창시자로, 실증주의를 비판한 것으로 유명하다. 그의 영향을 가장 크게 받은 인물로는 하이데거, 사르트르, 메를로퐁티 등이 있지만, 그중에서도 특히 하이데거는 나치에 동조함으로써 전후 비난의 초점이 되기도 했다.

기능주의 사회학의 원조로 간주되는 프랑스의 사회학자 에밀 뒤르켐은 프로이트와 동시대에 활동한 유대계 학자로 그의 〈자살론〉은 이미 고전이 된 지 오래다. 자살의 유형을 이기적 자살과 이타적 자살, 숙명적 자살과 아노미적 자살로 구분하고, 특히 노예제도와 같은 극단적인 억압과 통제로 발생하는 숙명적 자살이나 급격한 사회적 변화와 위기로 인해 가치관의 혼란과 더불어 발생하는 아노미적 자살에 대한 그의 주장은 오늘날의 혼돈 사회에 그대로 적용해도 전혀 손색이 없는 내용이다.

사회현상에 대한 유대인의 관심은 뒤르켐 외에도 동시대에 활동한 독일의 게오르크 짐멜을 거쳐 칼 만하임, 아도르노, 호르크하이머, 마르쿠제, 프롬, 한나 아렌트, 그리고 루마니아 태생의 프랑스 사회학자 루시앙 골드만으로 이어지고, 그 후에도 〈고독한 군중〉을 쓴 미국의 데이비드 리스만과 〈미래의 충격〉, 〈제3의 물결〉을 쓴 앨빈 토플러, 그리고 경영학의 아버지로 불리는 피터 드러커에 이르기까지 실로 기라성 같은 학자들이 줄을 잇는다. 특히 피터 드러커는 생전에 한국인의 민족성을 극찬하며 향후 국제사회를 이끌어 갈 나라로 아무런 망설임 없이 한국을 지목하기도 했는데, 그의 예언은 오늘날 정확하게 맞아떨어지고 있으니 그의 혜안에 놀라움을 금치 못하게 된다. 사회학뿐만 아니라 인류학 분야에도 쟁쟁한 유대인 학자들이 도열해 있다. 현대 인류학의 아버지로 불리는 프란츠 보아스, 헝가리의 게자 로하임, 프랑스의 클로드 레비스트로스, 그리고 〈문화의 수수께끼〉를 쓴 미국의 마빈 해리스 등이 바로 그들이다.

20세기 분석철학의 대가 비트겐슈타인은 오스트리아의 철강 재벌 가문의 막내아들로 태어난 유대인이다. 그의 집안에는 우울증의 내력이 있었는지 세 명의 형들이 모두 자살로 생을 마감했다. 어릴 적 린츠에서 비트겐슈타인은 아돌프 히틀러와 같은 학교에 다니기도 했다. 나중에 오스트리아를 합병한 히틀러는 비트겐슈타인 일가의 철강회사를 몰수해 버렸으나 그 가족들의 목숨만큼은 살려 주었다. 비트겐슈타인이 백방으로 뛰어다니며 협상을 벌인 끝에 간신히

혼혈로 인정받은 결과였다. 비록 막대한 재산을 나치에 몰수당하기는 했지만, 각지에 분산된 은닉 재산 덕분에 그는 부족함 없이 런던에서 생을 보낼 수 있었다. 그러나 그는 평생 결혼하지 않고 독신으로 살았다.

유대 철학자 마르틴 부버는 〈나와 너〉, 〈신의 일식〉 등을 통해 널리 알려진 인물로 특히 나와 너의 관계를 중심으로 한 휴머니즘적 철학은 유대교의 사상을 더욱 한 단계 높이는 데 크게 기여한 것으로 평가된다. 한때 스위스의 정신의학자 카를 융과 벌인 치열한 신학적 논쟁을 벌이기도 했던 부버에 의하면, 우리가 상대를 나와 동등한 인격체로서가 아니라 단지 사물에 지나지 않는 그것으로 대할 경우 인간은 아무런 양심의 가책도 없이 상대를 고문하고 죽일 수가 있다고 했다.

홀로코스트는 바로 그런 잘못된 인식의 결과로 벌어진 타락적 행위에 속한다는 뜻이기도 하다. 우리가 단지 사물에 지나지 않는 컵을 깨트리고 죄의식을 느끼지 않듯이 타인들에 대해서도 역시 그런 사물처럼 대하게 된다면 신의 구원은 더욱 요원해질 수밖에 없다는 말이 아니겠는가. 아우슈비츠 수용소에서 모든 유대인에게 번호를 매기고 이름이 아니라 번호로 부른 것은 이미 인간이 아니라 사물로 취급한 셈이다. 그러니 아무런 거리낌 없이 그 생명을 없애 버릴 수가 있었던 것이다.

1928년 노벨 문학상을 받은 프랑스의 철학자 앙리 베르그송은 좀 더 다른 관점에서 열린사회와 닫힌사회에 대해 언급했었다. 창조적 진화에 대한 그의 철학을 잘 드러낸 말이기도 하다. 오스트리아 출신의 영국 철학자 칼 포퍼는 베르그송이 말한 열린사회라는 용어를 그의 저서 〈열린사회와 그 적들〉에서 인용하기도 했다. 그는 나치가 오스트리아를 합병하자 뉴질랜드로 이민 갔다가 종전 이후에는 영국으로 건너가 런던대학에서 철학 교수로 있으면서 합리성에 기초한 과학 철학에 몰두했다. 칼 포퍼는 자신이 비록 유대인이었지만 모든 인종적 혈통적 분류에 반대하고 나치즘과 시오니즘 자체에 대해서도 반대 입장을 보였다. 그는 자신이 유대인으로 분류되는 것도 거부했다.

프랑스의 철학자 레비나스는 원래 리투아니아 태생의 유대인으로 프랑스와 독일 등지에 유학해서 철학을 공부했으며, 특히 후설과 하이데거의 현상학에 많은 영향을 받았다. 그러나 나중에 가서는 자신이 하이데거에게서 배운 사실을 후회하고 나치에 동조했던 하이데거를 맹비난했다. 그는 말하기를, "수많은 독일인들을 우리는 용서할 수 있다. 그러나 도저히 용서할 수 없는 독일인도 있는데, 하이데거가 바로 그런 사람이다."라고까지 할 정도였다.

제2차 세계대전 중에 프랑스군에 징집된 레비나스는 전쟁포로로 붙들려 독일의 수용소에 감금되었으며, 리투아니아에 남아 있던 그의 아버지와 형제들은 독일군에 의해 살해당했다. 전쟁이 끝난 후 레비나스는 〈탈무드〉 연구에 몰두했으며, 특히 타자성의 철학에 관한 그의 연구는 자크 데리다에게 깊은 영향을 주었다. 현재까지 생존하고 있는 프랑스의 철학자 베르나르-앙리 레비 역시 유대인으로 신철학을 대표하는 학자다.

러시아 태생의 임마누엘 벨리코프스키는 이스라엘에서 정신과 의

사이자 정신분석가로 활동하다가 미국으로 이주해 〈충돌하는 세계〉, 〈혼돈의 시대〉, 〈오이디푸스와 아크나톤〉 등의 저서를 발표해 우주 창조론 및 역사학 분야에서 숱한 비난과 논쟁을 불러일으켰다. 그는 비록 지나친 억측과 논리의 비약으로 사이비 과학을 대표하는 인물로 언급되기도 하지만, 신화적 전설과 실제 역사적 사건을 연결하는 독특한 연구 방법으로 새로운 모델을 제시하기도 했다. 미국의 유명한 과학철학자 토마스 쿤도 유대인이다. 〈과학 혁명의 구조〉를 통해 그는 과학의 발전은 점진적인 게 아니라 혁신적인 패러다임의 변화에 따라 혁명적으로 이루어진다고 보았다.

최근에 세계적인 베스트셀러가 된 저서 〈모리와 함께한 화요일〉의 주인공 모리 슈워츠는 미국 브랜다이스 대학 사회학 교수로 러시아에서 이주한 유대인이다. 그는 노년에 발병한 루게릭병으로 갑자기 세상을 떴는데, 유대인 작가이자 제자인 미치 앨봄이 매주 화요일에 스승인 모리 슈워츠를 방문해 나누었던 삶과 죽음의 문제를 포함해 다양한 주제의 대화 내용을 책으로 펴낸 것이다. 사회학자인 모리 슈워츠는 생전에 정신의학에도 많은 관심을 기울여 사회심리학의 고전으로 꼽히는 〈정신병원〉을 공저로 출간하기도 했다.

오늘날 우리나라에서 베스트셀러가 된 〈정의란 무엇인가〉로 많은 독자층을 확보하고 있는 하버드 대학의 정치철학자 마이클 샌델 교수도 유대인이다. 그가 펼친 명강의는 학생들에게 폭발적인 인기를 끌어 그의 강의를 들은 학생 수는 무려 15,000명에 달한다. 하버드 대학 역사상 가장 많은 청강생 기록이다. 특히 그는 개인주의와 자유주의에 대한 비판으로 유명하다. 개인주의와 자유주의야말로 미국 사회의 온갖 병폐를 가져온 원인으로 보는 그의 시각은 따라서 사회적 연대와 시민적 덕목을 강조하는 공동체주의를 더욱 강조하기에 이르렀다. 그런데 한 가지 특기할 사항은 미·중 갈등이 노골화된 오늘날의 시점에 이르러 중국 공영방송에 초청받은 한 인터뷰 현장에서 현대 최고의 철학자로 정평이 나 있는 샌델 교수가 한국에 대해 언급한 내용이라 할 수 있다. 그는 중국의 성장과 시민의식에 대한 논평을 요구한 방송 진행자에 대해 정색을 하며 자신이 생각하기에 실로 대단한 시민의식을 지닌 민족은 한국인이라 생각한다면서 한국인이야말로 진정으로 무서운 민족이라고 말한 것이다. 과부 심정은 과부가 안다고, 오랜 세월 남다른 시련을 겪은 유대인으로서 일종의 동병상련을 느낀 것이겠지만, 그것도 중국 방송에서 그런 말을 거침없이 내뱉은 그의 용기에 실로 감탄을 금할 수 없게 된다.

지금까지 둘러본 유대인의 사상과 철학을 통해 우리가 확인할 수 있는 사실 한 가지는 그들은 결코 세상과 동떨어진 온실 속의 사색가들이 아니었다는 점이다. 어떻게 보면 절망과 회한의 벼랑 끝에서 또는 지옥의 화염 밑바닥에서 그들은 제각기 나름대로 생존과 구원의 실낱같은 희망을 안고 깊은 사색의 나래를 펼친 것이다. 그들은 사람들에게 마치 이렇게 외치는 듯이 보인다. 지옥을 알지 못하고 천국을 논하지 말라. 그리고 악의 실체에 무지하면서 선에 대해 이러니저러니 논하지 말라. 유대인만큼 악의 지옥을 실제로 체험한 민족도 드물 것이다. 그러나 그런 지옥 체험이 어디 유대인뿐이겠는가. 아프리카의 흑인 노예들도 있었고, 신대륙의 원주민들도 있었으며, 우리 민족 또한 숱한 지옥을 통과했었다.

다른 점이 있다면 흑인들은 역사를 잃었으며, 인디오들은 정체성을 상실한 반면에 우리는 상호 신뢰와 믿음을 잃었다는 점이다. 따라서 우리에게 가장 절실히 요구되는 것은 정치적, 경제적 안정과 번영도 문제지만 민족의 구심점이 될 수 있는 사상적, 철학적 토대의 마련 또한 시급한 과제라 하겠다. 그런 점에서 원효와 퇴계 이후 아직까지 이렇다 할 사상가를 배출하지 못한 철학적 빈곤이야말로 우리 자신의 가장 취약한 아킬레스건이라 할 수 있다.

유대인 작가들

글을 쓰는 작가들의 유일한 무기는 상상력이다. 상상력이 고갈되면 결국 펜을 놓아야 하는데, 더이상 글을 쓸 수 없다는 사실에서 오는 좌절감을 견디지 못하고 끝내 자살에 이르는 작가도 있을 정도로 상상력은 곧 작가의 모든 삶을 좌우하기 마련이다. 그런데 유대인 사회에서 특히 세계적인 작가들을 무수히 배출한 것은 결코 만족할 수 없는 현실적인 고통과 시련이 가장 강력한 동기를 제공했음에 틀림없다. 물론 정체성의 혼란에서 비롯된 정서적 갈등도 한몫했을 것으로 보인다.

물론 노벨상이 작가의 위대성을 입증하는 유일한 척도는 아니겠지만, 노벨 문학상 수상자 명단에 유대인 작가들이 즐비하다는 점은 그만큼 유대인들의 상상력이 남달리 뛰어났음을 드러내는 것이기도 하다. 하이제, 앙리 베르그송, 요세프 아그논, 아이작 싱어, 파스테르나크, 넬리 작스, 나딘 고디머, 솔 벨로, 브로드스키, 엘리아스 카네티, 케르테스, 엘리네크, 해럴드 핀터, 파트리크 모디아노, 밥 딜런 등의 수상자들이 비록 유대인의 자격으로 상을 받은 건 아니겠지만, 그럼에도 불구하고 유대인들에게는 대단한 자부심을 안겨 주기에 충분할 것이다.

유대인 작가로 가장 유명한 인물은 역시 독일의 낭만파 시인 하이네일 것이다. 독일의 작곡가라면 누구나 그의 아름다운 시에 곡을 붙이고 싶어 할 정도로 하이네의 존재는 낭만주의를 대표하는 시인이다. 그러나 그의 실제 삶은 결코 낭만적이지 않았으며, 오히려 반항과 좌절로 점철된 불행한 삶이었다. 매우 진보적인 사고의 소유자였던 그는 결국 혁명 사건에 연루되어 독일에서 쫓겨났으며, 파리에서 가난과 병마에 시달리다 외롭게 죽어 갔다.

고독한 망명자는 하이네뿐만이 아니었다. 오스트리아의 작가 슈테판 츠바이크는 평화주의자로, 반전 활동을 펼치는 동시에 나치에도 반기를 들어 저항하다가 결국 남미로 도피했지만 그곳에 도착하자마자 부인과 함께 동반자살하고 말았다. 그는 프로이트와 로맹 롤랑과도 긴밀한 관계에 있던 작가였다.

슈니츨러, 되블린, 헤르만 브로흐, 프란츠 베르펠 등의 작가들 역시 유대인이지만, 그중에서도 특히 정신과 의사였던 되블린은 소설 〈베를린 알렉산더 광장〉을 통해 악의 집단에 의해 무기력하게 희생당하고 마는 한 개인의 비극적인 운명을 다루고 있지만, 그가 묘사한 구조악의 문제는 곧 나치 독일과 유대인의 관계를 드러내는 것이기도 했다. 그는 결국 프랑스로 도피했지만, 그가 안주할 땅은 그 어디에도 없었다.

헤르만 브로흐는 삼부작 〈몽유병자〉를 통해 가치관을 잃은 혼란스러운 시대적 상황 속에서 평범한 생활을 거부당한 채 반항이냐 아니면 복종이냐 사이에서 마치 몽유병 환자들처럼 살아가는 인간 군상들을 묘사했다. 여기서 말하는 몽유병자들이란 자신의 자발적인 의지가 아니라 전적으로 타인의 의지에 의해서만 자동인형처럼 살아가는 인간들의 무기력한 모습을 빗댄 표현이다.

프란츠 베르펠은 터키에 의해 자행된 아르메니아인 인종학살을 다룬 소설 〈무사 다그의 40일〉을 통해 이미 나치 독일의 유대인 대학살을 예고한 셈이며, 〈베르나데트의 노래〉를 통해서는 막다른 골목에 처한 망명자의 절박한 심정과 구원에 대한 소망을 묘사했다고 볼 수 있다. 나치를 피해 프랑스로 도피한 그는 다행히 피레네산맥을 넘어 미국으로의 망명길이 열렸지만, 베를린 태생의 탁월한 문학평론가였던 발터 벤야민은 스페인으로 입국이 거부되자 피레네 산중에서 자살하고 말았다.

토마스 만의 아들 클라우스 만도 유대인이다. 아버지는 노벨 문학상을 받은 독일의 대문호지만 어머니가 유대인이기 때문이다. 그의 대표작 〈메피스토〉는 출세의 야망에 불탄 나머지 변절을 거듭하다 결국 나치에 이용만 당하고 파멸에 이르는 한 연극배우의 말로를 그렸다. 이 작품은 헝가리의 유대계 감독 이스트반 자보가 영화로 제작해 더욱 유명해졌다.

의사였다가 작가로 전업한 슈니츨러는 정신분석에도 많은 관심을 보여 프로이트와도 친밀한 교류를 나눈 작가다. 따라서 그의 작품에는 성에 대한 과감한 묘사나 심리적인 갈등에 관한 문제가 주를 이루는데, 그 때문에 그의 작품들은 이후 나치 독일에서 도덕적으로 불결한 유대인의 쓰레기 같은 작품의 전형적인 예로 취급되는 수모를 당해야만 했다. 다행히 그는 1931년에 세상을 떠남으로써 아우슈비츠행을 면할 수 있었다.

유대계 영화감독 스탠리 큐브릭 감독의 마지막 유작 〈아이즈 와이드 샷〉의 원작은 슈니츨러의 소설 〈드림 스토리〉로 성적인 환상과 죽음을 다룬 주제를 통해 프로이트의 영향을 엿볼 수 있는 작품이다. 성과 사랑을 주제로 한 그의 많은 작품들이 그 후 영화로 제작되었는데, 그중에서도 유대계 감독 막스 오퓔스의 〈리벨라이〉, 〈윤무〉 등이 가장 유명하다.

그래도 역시 현대 문학에서 가장 큰 주목을 받은 작가는 프란츠 카프카일 것이다. 41세 나이로 일찍 병사한 그는 생전에 전혀 알려지지 않은 무명작가였지만, 그의 절친한 동료 막스 브로트의 노력으로 비로소 세상에 알려지게 되었다. 카프카는 자신이 죽으면 그의 모든 작품을 불태워 없애 줄 것을 친구에게 부탁했지만 막스 브로트는 카프카의 유언을 무시하고 세상에 그의 존재를 알린 것이다. 그의 대표작 〈성〉, 〈심판〉, 〈변신〉, 〈아메리카〉 등은 그 어디에도 속하지 못하고 변방을 배회하는 유대인의 비극적인 운명을 여실히 보여주는 소설들이다. 그의 소설에 자주 등장하는 주인공 K는 바로 카프카 자신이다.

독일에 카프카가 있었다면 프랑스에는 마르셀 프루스트가 있었다. 소위 의식의 흐름 기법으로 유명한 그는 외부와 접촉을 끊은 채 오로지 골방에 틀어박혀 대작 〈잃어버린 시간을 찾아서〉를 남겼다. 마치 프로이트의 자유연상을 상기시키는 듯한 그의 소설 기법은 현재와 과거를 마음대로 넘나들며 프루스트 자신의 삶을 회상하고 있다.

앙드레 모루아, 실험적 소설을 쓴 조르주 페렉, 나치에 체포되어 수용소에서 죽음을 맞이한 시인 막스 자콥, 공쿠르 문학상을 두 번이나 타서 물의를 일으킨 소설가 로맹 가리도 프랑스를 대표하는 유대인 작가에 속한다. 그는 1956년 〈하늘의 뿌리〉로 공쿠르상을 탄 이후 1975년에는 에밀 아자르라는 가명으로 발표한 〈자기 앞의

생〉으로 다시 공쿠르상을 탔다는 사실이 알려지면서 대중들로부터 빗발치는 비난을 들어야 했다. 그는 결국 자신의 아내였던 배우 진 시버그가 의문사한 이듬해에 스스로 총기 자살하고 말았다. 그 외에도 〈개미〉 시리즈로 돌풍을 일으킨 베르나르 베르베르, 2014년도 노벨 문학상을 수상한 파트리크 모디아노 역시 현대 프랑스 문학을 대표하는 유대인 작가에 속한다.

이탈리아의 알베르토 모라비아는 〈무관심한 사람들〉을 통해 실존주의적 작가로 인정받았지만, 파시즘의 대두로 신변에 위협을 느낀 나머지 부인과 함께 숨어 지내다 미군에 의해 구출되기도 했다. 그러나 아쉽게도 그에게는 노벨 문학상의 영예가 주어지지 못했다.

러시아 문학에서 노벨 문학상을 수상한 작가로는 파스테르나크, 숄로호프, 솔제니친 등이 있지만, 그중에서 소설 〈의사 지바고〉로 유명한 보리스 파스테르나크는 유대인 출신으로 원래는 시인이었다. 그는 매우 소심하고 심약해서 소련 당국의 압력으로 노벨상 수상을 사퇴한 후 죽을 때까지 침묵으로 일관했다. 그는 작중 인물 지바고와 마찬가지로 그 어디에도 속하지 않는 경계인으로 일관하면서 이도 저도 아닌 애매모호한 태도로 혼란스러운 모습을 보이는데, 이는 곧 유대인으로서 겪을 수밖에 없는 정체성 혼란의 문제를 드러내는 것이기도 하다. 소설 〈해빙〉으로 유명한 일리야 에렌부르크 역시 유대인으로 파스테르나크와 마찬가지로 입을 굳게 다물고 지내야 했다.

영국의 현대 연극을 대표하는 극작가로 해럴드 핀터와 피터 셰퍼가 유명하지만, 이들 역시 모두 유대인들이다. 해럴드 핀터는 2005

년에 노벨 문학상을 받았다. 피터 셰퍼는 〈에쿠우스〉, 〈아마데우스〉 등으로 잘 알려진 극작가로 그와 쌍둥이 형제인 앤소니 셰퍼 역시 극작가로 활동했다.

미국은 유럽에서 온갖 박해를 당한 유대인들의 마지막 희망이었다. 수많은 유대인이 자유의 땅을 찾아 구름처럼 신대륙으로 몰려들어 소위 아메리칸드림을 이루었지만, 그중에서도 특히 문학 분야에서 유대인들의 재능은 더욱 화려한 꽃을 피웠다. 현대 미국 문학을 장식한 작가들 중에는 실로 수많은 유대인 작가들의 이름을 열거할 수 있다.

미국 최초의 여류 시인 엠마 라자러스의 시는 뉴욕항 입구에 세워진 자유의 여신상 받침대에 새겨져 있는데, 수많은 이민자들의 마음을 달래 주고 희망을 심어 준 것으로 유명하다. 어윈 쇼의 반전소설 〈젊은 사자들〉에 나오는 주인공 노아 애커만은 유대인 청년으로 제2차 세계대전에 참전하지만 인종차별주의자인 백인 상사의 가혹한 학대에 시달린다. 유대인 수용소의 비참한 모습을 직접 목격하고 큰 충격을 받은 그는 전쟁의 무모함을 뼈저리게 느끼며 귀국길에 오른다.

또 다른 반전소설 〈나자와 사자〉로 일약 유명해진 노먼 메일러는 미국 문단의 이단아요 반항아로서 정서적으로 매우 불안정한 모습으로 좌충우돌하며 온갖 문제를 일으킨 작가지만, 월남전 반대운동을 통한 반전 의지만큼은 확고히 보여 준 인물이다.

1976년 노벨 문학상을 받은 솔 벨로는 현대 미국 문단을 대표하는 소설가로 〈허공에 매달린 사나이〉, 〈희생자〉, 〈오기 마치의 모험〉, 〈허조그〉, 〈비의 왕 헨더슨〉, 〈험볼트의 선물〉 등 많은 작품을 통해 부조리한 현실과 정신적 혼란에서 벗어나기 위해 몸부림치는 현대 도시인의 소외와 불안을 다루었는데, 이는 곧 작가 자신의 핵심적인 갈등 내용이기도 했다.

홀로코스트 문학으로 세계적인 명성을 얻은 엘리 위젤은 실제로 아우슈비츠 수용소에서 극적으로 살아남은 생존자지만, 그의 가족들은 모두 수용소에서 희생되고 말았다. 프랑스 작가 모리악의 권유로 소설을 쓰기 시작한 그에게는 문학상이 아니라 오히려 노벨 평화상이 주어졌다. 〈밤〉, 〈모든 강은 바다로 흐른다〉 등이 그의 대표작이다. 엘리 위젤과 같은 홀로코스트 생존자로 아우슈비츠 수용소에 수감되었던 헝가리 작가 케르테스도 자신의 자전적 소설 〈운명〉으로 주목을 끌고 2002년 노벨 문학상을 받았다.

〈세일즈맨의 죽음〉으로 퓰리처상을 받은 극작가 아서 밀러는 한때 섹스 심벌 여배우 마릴린 먼로와 결혼까지 했으나 5년 만에 헤어지고 말았다. 그 후 사진작가 디트로이트 모라스와 재혼한 그는 딸 레베카를 낳았는데, 영국 배우 대니얼 데이 루이스는 바로 그의 사위가 된다. 아서 밀러뿐 아니라 오늘날 창작 부문 퓰리처상 수상자의 절반 이상이 유대인임을 감안해 보더라도 미국 문학의 주류는 역시 유대인임을 알 수 있다.

나치 독일의 박해를 피해 스웨덴으로 망명한 여류 시인 넬리 작스는 유대인의 비극적인 운명을 다룬 시작으로 1966년 노벨 문학상의 영예를 안았다. 한편 그녀와 교류했던 프랑스의 유대계 시인 폴 셀랑은 파리 센강에 투신자살하고 말았는데, 그는 원래 루마니아 태생이지만 독일어로만 시를 쓴 시인으로, 그의 부모는 독일군에게 끌려가 희생당하고 말았다. 강제수용소에서 간신히 살아남아 파리로 망명한 그였지만, 자기만 홀로 살아남았다는 죄책감과 낯선 이국땅의 외로움을 이기지 못하고 결국 스스로 목숨을 끊었다.

아우슈비츠로 끌려가 희생된 작가로는 프랑스의 작가 이렌 네미로프스키를 들 수 있다. 러시아 혁명을 피해 파리로 이주한 그녀는 7개 국어에 능통한 장래가 매우 촉망되는 여류 작가로 주목받았지만 남편과 함께 독일군에 체포되어 39세라는 아까운 나이로 아우슈비츠 가스실에서 죽었다. 그녀의 미발표 유작 원고를 60년간이나 보관하고 있던 딸이 2004년도에 가서야 비로소 발표한 대작 〈프랑스 조곡〉은 그해 르노도상을 수상했으며, 일약 베스트셀러가 되었다.

남아공의 나딘 고디머는 유대계 보석상의 딸로 태어나 작가가 되었으며, 혹독한 인종차별로 고통받는 흑인들의 참상을 소설로 묘사함으로써 1991년 노벨 문학상을 받았다. 소련에서 반체제 작가로 분류되어 북극권의 강제노동수용소에 수감되었다가 강제 추방된 시인 브로드스키는 미국에 정착해 결국에는 노벨 문학상까지 받았지만, 모든 가치관을 부정한 무정부주의자 반항 시인 앨런 긴즈버그는 당연히 아무런 상도 받지 못했다.

91세를 일기로 세상을 하직한 샐린저는 그의 유일한 베스트셀러 〈호밀밭의 파수꾼〉을 남기고는 거의 60년 가까이 은둔 생활로 일관하며 세상과 담을 쌓고 살았다. 그는 제2차 세계대전 당시 인간도살장이라 할 수 있는 유대인 수용소를 직접 목격한 이후로 고기를 일체 먹지 못한 것으로 알려졌는데, 그 충격으로 군 병원 정신과에 입원하기도 했다. 철저한 채식주의자인 그는 대중 앞에 모습을 나타내지 않고 은둔하면서 영적인 신비주의에 빠져 여생을 보냈다.

〈러브스토리〉의 에릭 시걸과 〈굿바이 콜럼버스〉의 필립 로스 또한 유대인이지만, 랍비의 아들이었던 에릭 시걸이 유대인의 선민의식을 찬미한 반면에 필립 로스는 오히려 유대인을 부정적으로 묘사함으로써 유대인 사회로부터 '자기혐오적인 유대인'으로 심한 빈축을 사기도 했다.

필립 로스는 채플린의 영화에 출연해 유명해진 유대계 여배우 클레어 블룸과 결혼했다가 헤어졌는데, 그녀가 자신과의 불미스러운 관계를 회고록을 통해 폭로하자 그녀에 대한 반박으로 〈나는 공산주의자와 결혼했다〉를 발표하기도 했다. 그러나 그의 소설 가운데 가장 큰 논란을 불러일으킨 작품은 노골적인 성적 묘사로 유명한 〈포트노이의 불평〉으로, 주인공 포트노이가 자신의 성적 모험에 관한 이야기를 치료자인 정신분석가 스필보겔 박사에게 털어놓는 내용이다. 이 소설은 당연히 보수적인 유대인 단체들의 강한 반발을 불러일으켰다.

대중소설로 인기를 얻은 작가로는 시드니 셸던이 유명하다. 〈깊은 밤 깊은 곳에〉, 〈신들의 풍차〉, 〈게임의 여왕〉, 〈천사의 분노〉 등 그가 쓴 소설들은 발표하는 즉시 베스트셀러가 되어 언어의 마술사라는 평을 들었으며, 특히 여성 독자들로부터 폭발적인 인기를 얻었다. 그는 비록 조울증에 시달렸지만, 소설을 써서 갑부가 된 작가는 그가 유일하다고 하겠다.

러시아 태생으로 미국에 정착한 아이작 아시모프는 고달픈 지구를 떠나 머나먼 미래의 우주 세계로 그 무대를 옮겨 무려 500권에 달하는 작품을 남긴 다작가지만, 그가 묘사한 미래 세계 역시 그리 낙관적이지만은 않다. 그의 소설에 등장하는 인간의 모습은 로봇의 반란에 시달리는 비극적인 존재로 그려지고 있다.

아시모프의 공상과학 소설은 기계문명에 대한 문명 비판서이기도 한데 그런 전통은 프랑스의 신예 작가 베르베르에게까지 이어진다. 최근 우리나라에서 소설 〈개미〉 시리즈로 수많은 독자층을 확보한 베르나르 베르베르 역시 유대인 출신이다. 기발한 상상력이 돋보이는 작가다.

그뿐 아니라 현대 미국을 대표하는 뛰어난 여성 작가들 역시 유대인의 혈통을 타고난 인물들로, 유사 이래 가장 많은 소설을 쓴 천재 작가 조이스 캐롤 오츠, 페미니즘 소설의 선두 주자 에리카 종, 유대인의 비극적 운명을 탐색한 신시아 오직 등이 그 대표적인 예라고 할 수 있다. 또한 유대인과 아랍인의 평화적인 공존과 화해를 추구하는 이스라엘 작가 아모스 오즈 역시 빠트릴 수 없는 현대 히브리 문학의 거장이다.

이처럼 유대인 작가들의 뛰어난 상상력과 현실 비판 능력은 타의 추종을 불허한다. 그것은 그만큼 그들이 현실과 이상 사이에서 남다른 고뇌와 갈등이 컸음을 반증하는 것이기도 하다. 행복한 돼지는 결코 이상을 꿈꾸지 않는다. 쇠사슬에 묶여 고통받는 프로메테우스만이 끝없는 상상력으로 자신의 한계를 벗어나고자 꿈틀거린다. 유대인 작가들이야말로 그런 불합리한 현실 속에서 그들 나름대로의 탈출구를 모색하고자 몸부림친 장본인들이라 하겠다.

유대인 화가들

유대인 사회는 전통적으로 우상을 섬기지 말라는 십계명에 따라 회화, 조각, 건축 등에는 별다른 관심을 두지 않았었다. 비록 솔로몬 왕의 전성기에는 화려하고 장대한 성전을 짓는 등 그 번영을 과시하기도 했지만, 역사에 길이 남을 문화적 유산이 별로 없는 점은 바로 그런 율법에 충실했기 때문일 것이다.

따라서 유대인들은 회화를 즐기지도 않았고 당연한 결과이긴 하지만 뛰어난 화가나 조각가를 배출하지도 못했다. 그럼에도 불구하고 벨라스케스, 피사로, 모딜리아니, 샤갈, 수틴, 루시언 프로이드 등의 세계적인 화가들을 배출한 사실은 그런 점에서 매우 특기할 만하다.

중세 스페인을 대표하는 화가 벨라스케스는 기독교로 개종한 유대인으로, 당시 스페인의 유대인 사회는 가톨릭 교회의 극심한 종교적 탄압에 시달린 나머지 기독교로 개종하거나 네덜란드, 동유럽 쪽으로 이주를 떠나야 했다. 다행히 벨라스케스는 스페인 왕실의 궁정화가로 활동할 수 있었지만, 언제 불어닥칠지 모르는 유대인 박해에 항상 노심초사하며 지낼 수밖에 없었다.

인상파 화가 카미유 피사로는 포르투갈계 유대인의 후손으로 카리브해에 위치한 버진 제도에서 태어났으며, 그의 후손들도 화가로 활동했는데, 그의 아들 루시앙 피사로를 비롯해서 루시앙의 딸 오로비다 피사로는 주로 영국에서 활동했다. 카미유 피사로의 다른 손자 클로드 피사로도 화가가 되었다.

이탈리아 태생의 모딜리아니는 36세라는 젊은 나이로 요절한 천재 화가다. 그는 오로지 인물화만을 그렸는데, 오늘날 수많은 미술 애호가들이 모딜리아니의 작품에 깊이 빠져드는 이유는 그만의 독창적인 화풍뿐 아니라 그의 매우 특이한 인물화에서 풍기는 인간적인 매력 때문이 아닐까 한다. 인간성이 증발되고 사라진 현대 추상화에서 모딜리아니만큼 사람의 모습에 집착했던 화가도 그리 흔치 않을 것이다.

20세기 서양화단 최대의 이단아로서 불꽃같은 정열과 방황으로 점철된 그의 짧은 인생은 오로지 예술적 창조만을 위해 바쳐진 한 순간의 폭풍과도 같은 삶이었다. 고통과 절망의 심연에까지 이른 모딜리아니의 간절한 소망은 진정한 인간다움으로의 복원이 아니었을까. 비록 술과 마약에 찌든 삶 속에서 정신적 방황으로 일관하다 생을 마감하고 말았지만, 그가 처했던 세기말적 냉소주의와 허무주의적인 시대 풍조에도 불구하고 그는 그런 분위기에 영합하기를 완강히 거부하고 자신만의 독특한 화풍을 고집하며 살다 간 시대의 이단아였다.

그와 동시대를 살았던 피카소가 세속적인 부귀영화 및 명성을 누리며 살다 간 반면에, 모딜리아니는 옹골지게 세상과의 타협을 거부한 채 입체파가 주도한 인간의 해체가 아니라 진정한 인간성의 복원을 위해 몸부림쳤다는 점에서 화가로서는 매우 보기 드문 진정한 휴머니스트였다고 본다. 모딜리아니가 일찍 세상을 떠난 직후 그의 아내 잔느는 슬픔을 이기지 못해 만삭의 몸으로 투신자살하고 말았다.

마르크 샤갈은 러시아 태생의 프랑스 화가로 피카소와 더불어 20

세기 최고의 화가로 손꼽힌다. 가난한 유대인 상인의 아들로 태어나 상트페테르부르크 왕립 미술학교를 졸업하고 1910년에 파리 유학을 떠났다. 그러나 약혼녀 벨라 로젠펠트와 결혼하기 위해 다시 러시아로 돌아간 그는 제1차 세계대전의 발발로 발이 묶여 한동안 파리로 돌아갈 수 없었다.

그 후 볼셰비키 혁명으로 소련에 붙들린 그는 종전이 이루어지자 가까스로 아내와 함께 파리로 돌아가 프랑스에 귀화했다. 그러나 행복도 잠시일 뿐 나치 독일이 파리를 점령하자 다시 미국으로 도피한 그는 그곳에서 아내의 죽음을 맞이해야 했다. 제2차 세계대전이 끝나자 프랑스 남부의 지중해 연안에 거주하면서 시적이고도 동화적인 분위기의 작품들을 꾸준히 그려 냈다. 그는 1985년 98세를 일기로 눈을 감았다.

샤임 수틴은 샤갈과 같은 벨라루스 태생의 유대계 화가로 20세 때 파리로 유학을 떠나 표현주의에 바탕을 둔 작품들을 남겼다. 모딜리아니는 수틴의 초상화를 그리기도 했다. 독일군이 프랑스에 침입하자 게슈타포를 피해 여기저기를 숨어서 도망 다니던 그는 위궤양 출혈이 심해져 응급수술을 받기 위해 위험을 무릅쓰고 파리로 몰래 잠입했으나 결국 숨지고 말았다.

비록 유대인 사회에서 위대한 조각가를 배출하진 못했지만, 모딜리아니도 한때는 조각가를 꿈꾸기도 했었다. 그래서 매우 드물기는 하나 세계적인 조각가로 성공한 인물도 나오기는 했다. 미국 태생의 영국 조각가 제이콥 엡스타인이 바로 그 사람이다. 그는 폴란드에서 이주한 유대인의 아들로 태어났는데, 십 대 시절 뉴욕에서 회화를 공부하다가 파리로 건너가 조각을 배웠다. 그 후 런던으로 건너가 파격적인 조각품을 선보여 명성을 날리다가 아예 영국으로 귀화해 버렸다.

그의 딸 키티는 유명 화가 루시언 프로이드와 결혼했으나 5년 만에 헤어지고 오보에 연주가이자 경제학자인 윈 가들리와 재혼했다. 가들리는 영국 경제의 불황을 예견한 인물로 알려져 있지만, 신경과민 증세로 음악을 포기하고 경제학으로 전공을 바꾼 그는 자신을 치료했던 영국의 저명한 정신분석가 마수드 칸을 공개적으로 맹렬히 비난하고 성토하는 글을 발표해 대중들의 이목을 끌기도 했다. 그는 루시언 프로이드보다 한 해 먼저 세상을 떠났다.

루시언 프로이드는 정신분석의 창시자 지그문트 프로이트의 손자로 현대 미술계를 대표하는 영국 최대의 화가다. 프로이트의 차남 에른스트가 그의 아버지다. 루시언 프로이드의 딸 벨라 프로이드는 유명 패션 디자이너이며, 에스더 프로이드는 작가로 성공했는데, 그녀의 남편은 영화 〈원초적 본능 2〉에 출연한 배우 데이비드 모리시다. 또 다른 딸 수지 보이트 역시 작가로 활동하고 있다. 루시언 프로이드의 조카 엠마 프로이드는 방송 대본가로 활동하고 있는데, 영화 〈브리짓 존스의 일기〉, 〈네 번의 결혼식과 한 번의 장례식〉 등 코미디 영화 대본을 써서 유명해졌다. 그녀는 코미디언 출신 배우 리처드 커티스와 결혼해 살고 있다.

어쨌든 루시언 프로이드는 오늘날 영국이 자랑하는 세계적인 화가로 추앙받고 있는데, 한때 자신의 어린 딸들을 대상으로 누드화를 남김으로써 매스컴의 비난을 듣기도 했지만, 정작 그 딸들은 그런 사실을 대수롭지 않게 여겼다. 매우 화난 표정의 엘리자베스 여왕 초상화도 마찬가지로 비난의 표적이 되었다. 임신 상태의 유명 모델 케이트 모스의 그림은 수백억대를 호가하는 인기 작품이 되었다.

루시언 프로이드의 자화상들은 매우 어둡고 침울하며 잔뜩 화가 난 모습을 보이고 있다는 점이 특징인데, 이뿐만 아니라 그는 1977년 이후 남성 누드에 관심을 기울이면서 남성 모델의 누드화를 많이 남겼으며, 남근을 적나라하게 드러낸 모습이 매우 도발적이다. 그의 가장 가까운 모델은 해리 다이아몬드였다. 1977년작 〈쥐와 함께 있는 남자〉를 필두로 하여 그 후 1990년부터는 레이 보워리가 주된 모델 역할을 맡았다. 그러나 1994년 보워리가 에이즈로 사망하자 그의 작품 활동은 다소 침체기를 겪기도 했다.

화가로서의 성공은 루시언 프로이드에게 큰 행운이었다. 그러나 그의 애정 생활은 결코 순탄치가 않았다. 결혼도 여러 차례 했으며, 게다가 그의 무절제한 성생활은 무려 40여 명에 이르는 사생아를 두었다는 소문까지 만들어 낼 정도였다. 또한 그는 병적인 도박으로도 정평이 나 있었다. 루시언 프로이드는 2011년 7월 89세를 일기로 세상을 떠났다.

비록 화가는 아니지만 에스토니아 태생으로 어릴 때 미국으로 이주해 세계적인 건축가로 성공한 루이스 칸도 유대인이다. 그는 현대 건축의 대명사로 불린다. 오스트리아 출신의 세계적인 미술사가 에른스트 곰브리치 역시 유대인이다. 그가 쓴 〈서양미술사〉는 가장 유명한 고전 중의 고전이다.

그러나 서구 사회에서 수많은 천재 예술가들을 배출한 유대인 사회임에도 불구하고 유독 화가를 찾아 보기 힘든 이유는 그들이 그림에 소질이 없어서라기보다는 우상을 섬기지 말라는 십계명에 충실했기 때문으로 보인다. 시나이산에 오른 모세가 신으로부터 직접 전해 받았다는 십계명을 들고 하산했을 때, 40일 동안이나 그를 기다리다 지친 히브리인들은 어느 틈에 황금송아지를 만들어 광란의 축제에 빠져 있었다. 이를 보고 격분한 모세는 십계명이 적힌 돌을 바닥에 내던지고 황금송아지를 불태웠다.

  십계명의 첫 번째 계명은 다른 신을 섬기지 말라는 것이고, 둘째 계명은 우상을 섬기지 말라는 내용으로 그 어떤 형상도 만들어서는 안 된다는 것이었다. 그리고 유대인들은 이 계명을 철저히 지킨 것이다. 그래서 유대인들은 신의 이름을 감히 입에 올리지도 않을뿐더러 그 어떤 상징물도 만들지 않았다. 기독교에서 예수상과 십자가 상징을 빈번히 사용한 것과는 분명한 대조를 이룬다. 그러니 유대인 사회에서 그 어떤 그림이나 조각물을 찾아 보기 어려운 것은 지극히 당연한 결과였다. 반면에 고대 그리스와 로마 사회 그리고 중세 기독교 사회와 이슬람 세계는 뛰어난 회화와 조각으로 문화적 전성기를 구가했다. 그 대신에 유대인들은 음악 분야에서 탁월한 재능을 발휘한 셈이다.

유대인 음악가

음악은 인간의 삶에서 빼놓을 수 없는 부분이다. 오랜 기간에 걸쳐 인간의 정신에 가장 큰 영향력을 행사해 온 분야 두 가지를 든다면 우리는 서슴지 않고 그것은 바로 종교와 예술이라고 주장할 수 있다. 그리고 모든 예술 형태 가운데서도 가장 오랜 역사를 지닌 음악은 미술과 문학 그리고 춤과 더불어 종교와도 항상 밀접한 관계를 유지하며 존속해 왔다.

그중에서도 춤과 음악은 인간의 정서적인 측면에 직접적인 영향을 가한다는 점에서 그 중요성을 강조하는 데 이의가 없을 것이다. 음악이야말로 인간을 흥분시키기도 하고 무아지경에 빠지도록 유도하는가 하면 슬픔과 평온함을 제공하기도 하는 무형의 약물 효과를 지니는 존재라 하겠다. 따라서 음악은 적절한 위안과 안락함을 제공하는 진정 효과도 지니지만 때로는 흥분과 용기를 북돋는 각성제 효과도 지닌다.

인간의 희비애락을 가장 직접적인 수단으로 좌지우지할 수 있는 매개자로서의 음악은 이미 오래전부터 일종의 심리적 치유 효과를 발휘해 온 것으로 볼 수도 있다. 모든 민족마다 고유의 음악 전통을 보유하고 있지만 유독 유대인들만은 자신들만의 고유한 전통을 상실한 지 오래되었음에도 불구하고 오늘날에 이르기까지 서양음악의 전통 안에서 거의 핵심적인 역할을 도맡아 오고 있다는 점에서 매우 이례적이라 하겠다.

그들은 물론 부분적으로는 조국을 잃은 슬픔과 비애를 음악을 통하여 달래고자 했겠지만, 그렇다고 해서 단순히 시름을 달래기 위한 목적만으로는 그들이 보여 준 근현대사를 통한 서양음악사에 끼친 독보적인 공헌을 설명하기 어렵다. 유대인들이 서양음악에 끼친 영향은 실로 지대하다. 특히 20세기에 접어들어 작곡과 연주, 지휘 부분에 있어서 그들은 거의 서양음악을 독점하다시피 하고 있다. 타의 추종을 불허하는 그들의 탁월한 재능은 적어도 음악에 관한 한 누구도 넘보기 어려운 독자적인 세계를 구축하고 있음을 알 수 있다.

음악이 인간의 심리에 끼치는 영향에 대해서는 이미 오래전부터 지적되어 왔다. 아리스토텔레스는 음악을 통한 이완 효과에 대하여 언급했으며, 구약성서에도 사울왕의 우울증을 음악 연주로 호전시켰다는 일화가 나온다. 따라서 고대인들도 아름다운 음악과 따뜻한 목욕이 인간의 마음을 진정시키고 평온케 한다는 점에 대해서는 경험적으로 잘 알고 있었던 것 같다. 문학은 인간의 사고에 영향을 주지만 정서적인 호소력에 있어서 음악을 능가할 만한 예술적 장치는 그리 흔치 않다.

물론 춤이라는 형식이 오랜 역사를 지녀 왔지만 음악적 뒷받침이 없는 춤을 상정하기란 그리 쉽지 않으며, 고대사회에서조차 원시적인 형태이긴 하지만 음악적 존재는 매우 중요한 삶의 일부를 형성했다고 생각된다. 또한 음악의 중요성을 일찌감치 감지한 종교계에서는 거룩하고 경건한 심성을 유지하는 데 매우 유용한 도구로 음악을 적극 활용해 왔다.

모든 종교에서 음악을 중요하게 다루는 이유도 음악이 지니는 강력한 정서적 효과에 주목했기 때문이다. 물론 퀘이커교도처럼 음악적 요소조차 인간을 유혹하고 타락시킨다는 이유로 금지한 교파도 없는 것은 아니지만 대다수의 종교에서는 음악을 적극적으로 활용하는 입장에 있었다. 특히 기독교에서는 기도와 더불어 음악이 차지하는 비중이 상당히 높다고 할 수 있다. 개인적 차원의 기도와 집단적 차원에서 이루어지는 신에 대한 찬양은 주일 행사의 중요한 일부를 이루기 때문이다.

 실제로 서양 근대음악의 발달은 교회음악에서 비롯되었다고 해도 과언이 아닐 것이다. 주로 중세 수도사들을 중심으로 발전된 단선 화음의 합창곡이 그 효시라 할 것이다. 화성학의 발달은 합창곡의 발전 과정에 힘입은 바가 크다. 그리고 악기와 악보의 발명은 근대음악 발전 과정에 커다란 촉진제가 되었으며, 바로크 시대에 이르러 바흐의 대위법이 나오면서 최대의 전성기를 맞이하게 되었다. 그리고 고전주의 및 낭만주의 음악 시대를 거치면서 서양음악은 무수한 천재적 음악가들을 배출하게 되었다.

 특히 독일과 오스트리아, 이탈리아는 적어도 음악 부문에서 새로운 성지가 되었으며, 반면에 미술 분야만큼은 역시 파리가 총본산 노릇을 도맡아 왔다. 다만 다양한 예술 분야에서 오랜 기간 유럽의 변방에 머물러야만 했던 영국 등 앵글로색슨계는 음악과 미술 분야에서의 후진성을 그나마 문학 부문으로 만회하며 체면을 유지해 왔다고 볼 수 있다.

 서양음악의 초기 발전 과정에서 유대인들이 공헌한 바는 거의 없다고 해도 지나친 말은 아닐 것이다. 또한 서양음악의 발전은 미술과 마찬가지로 기독교 문화라는 절대적인 영향력을 고려하지 않고

서는 도저히 생각할 수 없는 부분이기도 하다. 교회음악, 교회미술이라는 차원에서 종교는 예술에 대해 거의 절대적인 권한을 행사했던 것이 사실이기 때문이다.

그런 점에서 철저히 이교도 취급을 받으며 온갖 박해를 당해야만 했던 유대인들 입장에서는 교회 예술 분야로 접근할 수 없었기에 당연히 그들에게는 초기 음악 발전 과정에 공헌할 기회조차 주어지지 않았다. 또한 그 시대에 거의 모든 유대인은 게토 안에 갇혀 살면서 비참한 밑바닥 생활을 전전했기 때문에 귀족들 중심으로 이루어진 예술 활동에 참여할 기회가 차단될 수밖에 없었다. 일부 선택된 유대인들이 귀족들 주변에서 보좌할 수 있는 일이란 고작해야 재정 업무나 금고 관리, 또는 광대놀이를 통한 위안거리 제공뿐이었다.

비천한 신분으로서 유대인들이 선택할 수 있는 직업의 종류 또한 매우 제한적이었다. 그들 대다수는 가난한 소작농 또는 노농 출신으로서 도시로 진출해 봐야 상업이나 흥행업 등에 종사하는 것이 고작이었다. 물론 유대인 사회에도 음악은 존재했다. 그러나 그들의 음악은 자신들의 비참한 신세를 한탄하는 자조적인 민요조의 음악에 불과했으며 심오한 예술적 창작 음악은 꿈도 꿀 수 없었다.

그리고 숱한 추방과 떠돌이 생활은 그들로 하여금 휴대가 간편한 물건을 선호하게끔 만들었다. 따라서 그들은 모든 악기 중에서도 가장 휴대하기가 용이했던 바이올린을 들고 다니며 스스로 위안을 삼기 마련이었다. 오늘날 전 세계에 명성을 날리는 바이올린 주자들의 거의 대부분이 유대인이라는 사실을 인정한다면 그들이 처했던 사회적 배경을 토대로 이해 가능할 것이다.

이뿐만 아니라 유대인 입장에서 볼 때, 20세기에 이르러서야 비로소 진정한 인간적 해방이 이루어졌다고 본다면, 그들이 유독 20세기 서양음악계를 독점하게 된 연유를 이해할 수 있게 될 것이다. 또한 현대에 이르러 불후의 명곡들을 남긴 작곡가들의 계보가 끊기게 된 연유도 알고 보면 창작력의 고갈에 기인한 것으로 간주하기보다는 귀족사회의 종말과 더불어 대중문화의 번성에 그 이유를 돌려야 할 것이다. 대중문화의 발전에 가장 주도적인 공헌을 이룩한 세력이 바로 유대인들이었는데, 고전음악의 전통 기법도 무명의 유대인 작곡가 쇤베르크의 12음 기법에 의해 일거에 무너져 버리고 말았다.

지저분한 게토 안에 갇혀 지낸 유대인들은 고상한 고전음악에 접할 기회가 거의 없었다. 그나마 유대인들의 예술적 재능이 비교적 자유롭게 발휘될 수 있었던 나라는 영국과 프랑스뿐이었다. 그럼에도 불구하고 그 나름대로 명성을 날린 유대계 작곡가로는 18세기에 활동한 독일의 요한 골드베르크가 있었다. 베니스 출신의 로렌초 다 폰테는 모차르트의 오페라 〈돈 조반니〉, 〈피가로의 결혼〉, 〈코지 판 투테〉 등의 작사를 맡았던 인물이지만, 빈의 반유대주의 장벽을 견디지 못하고 19세기 초에 미국으로 이주하고 말았다.

본명이 야곱 베에르인 마이어베르는 독일에서 태어나 주로 이탈리아와 프랑스에서 오페라 작곡가로 활동했다. 그는 파리에 유학 온 무명의 바그너를 냉대한 적이 있었는데, 이를 잊지 못한 바그너는 평생을 두고 지독한 반유대주의자가 되었다. 마음에 깊은 상처를 받은 바그너는 독일로 돌아가 노골적인 반유대주의적 논문을 발표하기 시작했는데, 바그너주의는 나치 독일의 유대인 박해에 정신적 기둥 노릇을 톡톡히 해냈으며, 히틀러는 열렬한 바그너 숭배자이기도 했다.

유대인 작곡가로서 가장 유명한 인물은 펠릭스 멘델스존이다. 그는 부유한 유대인 은행가의 아들로 태어나 전혀 고생을 모르고 자랐다. 그의 음악이 항상 밝고 활기찬 이유는 삶의 고통과 어둠을 겪어 보지 못했기 때문이다. 그의 조부는 유명한 유대 철학자 모제스 멘델스존으로 기독교로 개종한 인물이다. 〈한여름 밤의 꿈〉에 나오는 결혼행진곡은 바그너의 결혼행진곡과 함께 가장 즐겨 연주되는 명곡이다.

결혼식을 올리는 커플은 그 누구든 이들 유대인과 독일인이 작곡한 결혼행진곡 두 곡 가운데 한 곡에 따라 행진하게 되어 있다. 물론 기억하지는 못하겠지만 말이다. 멘델스존의 교향곡 5번은 루터의 종교개혁을 찬미한 곡으로, 유대인을 박해한 루터를 오히려 찬양했다는 점에서 매우 역설적인 현상으로 보인다. 그러나 유대인으로서의 정체성이 희박했기 때문이 아닐까 여겨지기도 한다.

멘델스존 말고도 역설적인 인물이 또 있다. 요한 슈트라우스 부자는 빈 태생의 유대계 작곡가로 많은 사람들로부터 빈을 상징하는 왈츠의 왕으로 불려 왔지만, 나치 독일은 이런 사실을 철저히 은폐했다. 워낙 독일인들이 요한 슈트라우스의 왈츠를 사랑했고 그에 대한 자부심 역시 대단했기 때문이다. 그러나 아들 요한의 증조부는 유대인이었으며, 그 자신도 유대인 여성과 결혼했다.

아버지 요한은 오스트리아의 영웅으로 추앙받는 라데츠키 장군을 주제로 만든 〈라데츠키 행진곡〉으로 유명하지만 진정한 왈츠의 왕은 아들 요한 슈트라우스 2세라고 할 수 있다. 그는 〈아름답고 푸른 도나우강〉, 〈남국의 장미〉, 〈봄의 소리 왈츠〉, 〈피치카토 폴카〉, 〈황제 왈츠〉, 〈빈 숲속의 이야기〉, 〈박쥐〉 서곡 등 수많은 왈츠를 작곡하여 당시 빈 사회에서 바흐를 능가하는 인기를 누렸지만, 나중에 그의 왈츠가 유대인 수용소 내에서 틀어 주던 음악 중에서 가장 흔히 선택된 단골 메뉴였다는 점을 그가 알았다면 몹시 곤혹스러워했을지도 모른다. 추가로 동시대에 명성을 날렸던 러시아의 피아니스트이며 작곡가 안톤 루빈스타인도 유대인이었다.

구스타프 말러는 오스트리아의 유대계 작곡가로 10개의 교향곡과 성악곡 〈탄식의 노래〉, 〈대지의 노래〉, 〈죽은 아이를 그리는 노래〉 등의 걸작을 남겼다. 그는 매우 강박적인 성격을 지닌 인물로 가톨릭으로 개종했다. 화가의 딸 알마 쉰들러와 결혼한 그는 한때 부인과의 갈등으로 우울증과 조울증을 보였는데, 프로이트에게서 잠시 치료를 받기도 했다.

말러가 죽은 후 미망인이 된 부인 알마는 재혼을 거듭한 끝에 10년 이상의 연하인 유대계 작가 프란츠 베르펠의 부인이 되어 85세까지 장수를 누렸다. 반면에 바이올리니스트 알마 로제는 말러의 조카딸로 나치 독일에 의해 아우슈비츠 수용소로 보내졌으며 그곳에서 수감자들을 위한 여성 캠프 오케스트라를 지휘하다가 그곳에서 죽었다.

쇤베르크는 12음 기법과 현대 무조음악을 창시한 인물로 그의 출세작 〈정화된 밤〉 외에 성악곡 〈바르샤바의 생존자〉, 미완성의 오페라 〈모세와 아론〉 등을 남겼다. 특히 〈바르샤바의 생존자〉는 유대인이 겪은 홀로코스트를 주제로 한 작품으로 음악사를 통틀어 매우 희귀한 사례가 아닐 수 없다.

그는 매우 특이하게도 13이라는 수를 두려워했는데, 그 때문에

76세가 되는 것도 겁을 냈다. 두 숫자의 합이 13이기 때문이다. 그러다 결국 77세를 맞이한 지 두 달 만에 불안에 떨며 세상을 떠났다. 그는 오페라 〈모세와 아론〉의 제목에서도 스펠링 한 자를 삭제했는데, 원래대로 하면 철자 수의 합이 13개가 되기 때문이었다. 우연의 일치인지는 모르나 그는 12월 13일에 태어나 7월 13일에 세상을 떠났다.

쿠르트 바일은 독일 태생의 유대인으로 1928년 극작가 브레히트와 함께 손을 잡고 발표한 〈서푼짜리 오페라〉로 일약 유명해졌지만 그의 좌파적 성향 때문에 이미 나치의 감시 대상이었다. 결국 그는 신변의 위협을 느끼고 파리를 거쳐 미국으로 도피했지만, 50세를 일기로 세상을 떠났다. 그런데 유대인으로 오해를 받아 나치 독일에서 작품 연주가 금지된 작곡가도 있었다. 〈콜 니드라이〉로 유명한 막스 브루흐가 바로 그 사람이다. 히브리 멜로디에 바탕을 둔 곡이기 때문에 그런 오해가 생긴 듯하지만 그는 유대인이 아니다.

반면에 독일에 비해서 유대인에 대한 혐오감이 상대적으로 덜했던 프랑스는 많은 유대계 작곡가들을 배출했다. 그중에서도 특히 오펜바흐는 〈호프만의 이야기〉 등의 경쾌한 희가극으로 파리에서 인기를 모았다. 발트토이펠도 가벼운 음악을 주로 남겼는데, 〈스케이터 왈츠〉로 유명하다. 폴 뒤카스는 관현악곡 〈마법사의 제자〉로 유명하다. 그는 미요의 스승이기도 하다.

다리우스 미요의 조상은 천여 년간 프랑스에 살아온 유대계로 프랑스 6인조의 일원으로 활동했다. 세계적인 지휘자 쿠세비츠키의 요청으로 오페라 〈다윗왕〉을 작곡했으며, 독일군의 침공으로 잠시 미국에 피신했지만 그의 가족 일부는 죽음을 면치 못했다. 한편 프랑스를 대표하는 대작곡가로 생상스가 있는데 그는 한때 유대인이라는 소문에 시달리기도 했지만 확실한 증거는 없는 상태다.

반유대주의 분위기를 피해 일찌감치 미국으로 이주한 인물로는 에르네스트 블로흐를 들 수 있다. 그는 비록 스위스 태생이지만 1924년 미국으로 이주해 히브리 정신을 음악적으로 표현하는 데 전념했다. 솔로몬왕의 영광을 표현한 대표작 〈셀로모〉를 비롯해 이스라엘 교향곡, 조곡 〈발 쉠〉 등이 그의 대표작이다.

유대계 러시아 이민의 아들로 뉴욕에서 태어난 조지 거슈윈은 재즈풍의 클래식 〈랩소디 인 블루〉, 〈파리의 미국인〉, 〈포기와 베스〉 등으로 유명한데, 아깝게도 38세라는 젊은 나이로 일찍 요절하고 말았다. 그는 뇌종양 수술 도중에 세상을 떠났다.

에런 코플런드는 뉴욕 브루클린 태생의 유대인으로 원래 성은 카플란이었으나 코플런드로 바꾸었다. 〈애팔래치아의 봄〉, 〈로데오〉, 〈엘 살롱 멕시코〉, 〈빌리 더 키드〉 등을 통해 매우 미국적인 음악을 작곡했다. 동성애자로 알려진 그는 90세까지 장수했지만 말년에는 치매에 걸려 고생했다.

유대계 러시아 이민의 후손으로 뉴욕에서 태어난 레너드 번스타인은 오랜 기간 뉴욕 필하모닉의 지휘자로 명성을 얻었으며, 특히 60년대에 TV 프로그램 '청소년을 위한 연주회' 시리즈로 고전음악의 대중화에 크게 기여했다. 그는 작곡에도 힘을 쏟아 교향곡 〈예레미야〉, 〈카디쉬〉와 〈팬시 프리〉, 〈웨스트사이드 스토리〉 등의 작품을 남기고 에런 코플런드와 같은 해에 세상을 떴다.

폴란드 태생의 모셰 바인베르크는 독일군의 침공에 소련으로 도피해 활동한 작곡가다. 그의 부모는 나치에 끌려가 유대인 수용소에서 희생당했는데, 오직 그만이 살아남아 작곡에 전념한 결과 프로코피예프, 쇼스타코비치의 뒤를 잇는 현대 소련음악의 대가로 인정받고 있다. 그는 22개의 교향곡을 포함해 현악 사중주곡, 오페라 등의 작품을 남겼다.

그의 장인은 소련의 유명한 유대계 배우이자 극장 감독인 솔로몬 미호엘스로, 스탈린의 지령에 의해 살해당했으며 그 역시 반국가 혐의로 비밀경찰에 끌려가 곤욕을 치르기도 했다. 그러나 스탈린이 곧 죽는 바람에 기적적으로 풀려났다. 반면에 정력적인 활동을 펼치던 체코의 현대 음악가 에르빈 슐호프는 나치 수용소에서 48세라는 한창나이로 숨지고 말았다.

현재 생존해 있는 필립 글래스는 유대계 리투아니아 이민의 후손으로 줄리아드 음대를 졸업하고 다소 전위적인 신음악의 작곡가로 알려져 있다. 오페라 〈해변의 아인슈타인〉을 비롯해 수많은 실내악곡과 교향곡 등을 남겼으며, 특히 동양의 불교, 힌두교, 도교 등의 신비주의에 몰두해 배우 리처드 기어와 함께 티베트 독립을 열성적으로 지지하는 입장을 보이고 있다.

수천 년간 떠돌이 생활에서 유대인들의 슬픔과 애환을 달래 준 유일한 악기는 휴대가 간편한 바이올린이었다. 그런 점에서 그들은 집시를 닮았다. 그러나 결정적으로 다른 점은 교육에 대한 열정과 돈독한 신앙심이었다. 유대인과 달리 집시들은 자녀 교육에 무관심했으며 도덕적 수준도 매우 낮았다.

유대인들은 특히 손재주에 능했다. 보석 세공이나 안경 렌즈, 가죽 세공, 구두 제조 등 정교한 수작업이 요구되는 일에는 그들의 솜씨를 따라잡을 사람이 없을 정도였다. 그런 남다른 손재주가 악기 연주에도 그대로 반영된 듯싶다. 실제로 역대 유명한 바이올린 연주자의 절대다수를 유대인들이 차지하고 있음을 손쉽게 확인할 수 있기 때문이다.

19세기 최대의 바이올린 주자로 손꼽히는 인물로 오스트리아의 요제프 요아힘을 들 수 있는데, 그는 유대계 철학자 비트겐슈타인의 집안과도 친척 간이었다. 그러나 이는 신호탄에 불과했다. 20세기 들어 그야말로 대가들이 줄줄이 등장해 연주 무대를 점령해 버렸기 때문이다.

크라이슬러, 야샤 하이페츠, 이작 펄만, 나탄 밀스타인, 기돈 크레머, 예후디 메뉴인, 미샤 엘만, 요제프 시게티, 다비트 오이스트라흐, 아이작 스턴, 핀커스 주커만, 조슈아 벨, 알렉산더 슈나이더, 짐발리스트 등 이름만 들어도 부드러운 바이올린의 감각적인 선율이 떠오를 정도로 쟁쟁한 거장들 모두가 유대인들이니 이들을 능가할 대가들이 과연 누가 있을까.

크라이슬러는 연주뿐 아니라 주옥같은 명곡을 남긴 것으로도 유명한데 〈사랑의 기쁨〉, 〈사랑의 슬픔〉, 〈아름다운 로즈마린〉 등은 감미로운 선율로 지금도 대중들로부터 많은 사랑을 받는 곡들이다. 미샤 엘만은 우크라이나 태생으로 제1차 세계대전 이후 미국으로 이주했으며, 리투아니아 태생인 야샤 하이페츠는 1917년에 미국으로 이주했다.

짐발리스트는 남러시아 태생으로 20대 초반에 이미 국제적인 명성이 자자했던 바이올린의 귀재였다. 그는 나중에 미국으로 이주해 커티스 음악원에서 후학들을 가르쳤다. 기돈 크레머는 라트비아 출신으로 그의 아버지는 나치 수용소에 끌려갔다가 기적적으로 홀로코스트에서 살아남았다.

메뉴인은 팔레스타인 태생이지만 샌프란시스코에서 주로 성장했다. 나탄 밀스타인과 다비트 오이스트라흐는 우크라이나의 오데사 태생이다. 이작 펄만은 이스라엘 출신으로 어릴 때 소아마비에 걸렸지만 이를 극복하고 줄리아드 학교에서 공부했다.

아이작 스턴은 러시아 태생이지만 어릴 때 미국으로 이주해 주로 샌프란시스코에서 성장했다. 요제프 시게티는 헝가리 태생으로 나치의 위협을 피해 미국으로 이주했다. 핀커스 주커만은 이스라엘의 텔아비브 태생으로 미국 줄리아드 학교에서 공부하고 19세 때인 1967년 유명한 레벤트리 경연에서 우리나라의 정경화와 함께 공동 우승을 차지했다. 레벤트리 경연에서 우승을 차지한 한국인으로는 1963년 피아노 부문에서 우승한 한동일이 있다. 이작 펄만은 1964년도에 우승을 차지했다.

조슈아 벨은 어머니가 유대계로 미국 인디애나주 블루밍턴 출신이다. 그의 아버지는 인디애나 대학 심리학 교수였다. 그는 18세 때 카네기홀에서 처음 데뷔해 주목받는 신인으로 인정받은 후 현재까지 활동 중이다.

첼로의 거장인 피아티고르스키는 우크라이나 출신으로, 미국으로 이주한 후로는 커티스 음악원에서 많은 후학들을 키워 냈다. 현재까지 많은 활약을 벌이고 있는 미샤 마이스키는 라트비아의 리가에서 태어난 유대계 첼리스트로 누이의 이스라엘 망명 사건으로 한때 강제노동수용소에 수감되기도 했다. 그는 한국에도 수차례 다녀갔다.

　피아노의 거장들로는 안톤 루빈시테인, 아르투르 슈나벨, 아르투르 루빈스타인, 루돌프 제르킨, 블라디미르 호로비츠, 블라디미르 아시케나지, 블라디슬라브 스필만, 파울 비트겐슈타인 등이 있으며, 거장은 아니지만 영화〈샤인〉의 실존 인물인 호주의 데이빗 헬프갓도 유대계 피아니스트이다. 조현병을 앓고 있던 그는 대중들 앞에 나가 기묘한 제스처로 연주를 함으로써 찬반 논쟁을 불러일으키기도 했다.

　폴란드의 피아니스트 스필만은 로만 폴란스키의 영화〈피아니스트〉에서 묘사한 실존 인물로 그는 실제로 나치 점령하의 바르샤바 게토에서 독일군 장교 호젠펠트의 도움으로 기적적으로 살아남았다. 그러나 호젠펠트는 소련군의 포로가 되어 수용소에서 죽었으며, 반면에 스필만은 89세까지 장수를 누리고 2000년 바르샤바에서 눈을 감았다.

　오스트리아 출신의 피아니스트 파울 비트겐슈타인은 철학자 루트비히 비트겐슈타인의 친형이다. 그러나 제1차 세계대전에 참전했다가 총상을 입고 오른팔을 절단해야 했다. 러시아군에 포로로 잡혀 시베리아로 끌려간 그는 점차 건강이 회복되면서 왼손만으로 연주하는 훈련을 했다. 프랑스 작곡가 모리스 라벨의〈왼손을 위한 피아노 협주곡〉은 바로 그를 위해 작곡한 걸작이다. 동생 루트비히는 영국 시민이 되었지만, 그는 미국으로 이주해 뉴욕에서 세상을 떠났다.

　오케스트라의 연주에서 상임지휘자는 막강한 권력을 행사한다. 그는 연주자를 선발하고 해임할 수도 있으며 작품 해석의 결정권도 지닌다. 지휘자의 특성과 취향에 따라 오케스트라 전체의 색조가 달라지는 것이다. 오랜 세월 비천한 신분으로 살았던 유대인들로서는 귀족 및 상류계급을 눈앞에 앉힌 채로 막강한 권력을 보여 줄 수 있는 유일한 자리가 바로 오케스트라 지휘자라는 사실을 잘 알고 있었다.

세계적인 지휘자의 계보를 보면 유대계가 압도적으로 많다는 사실을 알 수 있다. 쿠세비츠키를 필두로 오토 클렘페러, 브루노 발터, 프리츠 라이너, 에리히 라인스도르프, 게오르그 솔티, 유진 오르만디, 피에르 몽퇴, 조지 셀, 안탈 도라티, 루돌프 바르샤이, 레너드 번스타인, 이스트반 케르테츠, 앙드레 프레빈, 다니엘 바렌보임, 블라디미르 아시케나지, 로린 마젤 등 그 이름만 들어도 쟁쟁한 인물들이다. 관현악단 지휘 말고도 합창단 지휘로 이름을 떨쳤던 미치 밀러 역시 유대인이다.

물론 유대인이 아닌 세계적인 지휘자도 많다. 20세기 지휘계의 황제로 군림했던 독일의 카라얀과 이탈리아의 토스카니니를 비롯해서 스토코프스키, 푸르트벵글러, 칼 뵘, 앙세르메, 그리고 현재도 왕성한 활동을 보이는 주빈 메타 등이 바로 그 주인공들이다. 한국의 안익태와 일본의 오자와 세이지도 동양이 낳은 세계적인 지휘자에 속하지만, 인도 출신의 주빈 메타에 비하면 아무래도 힘에 부친다.

유대인들은 음악 분야, 특히 바이올린 연주와 관현악 지휘에 탁월한 재능을 발휘했음을 알 수 있다. 이들의 장점은 어디를 가든 바이올린 또는 지휘봉 하나 달랑 들고 다녀도 자신들의 재능을 충분히 발휘하며 살아갈 수 있다는 점이다. 마치 정신분석가가 아무런 장비도 필요 없듯이 말이다. 그들은 항상 여기저기 쫓기며 살아가는 신세였기에 무엇이든 맨손으로 시작할 수밖에 없었으며, 가진 게 없는 그들로서는 자신들의 재능을 개발하는 일 외에는 달리 도리가 없었다.

지금까지 살펴본 것처럼 유대인들은 우상을 섬기지 말라는 계명에 충실하기 위해서 타민족들과는 달리 신을 상징하는 거대한 조각품이나 조형물을 남기지 않았다. 따라서 그들은 예술 분야에 있어서도 미술 분야에는 그다지 공헌한 바가 없지만, 음악에 있어서만큼은 거의 독보적인 위치를 차지해 왔다. 이는 아마도 유대교 전통의 영향 때문인 것 같기도 하다. 그들은 회화나 조각 등의 고정된 조형물과 같이 시각적으로 보이는 문화적 자산을 거의 남기지 않은 반면에 무형의 창작에 몰두한 경향이 두드러진다. 그 어떤 형태도 남기지 않는 예술, 그것을 충족하는 예술은 바로 음악인 셈이다.

▎유대인 과학자

유대인이 인류 사회에 끼친 가장 큰 공헌은 바로 과학 분야일 것이다. 비록 그들은 오랜 세월 조국을 잃고 뿔뿔이 흩어져 살긴 했지만, 자신들이 속한 나라에 최선을 다해 헌신하고 살면서도 특히 과학 분야에서 뛰어난 인재들을 낳았는데, 그중에서도 가장 으뜸으로 손꼽히는 과학자로는 천재적인 두뇌의 소유자로 알려진 아인슈타인 박사를 들 수 있겠다.

일반 상대성 이론으로 뉴턴 고전물리학의 기초를 뿌리째 뒤흔든 그는 이미 1921년에 노벨 물리학상을 수상함으로써 세계적인 명성을 얻었지만, 나치 독일의 등장으로 신변에 위협을 느껴 미국으로 망명했다. 그는 전쟁에 반대한 평화주의자요 사해동포주의자인 동시에 시온주의를 지지한 사회주의자이기도 했다. 인류 평화와 전쟁에 관해 프로이트와 서신 교류를 통해 의견을 나눈 일은 잘 알려진 사실이다.

그러나 그가 주장한 세계정부론은 많은 오해를 사기도 했다. 특히 그의 사회주의적 신념 때문에 미국 내 반공주의자들로부터 비난을 받았으며, 특히 에드거 후버 FBI 국장은 아인슈타인을 공산주의자로 의심해 계속 감시를 지시할 정도였다. 아인슈타인 박사의 뇌는 따로 분리되어 지금도 소중히 보관 중이다. 그러나 천재적인 발상으로 세상을 놀라게 한 유대인 과학자는 아인슈타인뿐만이 아니었다.

독일 태생으로 18세기 영국에서 활동하며 천왕성을 최초로 발견한 유대계 천문학자 윌리엄 허셜, 암모니아를 합성한 독일의 프리츠 하버, 양자역학의 발전에 크게 기여한 덴마크의 물리학자 닐스 보르, 파울리 효과로 유명한 오스트리아의 이론물리학자 볼프강 파울리, 미국의 기상학자로 기상 예측 기술 발전에 공이 큰 MIT 공대의 줄 그레고리 차니, 미국 원폭의 아버지 오펜하이머 박사, 미국 수소폭탄의 아버지로 불리는 에드워드 텔러와 스타니스와프 울람, 핵자기공명의 발견으로 1944년 노벨 물리학상을 받은 아이작 라비, 그리고 가수 올리비아 뉴턴존의 외할아버지로 양자역학에 관한 업적에 힘입어 1954년 노벨 물리학상을 수상한 막스 보른 등 유대인들이 남긴 과학적 업적은 실로 눈부시다고 하겠다.

그러나 프리츠 하버가 개발한 독가스나 오펜하이머가 개발한 원폭의 개발은 과학 문명이 낳은 가장 최악의 오점으로 남기도 했다. 그런 점에서 오펜하이머 박사는 그 후 죄의식을 느낀 나머지 수소폭탄 개발에 반대하다가 모든 공직에서 쫓겨나기도 했다. 그의 반대에도 불구하고 같은 유대인 동료였던 에드워드 텔러는 그 후 수소폭탄 개발에 성공하여 수소폭탄의 아버지로 불리기도 했지만, 두 사람의 관계는 더이상 돌이킬 수 없는 단계로 접어들고 말았다. 그런데 평화주의자로 알려진 아인슈타인 박사마저 제2차 세계대전 시 원폭 개발의 필요성을 루스벨트 대통령에게 강력히 건의했다고 하니 달리 할 말이 없기도 하지만, 당시 원폭 개발에 박차를 가하고 있던 나치 독일이 먼저 핵무기를 개발했다면 인류는 더 큰 재앙을 맞이했을 게 불 보듯 뻔하다.

그러나 무엇보다도 노벨 물리학상과 의학상 수상자의 절반 이상,

그리고 화학상의 1/3을 유대인 과학자들이 차지했다는 사실 앞에서 우리는 더이상 할 말을 잃게 된다. 꼭 노벨상이 아니더라도 수많은 유대인이 공학 분야에서 이룬 업적 또한 지대하다.

헝가리에서 이주한 미국의 천재 수학자 존 폰 노이만은 세계 최초의 디지털 컴퓨터 개발은 물론 미국의 원폭 개발에 깊이 관여하고 대륙 간 탄도미사일 체제의 기초를 제공하기도 했다. 그는 어려서부터 신동으로 알려졌는데, 특히 산술과 기억력에 뛰어났다. 6세 때 허공을 응시하는 어머니에게 "뭘 계산하고 계세요?"라고 질문했다는 유명한 일화도 있다. 20대 초반에 이미 수학 박사학위를 따낸 그는 나치의 위협을 피해 미국으로 이주한 후에도 프린스턴 연구소에 몸담으면서 수학, 물리학, 경제학, 통계학, 컴퓨터과학 등 다양한 분야에 걸쳐 큰 업적을 남겼다. 미국은 가만히 앉아서 보물을 주운 셈이다.

컴퓨터 공학자 조셉 와이젠바움도 인공지능 개발에 큰 공을 세웠다. 베를린 태생인 그는 나치의 위협을 피해 미국으로 이주한 후 MIT 공대 교수를 지냈으며 60년대에 이미 사이버 정신치료 모델인 엘리자를 개발해 논란을 불러일으키기도 했다. 말년에 그는 자신이 어릴 때 살던 베를린으로 돌아가 살다 그곳에서 죽었다.

베를린 태생의 천재 수학자 알렉산더 그로텐디크는 현대 프랑스를 대표하는 가장 위대한 수학자로, 유대인이었던 그는 나치 독일의 유대인 박해를 피해 어머니와 함께 프랑스의 유대인 수용소를 전전해야 했는데, 아버지는 아우슈비츠 수용소에서 죽었으며 어머니마저 결핵으로 세상을 뜨고 말았다. 그런 역경을 딛고 일어선 그는 천재적인 발상으로 프랑스 수학계에서 두각을 나타내기 시작했으며,

1966년에는 수학계의 노벨상으로 불리는 필즈상을 수상했다. 한 가지 특기할 점은 생전에 그가 우리의 김치를 신이 주신 선물이라고 극찬하며 한국인의 우수한 지능에 지대한 영향을 준 것으로 평가하기도 했다는 사실이다.

그런데 가장 유대인다운 천재 수학자가 또 있다. 헝가리 태생의 에르되시 팔이 그렇다. 그는 평생 독신으로 일관하며 가방 하나만을 달랑 들고 전 세계 곳곳을 떠돌아다니면서 수학 연구에만 몰두한 20세기 최대의 괴짜 수학자로 정평이 나 있다. 공동 연구자로 그의 이름이 들어간 논문만 무려 1,500편에 달한다고 한다. 헝가리의 부다페스트에서 유대인 수학 교사 부부의 아들로 태어난 그는 아버지와 삼촌들을 홀로코스트로 잃었는데, 나치의 박해를 피해 영국을 거쳐 미국으로 건너가 힘겹게 연구직을 얻었으나 정년을 보장받지 못한 그는 그때부터 세계 각지의 대학을 전전하며 수학을 연구하는 떠돌이 학자의 길을 걷기 시작했다. 그는 폴란드 바르샤바에서 개최된 학회에 참석했다가 83세를 일기로 세상을 떴다.

마빈 민스키는 MIT 공대에 인공지능 연구소를 세운 인지과학자다. 헝가리 태생의 존 케메니는 BASIC 프로그램을 개발했으며, 러시아 태생의 세르게이 브린은 같은 유대계 친구 래리 페이지와 함께 컴퓨터 검색 엔진을 개발하고 불과 20대 중반의 젊은 나이로 구글을 창업해 억만장자가 되었다. 무서운 아이들은 이들뿐이 아니다. 하버드 대학 재학 중에 이미 페이스북을 고안해 억만장자가 된 마크 저커버그는 1984년생으로 아직 40대 초반이다. 어머니는 정신과 의사이며 아버지는 치과 의사다.

현대 미국을 대표하는 천체물리학자 칼 세이건은 〈에덴의 용〉, 〈코스모스〉 등의 저술 활동으로도 유명한 과학자로, 특히 UFO에 많은 관심을 기울였으며 미 항공우주국의 자문위원으로 활동했다. 그는 특히 자연과학의 대중화에 크게 기여한 학자로 정평이 나 있다.

리처드 파인만 역시 천재적인 물리학자다. 1965년 같은 유대인 물리학자 줄리언 슈윙거와 함께 노벨 물리학상을 공동 수상한 그는 저서 〈파인만 씨 농담도 잘하시네!〉, 〈남이야 뭐라 하건〉 등의 저서를 통해서도 대중들의 사랑을 독차지한 매우 특이한 과학자다. 익살스럽고 다소 엉뚱하기까지 한 그는 항상 유머와 재치로 학생들을 사로잡은 위대한 스승이기도 했다. 그러나 파인만 역시 제2차 세계대전 당시 미국의 원폭 개발에 참여한 인물이다.

2010년 노벨 물리학상을 받은 소련 태생의 안드레 가임, 2011년 노벨 물리학상을 수상한 천체물리학자 애덤 리스와 솔 펄머터, 그리고 화학상을 받은 단 셰흐트만, 의학상을 받은 캐나다의 랠프 스타인먼, 2012년 물리학상을 받은 프랑스의 세르주 아로슈와 2013년 물리학상 수상자인 벨기에의 프랑수아 앙글레르, 화학상 공동 수상자인 마이클 레빗, 아리 워셜, 마틴 카플러스 등 역시 유대인이다. 특히 앙글레르 교수는 홀로코스트 생존자로 알려져 있다.

이처럼 유대인 과학자들은 특히 20세기에 들어 눈부신 활약으로 인류의 과학 발전에 기여했음을 알 수 있다. 과학의 기본을 이루는 물리학은 유대인의 전유물이 되다시피 했으며, 그 외에도 화학, 수학, 의학, 컴퓨터 공학 분야에서도 그들은 타의 추종을 불허하는 업적을 남겼다.

제2차 세계대전 이후 맞이한 냉전시대에 미국과 소련은 치열한 핵무기경쟁과 우주개발사업에 뛰어들었지만, 소련은 우수한 유대인 과학자들을 보유한 미국을 결코 추월할 수 없었다. 그런 점에서는 나치 독일도 손해를 톡톡히 본 셈이다. 그들이 유대인 박해를 하지 않고 아인슈타인 박사 등을 위시한 유대인 과학자들을 적절히 활용했다면 전세는 전혀 다른 방향으로 흘렀을지도 모르기 때문이다. 그러나 그것은 생각만 해도 끔찍스러운 재앙이 아닐 수 없다. 결국 나치 독일은 자충수의 함정에 빠져 스스로가 파멸을 독촉한 셈이 되고 말았다.

사실 따지고 보면 미국은 제2차 세계대전에 참전하기 전까지 정치적 강대국이 아니었다. 더욱이 경제 대공황으로 곤경에 빠져 있던 미국이었으니 세계대전의 발발은 오히려 미국에게는 경제적 회생을 위한 호재로 작용했다. 거기에 유대인의 자본과 두뇌가 가세해 미국을 전후 최대의 강대국으로 부상하게 만든 원동력이 되었다고 해도 과언이 아니다. 물론 미국에도 반유대주의는 존재한다. 그럼에도 불구하고 결코 유대인을 과소평가할 수 없는 이유는 그들이 보인 남다른 애국심뿐만 아니라 국가적 위기를 극복하는 데 끼친 결정적인 공헌이 있기 때문이다. 그중에서도 유대인 과학자들은 가장 큰 일등공신 노릇을 한 셈이다.

그런데 우리나라에도 국난의 위기를 극복하는 데 결정적인 역할을 한 과학자가 과연 있었을지 궁금해진다. 우선 떠오르는 인물로는 불의의 사고를 당해 세상을 하직한 이휘소 박사를 들 수 있겠다. 그러나 그는 우리 현대사에 직접 동참한 적이 없는 인물이다.

오히려 민족 반역자의 아들로 찍혀 온갖 서러움을 겪었던 우장춘 박사가 더욱 큰 공로를 남긴 인물이라 할 수 있다. 그가 아니었으면 우리는 광복 후 그토록 시달리던 식량난에서 벗어나지 못했을지도 모른다. 그의 아버지는 민비 시해에 관여한 우범선으로, 일본으로 망명했다가 자객에 의해 암살당한 인물이다.

우장춘 박사는 그런 아버지의 반역 행위에 대한 죄의식 때문에 남은 생애를 한국에 와 살면서 민족을 위한 봉사활동으로 그 죄를 씻고자 한 것이다. 그는 귀국하기 전에 이미 세계적인 육종학자로 인정받고 있던 처지였다. 하지만 당시 이승만 정부는 그를 반역자의 아들로 간주해 푸대접으로 일관했다.

반면에 황우석 박사는 그를 사랑하는 모임 '황사모'가 생길 만큼 대중들의 뜨거운 성원을 받으며 심지어는 민족의 영웅이라는 말까지 들을 정도로 인기를 누렸지만 결국에는 논문 조작 사건으로 도덕적인 치명타를 입고 대중들의 기억에서 사라지고 말았다.

사실 우리는 세종대왕 이후 600년 동안 장영실에 버금갈 과학자 한 사람 제대로 배출하지 못한 상태니 더욱 할 말이 없다. 과거 이공계가 빛을 보던 시절에는 최고 수재들이나 지원할 수 있다던 서울대 물리학과였지만, 그 후에도 그곳에서 세계적인 물리학자가 배출되었다는 소식을 들은 적이 없다.

그 유명한 이휘소 박사도 서울공대 화공과 출신으로 물리학과로 전과를 애타게 원했지만 대학 당국이 끝까지 허락하지 않아 결국에는 미국으로 유학을 떠나고 만 것이다. 그러나 오히려 그 때문에 오늘날 우리가 알고 있는 이론물리학자 이휘소가 태어난 셈이니 세상일은 참으로 묘하기도 하다.

그가 프린스턴 연구소에 있을 때 그에게 컬럼비아 대학 교수로 초빙하겠다는 제안을 해 온 물리학자 이지도어 라비 박사는 오스트리아 출신의 유대계 핵물리학자로 이미 1944년에 핵자기공명의 발견으로 노벨 물리학상을 받은 세계적인 학자였다. 그러나 이휘소는 그 제안을 거절하고 펜실베이니아 대학을 선택하고 말았는데, 만약 그가 라비 교수 문하로 들어갔다면 그의 운명도 매우 달라졌을지 모른다.

그와 비슷한 연구를 했던 유대계 물리학자 스티븐 와인버그가 1979년 노벨 물리학상을 수상한 사실을 본다면 너무도 아까운 일이었다. 더구나 네덜란드의 물리학자 펠트만과 엇호프트가 그의 강의를 듣고 힌트를 얻어 연구에 정진한 결과 1999년 노벨 물리학상을 받은 점도 매우 아쉬운 부분이다.

박정희 대통령으로부터 핵 개발의 제안을 받고 무척 고심했다는 소문도 있지만, 어쨌든 그는 1977년 일리노이주 고속도로에서 불의의 교통사고로 현장에서 사망했다. 물론 지나친 억측은 금물이겠지만, 단지 정치적인 이유 때문에 연구에만 전념할 수 없게 만들었다면 우리는 천재를 키워 내는 사회가 아니라 오히려 죽이는 사회라 해도 결코 지나친 말이 아닐 것이다. 세계적인 유대계 물리학자가 그를 이끌어 주려 했다는 점에서 더욱 아쉬움이 크다. 특히 물리학 분야는 유대계 학자들이 독무대를 이루고 있는 분야라는 점에서 절호의 기회를 놓친 셈이다.

물리학뿐만 아니라 오늘날에 이르기까지 유대인들은 과학의 전 분야에 걸쳐 실로 놀라운 업적을 쌓았다. 수학, 컴퓨터공학, 화학, 의학, 생물학, 생리학, 기계공학, 항공학, 기상학, 천문학, 인류학, 식품

공학 등 그들이 이룩한 공로는 이루 다 말할 수 없을 정도다.

그렇다면 유대인들이 이렇게 과학의 발전에 크게 기여하게 된 이유는 과연 무엇일까. 한마디로 간단히 말할 수는 없겠지만, 굳이 지적하자면 남다른 호기심과 탐색 능력, 예리한 관찰력과 추리력, 거기에 매우 강박적인 특성과 지독한 학구열, 그리고 강한 승부욕 등을 더 추가할 수 있겠다.

그들은 어려서부터 유대인이라는 이유만으로 온갖 멸시와 모욕을 당하며 핍박받았지만, 힘으로 당할 재주가 없던 그들로서는 오로지 학업을 통해 자신들의 인종적 열등감을 극복해야 했다. 아인슈타인이 그랬고 프로이트 역시 마찬가지였다. 그들은 우등생이 됨으로써 그나마 자신들의 자존심을 유지할 수 있었다. 남에게 지기 싫어하는 강한 승부욕은 그래서 생겨나는 것이다.

"작은 고추가 맵다."라는 우리나라 속담처럼, 유대인 역시 백인들에 비해 작고 왜소한 체구지만 두뇌 싸움에서만큼은 결코 질 수 없다는 강한 자존심이 발동되었을 것이다. 더구나 한 가지 문제에 강하게 집착하는 강박적인 성향도 한몫했을 것이다. 실제로 유대인만큼 강박적인 민족도 드물다. 생각에 생각을 거듭하는 강박증이야말로 한 분야에 일생을 거는 강한 집념으로 나타나기 쉽다.

불합리하고 모순투성이인 세상을 헤쳐 나가면서 그들은 자신의 뿌리에 대해 깊이 생각하고 자신들이 당한 시련과 고통의 원인에 대한 해답을 찾고자 오랜 세월 애써 왔다. 마치 욥이 그랬듯이 말이다. 그들이 과학에 특히 매료된 이유도 알고 보면 과학만큼 그 어떤 질서에 의해 해답이 술술 풀리는 분야도 드물기 때문 아니겠는가. 그들은 그래서 과학 분야에 뛰어들어 자신들의 진가를 충분히 발휘할 수 있었던 것이다.

자연의 질서를 찾아내는 일에는 수학이나 물리학, 화학, 의학 등이 최적이었을 것이다. 그들 덕분에 인류는 사상 그 유례가 없는 문명의 혜택을 누리며 살고 있는 중이다. 물론 과학으로 인한 폐해도 없는 건 아니지만, 그것은 과학자의 책임 문제라기보다는 오히려 과학 문명의 유지와 관리 차원에서 논할 문제가 아닐까 한다.

유대인과 의학

유대인으로 가장 최초로 명성을 얻은 의사는 단연 노스트라다무스일 것이다. 그는 중세 유럽에 페스트가 창궐하면서 겁에 질린 주민들이 마을과 도시를 벗어나 도주하기에 급급할 때, 분연히 일어서 전염병의 확산에 맞서 싸운 인물이다.

당시 중세 유럽의 위생 상태는 그야말로 엉망이었다. 거리마다 오물이 넘쳐흘렀으며, 사용하는 식기도 더럽기 그지없었다. 반면에 유대인들은 아무리 비천한 신분으로 가난하게 살더라도 전통적인 율법에 따라 평소에도 매우 위생적인 생활이 몸에 배어 있어서 그들의 생활 습관은 매우 검소할 뿐만 아니라 음식도 몹시 까다롭게 가려서 돼지고기를 먹지 않으며 몸도 항상 깨끗이 씻는 버릇이 있었다.

그런 이유로 당시 생존자 중에 유대인들이 유독 많았다는 사실을 유럽인들은 좀처럼 인정하려 들지 않았다. 그렇게 혼란스러운 시기에 노스트라다무스는 골방에 틀어박혀 예언시만 쓰고 있던 게 아니라 직접 거리로 나서서 페스트 퇴치에 발 벗고 나선 것이다.

이처럼 서구 사회에서 활동한 유대인 의사나 의학자들의 공헌을 열거하자면 아마 끝도 한도 없을 것이다. 무엇보다도 노벨 의학상을 수상한 유대인 의학자의 명단을 보면, 인간의 수명을 연장하는 데 있어서 유대인들의 지대한 공헌을 실감하게 된다.

면역체계 연구로 가장 최초의 의학상을 받은 러시아의 메치니코프, 매독 치료제를 개발한 독일의 파울 에를리히, 혈액형 분류의 카를 란트슈타이너, 플레밍과 함께 페니실린 효과를 입증한 영국의 에른스트 보리스 체인, 초파리 연구의 허먼 조지프 멀러, 결핵 치료제 스트렙토마이신을 발명한 셀만 왁스만과 앨버트 샤츠, 코티졸 호르몬 연구의 라이히슈타인, 크렙스 회로를 발견한 한스 크렙스와 에드먼드 피셔, 아세틸콜린을 발견한 오토 뢰비, 효소 연구로 상을 받은 프리츠 리프만, 망막 변성에 대한 연구로 상을 받은 조지 월드, DNA 연구로 유명한 아서 콘버그 등 쟁쟁한 학자들이 즐비하다.

그 외에도 콜레스테롤과 지방산 연구의 콘라트 블로흐, 신경전달체계 연구의 액설로드, B형 간염 항원을 발견하고 백신을 개발한 바루크 블럼버그, 망막 변성 연구의 조지 월드, 면역 항체 연구의 제럴드 에델먼, 그리고 백혈병, 통풍, 말라리아 등 난치병 치료제를 개발한 거트루드 엘리언, 프리온을 발견한 스탠리 프루시너, 신경계 연구의 권위자 에릭 캔들과 폴 그린가드, G 단백질을 발견한 알프레드 길먼, 발암 유전자 연구의 해럴드 바머스, 그리고 가장 최근에 2011년 의학상 공동 수상자인 뷰틀러와 스타인먼, 2013년 수상자 제임스 로스먼과 랜디 셰크먼 등도 모두 유대인이다.

그리고 비록 노벨상을 받지는 못했지만 경구 피임약을 개발한 그레고리 핀커스와 소아마비 백신을 개발한 조너스 소크, 앨버트 세이빈의 업적 또한 크다고 하겠다. 프로이트의 동료였던 안과 의사 카를 콜러는 코카인의 마취 효과를 입증함으로써 수술용 국소마취의 새로운 장을 열었는데, 그 때문에 그는 코카 콜라라는 별명을 얻기도 했다. 프로이트 역시 한때는 코카인 연구에 몰두한 적이 있었지만, 코카인을 투여한 친구가 목숨을 잃는 바람에 실험을 포기했었다.

엔도르핀을 발견한 독일 태생의 영국 생물학자 한스 코스텔리츠도 유대인이다. 어디 그뿐인가. 비타민 가설을 최초로 내세워 구루병, 각기병, 괴혈병 등이 영양소 결핍에 의한 질환임을 주장하고 비타민이라는 용어를 처음으로 명명한 카지미르 풍크, 신경안정제 벤조디아제핀을 개발한 레오 스턴바크, 변연계를 포함한 뇌 연구의 개척자 칼 프리브람 교수, 심장병 연구의 권위자 리처드 빙, 피부병 치료제 개발의 앨버트 클리그만, 인간 게놈 프로젝트로 유명한 에릭 랜더, 인공심장을 개발한 미로우스키, 세계 최초로 쌍둥이 분리 수술에 성공한 소아외과 의사 애셔 메스텔, 디프테리아 검사법을 개발한 소아과 의사 벨라 시크, 인터페론 연구의 찰스 바이스만 등이 유명하다.

영국의 신경심리학자 올리버 색스는 다양한 저술 활동과 뛰어난 강의 솜씨로 명성을 날리고 있는데, 그의 저서 〈어웨이크닝〉을 토대로 페니 마샬 감독의 영화 〈사랑의 기적〉이 만들어졌다. 그는 이스라엘 정치가 아바 에반, 영화감독 조나단 린과는 사촌간이다. 그는 수줍음이 많아서 나이 80이 다 되도록 결혼도 하지 않고 독신을 고수하고 있다.

이처럼 수많은 유대인이 인류 건강을 위해 기여한 사실에 대해 사람들은 잘 모르고 있는 것 같다. 그들은 물론 유대인의 건강이 아니라 인류 건강을 위해 큰 업적을 이룬 것임에도 불구하고 사람들은 단지 정치적, 종교적, 인종적 차원에서만 유대인을 이해하려는 태도를 보이기 쉽다.

하지만 아이러니하게도 오랜 박해와 멸시를 받아 온 유대인들이야말로 인류의 수명을 연장하는 데 가장 결정적인 역할을 해 온 셈이다. 그리고 인간의 생명을 연장하는 데 가장 혁명적인 업적은 역시 페니실린의 발명과 안전한 수혈을 가능하게 만든 혈액형 연구에 있다고 하겠다. 이를 통해 수많은 인명을 살릴 수 있는 길이 열린 셈이기 때문이다. 백신의 발명 또한 질병 예방에 지대한 공로를 끼친 업적으로 이를 통해 어린 아동들의 사망률을 현저하게 줄일 수 있게 된 것이다.

이처럼 유대인 학자들에 의해 개발된 의학적 성과로 인해 인류는 속수무책으로 당하기만 했던 전염병의 공포에서 벗어나고, 수혈을 통해 외과적 수술이 가능하게 되었으며, 더 나아가 신경안정제를 통해 심리적 불안을 가라앉히고 비타민 섭취로 영양 문제를 해결할 뿐만 아니라 다양한 백신 개발로 질병 예방에도 덕을 보게 된 것이니 인류 건강을 위한 유대인의 숨은 공헌에 우리 모두는 큰 빚을 진 셈이다.

단적인 예로 란트슈타이너의 혈액형 연구로 인해 생명을 구한 사람들의 수가 적어도 10억은 될 것으로 추산되기도 하며, 더욱이 페니실린의 발명으로 약 8,000만 명에 달하는 사람들이 목숨을 구하고, 그뿐 아니라 그동안 고질병이었던 매독과 결핵, 소아마비, 간염 퇴치 등에도 유대인은 결정적인 공헌을 남겼다.

이처럼 인류 사회에 엄청난 공로를 남긴 유대인 과학자들 덕분에 인간의 수명은 놀라울 정도로 연장될 수 있었다. 더구나 이들이 아니었으면 제2차 세계대전의 승리도 장담하기 어려웠을지 모른다는 말까지 나올 정도다. 물론 오늘날에 와서는 항생제의 남용에 대한 사회적 비판의 목소리도 없는 건 아니지만 그것은 일단 위기를 넘기고 난 이후에 나오는 배부른 소리일 뿐이다. 남용의 문제는 사용자들의 책임이지 발명자의 책임은 결코 아니다. 교통사고로 숨지는 사람들이 그렇게 많아도 자동차를 발명한 다임러를 비난하지는 않듯이 말이다.

19세기까지만 해도 인간의 평균수명은 형편없이 짧았다. 그렇게 짧았던 이유 가운데 가장 큰 이유는 적절한 치료법의 부재와 높은 영아 사망률 때문이었다. 세계적인 유명 인사들 가운데도 결핵과 매독, 폐렴 등으로 숨진 인물들이 많았으며, 출혈일 경우는 100% 사망했다. 전염병일 경우에는 더욱 속수무책이었다. 밀림의 성자로 불리던 슈바이처 박사도 1913년 아프리카에 처음 갔을 때 겪은 어려움도 대부분 열대 풍토병 때문이었다. 지석영 선생이 우리나라 최초의 종두법을 시행한 것도 1876년이었으니 그 이전까지는 모든 전염병에 속수무책으로 당하기만 했었다.

그러나 20세기 들어 화학요법 및 항생제의 발달과 백신의 개발로 인해 질병 치료는 물론 예방에도 새로운 길이 열리게 되면서 인간의 수명이 대폭 연장되기에 이르렀다. 물론 거기에는 수많은 유대인 의학자들의 숨은 공로가 있었기에 가능한 일이었다. 특히 높은 영아 사망률을 낮추는 데 있어서 유대인 학자들의 공이 컸다.

원래 유대인들은 수천 년 전부터 아기가 태어나면 할례부터 치렀는데 이는 타민족에서 볼 수 없는 독특한 의식이었다. 그러나 이런 의식은 단순한 종교의식이라기보다는 철저한 위생 개념에서 비롯된 것으로 볼 수도 있다. 태어나면서부터 청결한 몸 상태를 유지함으로써 자손들의 번성을 유지하고 더 나아가 민족의 생존을 보장하기 위한 자구책이었던 셈이다. 그렇게 철저한 위생 때문에 그들은 타민족들이 온갖 전염병으로 쓰러져 갈 때조차도 멀쩡하게 버티고 견디어 낸 것이다. 그리고 자신들뿐만 아니라 인류 전체의 건강을 책임지는 뛰어난 의학자들까지 배출해 냈다.

물론 그들은 그 어떤 보상을 바라고 일생을 바쳐 연구에 몰두한 것도 아니다. 오로지 인류 평화를 위해 헌신한 것뿐이다. 바로 그런 점이 그들을 더욱 위대하게 만드는 요인이 아니겠는가. 아무런 대가를 바라지도 않고 단지 이웃을 위해 최선을 다해 공부하고 연구하는 일. 그처럼 고귀하고 위대한 일은 또 없을 것이다. 인간의 생명을 구하는 일은 무척 고귀한 일이다.

세상에는 수많은 의사들이 지금 이 순간에도 끊임없이 그런 수고에 땀 흘리고 있다. 그러나 대부분의 건강한 사람들은 그런 노력에 대해 별다른 고마움을 느끼지 못하고 살아간다. 왜냐하면 의술은 마치 공기나 물과 같은 존재이기 때문이다. 평소에는 그 고마움을 느낄 수 없지만 그 필요성을 절실히 느낄 때에만 아쉬움을 느끼기 때문이다.

물과 공기가 없으면 우리는 하루도 생존할 수 없다. 의술도 마찬가지다. 괴질이 발생할 때 의사가 없으면 그 집단은 패닉에 빠진다. 그리고 그 괴질이 퇴치되고 나면 사람들은 또다시 망각의 늪에 빠지고 만다. 그러나 세상에는 모든 사람들이 그런 망각에 빠져 있을 때도 두 번 다시 그런 괴질이 발생하지 않도록 연구에 전념하는 사람들이 있기 마련이다. 유대인 의학자들도 그런 사명감으로 어두운 실험실에서 일생을 바친 것이다.

오늘날 의학은 하루가 다르게 놀라운 속도로 눈부신 발전을 거듭하고 있는 중이다. 그러나 의학의 발전은 소수의 천재도 천재지만 그런 업적이 나올 수 있는 여건을 마련하는 일도 더없이 중요하다. 그런 점에서 우리나라는 의학 연구에 대한 지원이 그야말로 빈약하기 그지없다. 오늘날 우리나라는 성적이 우수한 인재들이 의대로 몰리고 있지만 그 주된 이유는 단지 먹고살 걱정이 없다는 이유 한 가지 때문이다. 그런 이유만으로는 의학의 발전이 이루어질 수 없다. 한때는 그런 이유 때문에 한의대 지원이 늘기도 하고 한때는 황우석 박사의 인기 때문에 수의학과 지원이 늘기도 했다. 이런 사회적 분위기에서는 의학의 발전도 국민의 건강 책임도 보장받기 어렵다.

아무리 나라가 부강해도 국민 건강이 보장되지 못하면 모래 위에 쌓은 성이 되기 쉽다. 그것은 신체적으로나 정신적으로나 다 마찬가지다. 질병 앞에서는 천하장사가 따로 없다. 개인도 그렇고 나라도 마찬가지다. 그런 점에서 의료의 평준화도 중요하겠지만, 자칫하면 질적인 수준의 저하로 인해 의학 자체의 발전은 기대하기 어려울 수도 있다. 모든 질병의 원인이 제대로 밝혀지지 못하면 치료법의 발전도 이루어질 수 없다.

아무리 현대의학이 발전했다고 하지만 수많은 질병의 원인은 아직도 미지수인 경우가 많다. 광우병 소동을 일으키며 촛불시위로 온 나라가 혼란에 빠진 것도 다 질병에 대한 무지 때문에 일어난 해프닝이 아닌가. 질병의 예방과 치료는 시위로 이루어지는 게 아니라 의학의 발전을 통해 이룩되는 것이다. 의학의 발전은 뒷전이고 쇠고기 수입을 막는 일에만 열중한다면 그것은 이미 금이 간 댐을 손으로 막았다는 전설적인 아이의 모습과 크게 다를 바 없다. 그러나 그것은 전설에나 나오는 이야기일 뿐이다. 근본적인 대책이 마련되어야 할 일이다.

의료수준의 고급화는 상당한 지원이 이루어지지 않으면 불가능한 일이다. 세상에 공짜는 없다. 그런데 사람들은 공짜를 너무 바란다. 평소에 아무리 점잖고 훌륭한 사람이라 하더라도 갑자기 큰 병에 걸리면 병원 응급실로 달려갈 수밖에 없다. 그러니 의학을 홀대하면 안 된다.

현대의학은 유대인 의학자들에게 큰 빚을 졌다. 인간의 수명도 그만큼 길어졌다. 그러니 유대인을 결코 무시해선 안 된다. 전통적으로 기독교 사회는 유대인을 예수 살해자라 해서 무시하고 인간 취급을 하지 않았다. 그래서 그들은 아무런 양심의 가책도 없이 수백만의 유대인을 살해했다.

그러나 그런 시련을 겪고도 살아남은 유대인 의학자들의 손에 의해 인류는 10억 이상의 생명을 구할 수 있게 되었으니 그들에게 감사한 마음을 갖는 것은 당연한 일이 아니겠는가. 집에서 기르는 개도 고마움을 아는데 고마움을 모르는 인간은 인간도 아니다.

영국의 유대계 정신분석학자 멜라니 클라인은 질투심을 극복하고 감사하는 마음을 지니는 일이야말로 인간의 성숙도를 나타내는 가장 중요한 지표라고 말한 적이 있다. 정곡을 찌른 말이 아닐 수 없다. 그런 점에서 볼 때 우리는 아직도 이런저런 이유로 부모를 보채거나 하는 어린아이 수준에 머물고 있는 미성숙한 사회에 살고 있는 셈이다.

유대인과 심리학

　심리학은 19세기 말에 처음 등장한 새로운 분야의 학문으로 인간의 마음과 행동을 과학적으로 연구하는 학문을 말한다. 물론 그 이전에는 인간의 심리에 대한 관심은 전적으로 성직자나 철학자들의 몫이었을 뿐이다. 아니 심리라기보다는 인간의 본질에 대한 관심이라고 하는 게 맞는 말이겠다. 그러나 유대인들은 인간의 정신을 탐색하는 형이상학적 차원뿐 아니라 인간 내면에서 이루어지는 심리적 현상 자체에 관심을 기울이고 학문적인 체계를 이룩하고자 했다. 그렇게 해서 유대인들은 지난 100여 년 동안 특히 심리학과 정신의학 분야에서 두드러진 활약을 보여 수많은 학자를 배출하기에 이르렀다.

　그중에서 대표적인 인물들을 꼽는다면 최면요법의 개척자 베른하임, 범죄심리학의 원조 롬브로소, 정신분석의 창시자 프로이트, 게슈탈트 심리학의 창시자 막스 베르트하이머와 쿠르트 코프카, 장이론의 사회심리학자 쿠르트 레빈, 개인심리학의 알프레드 아들러, 미국의 정신의학자 칼 메닝거, 자아심리학의 기초를 세운 하인츠 하르트만, 자기심리학의 하인츠 코후트, 인도주의 심리학의 에이브러햄 매슬로, 실존분석의 빅토르 프랑클 등이 특히 유명하다.

　그 외에도 게슈탈트 요법의 프리츠 펄스와 쿠르트 골드슈타인, 분석심리학의 에리히 노이만, 프랑크푸르트 학파의 에리히 프롬과 그의 아내 프리다 프롬-라이히만, 정체성 개념을 소개한 정신분석학자 에릭 에릭슨, 대상관계이론의 태두 멜라니 클라인, 아동심리학자 브루노 베텔하임, 인지심리학의 앨버트 엘리스, 발달심리학자 로렌스 콜버그, 산업심리학의 뮌스터버그, 긍정심리학의 마틴 셀리그만, 지능검사를 개발한 데이비드 웩슬러, 언어학자 노엄 촘스키 등 수많은 유대인 학자들을 들 수 있다.

많은 유대계 정신과 의사들 역시 다양한 분야에서 업적을 남겼는데, 사이코드라마를 통한 치료법의 창시자 모레노, 가족치료의 나단 애커만, 신경심리검사법을 개발한 로레타 벤더, 자폐증 연구로 유명한 레오 카너, 정신분열증 연구에 큰 업적을 남긴 실바노 아리에티, 교류 분석의 에릭 번, 인지치료의 아버지로 불리는 에런 벡, 행동치료의 조셉 울프, 반정신의학운동의 토마스 사스, 법정신의학의 대가로 미국 정신의학회 회장을 지낸 폴 아펠바움 교수, 집단정신치료 및 실존 정신치료의 어빈 얄롬 등이 있다.

인간 심리 분야에서는 그야말로 감히 넘볼 수 없는 막강 군단을 이루고 있음을 알 수 있다. 물론 근대 심리학의 아버지는 독일의 빌헬름 분트로 알려져 있다. 그는 전형적인 독일인 학자로서 라이프치히 대학 교수로 재직하는 동안에 세계 최초로 심리학 실험실을 열어 실험심리학의 기초를 닦은 장본인이다. 그러나 그는 어디까지나 생리적인 관점에서 인간 심리를 이해했으며, 정신의 실체를 인정하지 않았다. 따라서 겉으로 드러난 심리적 현상에만 관심을 기울였다. 그리고 분트의 이런 기본 태도는 오늘날에 와서도 심리학 분야에서 여전히 강력한 영향력을 행사하고 있다.

그러나 이에 대한 가장 큰 도전은 오스트리아의 유대인 의사 지그문트 프로이트에 의해 이루어졌다. 그는 인간 심리의 심층 세계를 탐색하면서 무의식의 존재를 밝혀내고 인간 정신의 전부라고 여겼던 의식 자체는 극히 일부에 불과하며 그보다 더 심층적이고도 광대무변한 무의식이 자리 잡고 있다는 이론을 내세워 기존의 심리학뿐 아니라 정신의학 체계의 뿌리부터 뒤흔들었다. 따라서 그가 창시한 정신분석은 서구 지성사에도 엄청난 지각 변동을 일으켰을 뿐만 아니라 당시 기독교 신앙과 막강한 무력을 내세워 전 세계를 제패함으로써 이루 말할 수 없는 자부심과 우월감에 가득 차 있던 서구인들에게는 일종의 폭탄선언이기도 했다.

물론 프로이트의 정신분석 이론은 처음부터 오늘날에 이르기까지 시종일관 독일 의학계에서는 찬밥 신세였다. 유대인이었기 때문에 의대 교수가 될 수 없었던 프로이트는 당시로서는 일개 개업의에 불과한 신분이었기 때문에 그가 아무리 학문적으로 혁신적인 이론을 내세웠다 하더라도 편견으로 가득 찬 독일 의학계는 그의 존재를 깡그리 무시한 것이다. 유대인 부인 때문에 독일에서 추방된 철학자 카를 야스퍼스조차도 프로이트의 존재를 무시할 정도였다.

그러나 심리적 원인에 의한 심리적 질환을 심리적 방법에 의해 치료한다는 프로이트의 정신분석은 그 후 다양한 정신치료법의 모태가 되어 이론뿐 아니라 임상적인 측면에서도 강력한 영향을 끼쳤다. 특히 정신치료의 불모지였던 미국 정신의학계에 끼친 영향을 실로 컸다. 프로이트는 영국으로 망명했지만 그를 따르던 대다수의 유대계 제자들은 미국으로 도피해 정신의학계를 지도하면서 학문적 기반을 확고히 다진 것이다. 실제로 초창기부터 오늘에 이르기까지 정신분석의 발전에 기여한 인물들의 절대다수는 유대인들이 차지하고 있는 게 사실이다. 그리고 그 명단을 보면 실로 쟁쟁하다.

　프로이트의 딸 안나 프로이트를 비롯해서 알프레드 아들러, 카를 아브라함, 페렌치 샨도르, 한스 작스, 빌헬름 슈테켈, 막스 아이팅곤, 게자 로하임, 파울 페데른, 오토 랑크, 테오도르 라이크, 베른펠트, 멜라니 클라인, 헬레네 도이치, 빌헬름 라이히, 쿠르트 아이슬러, 아브라함 브릴, 하인츠 하르트만, 산도르 라도, 에른스트 크리스, 뢰벤슈타인, 프란츠 알렉산더, 하인츠 코후트, 에릭 에릭슨, 마가렛 말러, 오토 페니켈, 마이클 발린트, 르네 스피츠, 조셉 샌들러, 그리고 현재까지 생존하고 있는 오토 컨버그에 이르기까지 유대인 분석가들의 활약상은 실로 눈부시다.

　이처럼 유대인들은 새로운 정신 이론 및 치료 분야에서도 그야말로 독보적인 업적을 남긴 셈이다. 정신분석 이론은 정신의학 임상뿐만 아니라 예술과 종교, 사회학, 역사학, 법학, 인류학, 정치학 등 다양한 분야에도 엄청난 영향을 끼쳤으며, 지금까지도 숱한 논쟁의 중심을 이루고 있는 실정이다. 특히 종교에 대한 태도는 아직까지도 논란의 대상거리다. 스스로 무신론자임을 공언한 프로이트의 태도뿐 아니라 종교를 개인적 욕망과 환상의 투사로 인한 일종의 강박신경증으로 바라본 그의 제자 테오도르 라이크의 해석은 기독교 사회의 강한 반발을 불러일으켰다. 교황 비오 12세가 프로이트의 정신분석에 대해 인간 심성을 마비시키는 타락한 학문으로 비난하는 특별성명을 따로 공표할 정도였다.

　문제는 거기서 끝나지 않았다. 프로이트는 노동자들의 천국을 꿈꾸는 소비에트 사회마저 신경증의 발로라고 일축했으니 그 후 소련에서 정신분석을 반동적 학문으로 간주하고 영원히 추방한다는 선언이 나오게 된 것도 당연한 결과였다. 그렇게 해서 프로이트의 정신분석은 나치 독일과 소련 사회에서 모두 숙청당했을 뿐만 아니라 기독교 사회에서마저 경원시되었다. 그야말로 사면초가에 처한 입장이었다. 결국 정신분석이 몸담을 곳은 영국과 미국 등 자유민주사회밖에 없었으니 그 운명은 유대인의 운명과 하나도 다를 게 없었다.

  그러나 정신분석이 정신의학에 끼친 공헌은 실로 엄청나다. 특히 정신병리의 이해와 정신치료 부분에서 현대 역동정신의학의 꽃을 피운 사실은 잘 알려진 사실이다. 물론 그런 발전의 배경에는 나치를 피해 대거 미국으로 망명했던 유대계 분석가들의 공로가 컸다. 비록 프로이트는 나치에 의해 추방되어 런던으로 망명했지만, 그의 네 누이들은 모두 아우슈비츠 수용소에서 죽었다.

  하지만 프로이트를 더욱 가슴 아프게 만든 사실은 한때 자신의 후계자로 지목해 국제정신분석학회 초대 회장직까지 맡겼던 스위스의 독일계 분석가 카를 융의 배신이었다. 물론 융은 학문적 견해 차이로 프로이트와 결별하고 자신의 독자적인 학파 분석심리학회를 만든 것으로 알려져 있지만, 그는 이미 나치 독일에 이념적으로 동조하는 입장을 보여 공개적으로 유대심리학의 학문적 열등성과 아리안 심리학의 우월성을 주장하는 등 인종주의적 관점에서 프로이트의 업적을 노골적으로 평가절하했다.

  프로이트는 런던에 망명한 지 채 일 년도 못 되어 세상을 뜨고 말았지만, 그의 후계자들은 런던과 뉴욕을 중심으로 계속해서 학문적 이론 발전에 크게 공헌했다. 멜라니 클라인은 대상관계이론의 기초를 쌓았고 안나 프로이트와 하르트만은 자아심리학의 기둥을 세웠다. 에릭 에릭슨은 사회성 발달이론의 확립에 새로운 이정표를 세우고, 코후트는 자기심리학을 창시함으로써 정신분석 이론에 새로운 혁명을 일으켰다.

마가렛 말러는 분리개별화 과정을 통한 유아 심리 발달의 이해에 새로운 지평을 열었으며, 다양한 저술 활동으로 명성을 날린 에리히 프롬은 정신분석 이론을 통해 사회현상을 이해하는 데 일생을 바쳤다. 그는 자본주의사회를 날카롭게 비판하는 가운데 이상적인 사회주의 건설을 위한 목적으로 프로이트와 마르크스를 접목하려 애쓴 인물이기도 하다.

괴짜 분석가 빌헬름 라이히 역시 아들러와 마찬가지로 한때는 공산주의 이념에 기울어 평등 정신에 입각한 성 혁명을 주도하는 등 여권운동에 지대한 영향을 주었지만, 나치를 피해 미국으로 망명한 이후에는 반공주의자로 변신해 스탈린의 관료독재를 맹렬히 비난했다. 그러나 말년에는 편집증적 모습을 보이는 등 정신건강에 이상 징후를 보였으며, 오르곤 박스를 개발해 만병통치 의료 장비라고 선전함으로써 FDA에 의해 제소당한 결과 연방교도소에 수감되어 그곳에서 세상을 떠났다.

인도주의 심리학을 내세운 에이브러햄 매슬로는 어린 시절 반유대주의에 상처를 입었던 인물로 그 때문에 특히 자아실현 및 심리적 성장에 초점을 맞추어 병리적 현상에 치우친 기존 심리학의 풍조에 비판적 입장을 보였다. 그는 에릭슨과 더불어 미국에서 가장 존경받는 심리학자로 알려져 있다.

벨라루스 태생의 레프 비고츠키는 소련의 심리학자로 모스크바 대학 재학 중에 러시아 혁명을 겪었다. 10년 정도에 불과한 짧은 연구 기간 동안 발달심리학의 기초를 쌓았으나 결핵에 걸려 37세라는 젊은 나이로 요절함으로써 심리학계의 모차르트로 불리기도 한다. 스탠리 밀그램은 미국의 유대계 사회심리학자로 권위에의 복종 실험으로 알려진 밀그램 실험을 통해 상당한 사회적 파문을 일으켰다. 이 실험은 나치 독일이 자행한 홀로코스트에서 영감을 받아 이루어졌다고 한다. 파문이 커지면서 하버드대가 그의 교수 승진을 거부하자 그는 뉴욕 시립대로 옮겨 연구를 계속하다 심장마비를 일으켜 51세 나이로 세상을 떴다.

노엄 촘스키는 비록 언어학자지만 인간의 언어활동은 전적으로 학습된 결과라고 주장한 스키너의 행동심리학을 신랄하게 비판함으로써 격심한 논쟁을 불러일으킨 것으로도 유명하다. 무정부주의 정치철학자이기도 한 그는 현재까지 매사추세츠 공대 언어학과 교수로 재직하면서 인권운동에도 뛰어들어 지금은 미국을 대표하는 전형적인 진보 좌파 지식인으로 대접받고 있다. 특히 미국이 주도하는 자본주의를 맹렬히 비난해 수차례 테러 위협을 받기도 했다. 프랑스의 유대계 인류학자 클로드 레비스트로스가 이룩한 구조인류학은 라캉을 포함한 프랑스 정신분석학계에 지대한 영향을 끼쳤지만, 정작 그 자신은 정신분석에 별다른 관심을 보이지 않았다.

지금까지 살펴본 바와 같이 인간의 심리를 심도 있게 탐색한 인물들 가운데에는 유대인 학자들이 거의 독보적인 위치를 차지하고 있음을 알 수 있다. 여기에는 그 나름대로 이유가 있을 법한데, 무엇보다도 상대의 심리를 파악하는 일이 유대인에게는 매우 중요한 과제였기 때문일 것으로 판단된다. 단지 중요한 일에 그치지 않고 그것은 생사 여부가 달린 문제인 동시에 그들의 생업에도 관련된 핫이슈였을 것이다.

전통적으로 유대인의 생업은 장사였다. 물건을 사고팔고 거래하는 일이야말로 자신들의 생존이 달린 문제였으며, 걸핏하면 살던 곳에서 쫓겨나고 죽임까지 당하는 한 치 앞을 볼 수 없는 매우 불안정한 생활의 연속이었던지라 정확한 정보 획득에도 결코 소홀할 수가 없었다.

그동안 세상에서 가장 정확하고 빠른 정보는 가톨릭 사제들이 쥐고 있었다. 일사불란한 보고 체계와 고해성사를 통해 온갖 정보를 독점해 왔기 때문이다. 그러나 그에 못지않게 유대인들 역시 세상 돌아가는 흐름과 민심의 동태에 항상 예의주시하며 살았다. 여차하면 어디론가 튀어야 목숨을 보존할 수 있었기 때문이다.

그러니 그들은 사람들의 심리에 남다른 민감성과 촉각을 곤두세우는 버릇을 오랜 세월 몸에 익히게 된 것이다. 물론 그런 습관은 다 살아남기 위한 불가피한 결과였다. 전투에서 제일 먼저 죽는 자는 남다른 용기와 의협심이 강한 사람이거나 행동이 둔하고 민첩하지 못해 상황 판단을 제대로 하지 못하는 사람이라고들 말한다.

유대인은 오로지 살아남는 일에 필사적으로 매달린 민족이다. 그들은 결코 남보다 앞장서는 법이 없다. 그렇다고 맨 뒤에 처지지도 않는다. 이 모두가 살아남기 위한 고육책이다. 그들이 인간 심리의 달인이 된 것은 결코 우연의 결과가 아님을 알 수 있다. 유대인들이

상술에 능하고 외교술의 달인이며, 심리학의 대가들이 많은 이유는 결국 오랜 세월 살아남기 위해 스스로 터득한 생존법의 덕분이다.

그러나 무엇보다도 인간 심리의 모순과 불완전성 때문에 가장 큰 피해를 입었던 유대인들로서는 그 누구보다도 인간 심리의 불합리성에 주목하고 그 근원을 탐색하고자 하는 열망에 사로잡히기 쉬웠을 것이다. 프로이트의 정신분석도 그런 배경에서 탄생하게 된 게 아니겠는가. 그러니 서구인들이 정신분석을 그리 달가워하지 않는 이유를 이해할 만도 하겠다. 정신분석은 아픈 곳을 찌르는 해석을 통해 깨달음을 얻도록 돕는 치료라는 점에서 더욱 그렇다. 그러나 유대인들은 그런 아픔에 익숙한 민족이다. 그리고 그런 뼈아픈 자기성찰을 통해 성장을 거듭하고 그 결과 오늘날의 놀라운 업적을 쌓은 것이다.

유대인 혁명가

모든 혁명은 부조리한 세상을 일시에 변화시키고자 하는 동기에서 비롯되는 가장 극단적인 시도다. 한마디로 말해서 농부가 밭을 갈아엎듯이 세상을 확 뒤집어엎는 일이다. 더이상 참고만 살지 못하겠으니 모든 걸 뒤엎고 새로운 세상을 만들어 보자고 하는 일이다. 천지개벽은 아니더라도 잘못된 세상을 바로잡는다는 점에서는 바람직한 일이기도 하다.

그러나 모든 혁명은 피를 부르기 마련이다. 그런 이상에 부풀어 온갖 희생을 무릅쓰고 혁명의 불길을 지피고자 온몸을 던진 인물들 가운데 유대인 혈통을 이어받은 레닌과 트로츠키, 그리고 피의 로자로 불렸던 로자 룩셈부르크가 있었다.

붉은 엠마로 불리던 미국의 엠마 골드만은 가장 극단적인 아나키스트로 모든 권위적인 지배구조 자체를 거부했다. 연약한 여성의 몸으로 동시대의 많은 남성들에게 위협적인 존재로 비칠 만큼 두려움을 안겨 준 로자와 엠마는 유대인 여성 가운데 가장 극단적인 반체제 인사들이었다.

이들 여성뿐 아니라 볼셰비키 혁명을 주도한 레닌과 트로츠키에 가담하여 초기 소비에트 사회를 이끌었던 주축 멤버들의 절대다수도 역시 유대인이 차지하고 있었다. 카가노비치, 지노비예프, 카메네프 등이 바로 그 핵심 멤버들이었다. 혁명 직후 레닌이 주도했던 인민위원회의 80%가 유대인으로 당시 그루지아 출신의 스탈린은 오히려 말단 구석을 차지하고 있던 소수파에 불과했다. 그러나 레닌은 자신의 후계자를 지명하지 않고 갑자기 뇌졸중으로 쓰러져 사망하고 말았다. 트로츠키의 주장으로는 레닌이 죽을 때 유언을 통해 자신을 후계자로 지명했다고 우겨 댔지만, 스탈린은 그의 말을 묵살하고 곧바로 숙청해 버렸다.

트로츠키의 해외 망명은 결국 유대인 주도의 혁명 세력이 몰락했음을 알리는 전조였다. 스탈린이 권력을 장악하자 유대인에 대한 피의 숙청이 대대적으로 벌어졌다. 스탈린의 하수인이 되어 유대인 혁명동지들을 체포하고 고문한 비밀경찰 조직의 우두머리 야고다 자신도 같은 유대인이었지만, 그 역시 스탈린의 의심을 사서 결국에는 총살당하고 말았다. 심지어 멕시코에 망명 중이던 트로츠키조차도 스탈린이 보낸 자객에 의해 무참하게 살해됐다. 당시 트로츠키와 교분을 나누던 멕시코의 여류 화가 프리다 칼로는 암살 가담 혐의로 경찰의 조사를 받기까지 했지만 무혐의로 풀려나기도 했다. 칼로는 열성적인 스탈린 숭배자였기 때문이다.

반면에 독일에서 스파르타쿠스단을 이끌고 사회주의 혁명을 이루고자 했던 로자 룩셈부르크는 백주 대로에서 우익 청년들의 테러를 당해 목숨을 잃고 말았다. 그녀의 시체는 곧바로 강물에 내던져졌다. 실로 비참한 말로였다. 독일 사회민주당의 일원이었던 수수께끼의 인물 파르부스는 부유한 유대인 사업가로 독일 정부의 비밀 정보요원으로 활약한 인물이다. 그의 주선으로 마련된 봉인 열차를 타고 스위스에 망명 중이던 레닌 일행이 러시아로 잠입할 수 있었다. 파르부스가 아니었으면, 레닌과 트로츠키가 주도한 볼셰비키 혁명은 성공하지 못했을 수도 있었다. 일종의 멍석을 깔아 준 장본인은 파르부스였던 셈이다.

20세기는 그야말로 혁명의 시대였다. 러시아에서 불붙기 시작한 혁명의 열기는 마치 들불처럼 전 세계로 퍼져 나갔다. 특히 아시아와 중남미는 사회주의 이념의 확산으로 몸살을 앓았다. 유일하게 흔들리지 않은 사회는 오랜 종교적 전통에 물든 인도와 이슬람 세계뿐이었다. 그러나 문제는 이념 자체에 있다기보다 혁명의 주체가 누구였는가에 더욱 좌지우지되었다는 점에 있었다. 다시 말해서 누구에 의한 누구를 위한 혁명인가에 달렸다는 말이다.

일찍이 마르크스의 〈자본론〉에 감명을 받아 온건 좌파 단체인 페이비언 협회에 가담하기도 했던 극작가 버나드 쇼는 말하기를, "모든 혁명이 이룩하는 것은 억압의 짐을 한쪽 어깨에서 다른 어깨로 옮겨 놓을 따름이다."라고 냉소했다. 양심적인 좌파 인사로서 내뱉은 신랄한 야유였던 것이다. 그의 말은 곧 불완전한 심성의 소유자들에 의해 주도된 혁명의 결과가 어땠는지 실제로 벌어진 현실을 목격하고 내뱉은 탄식의 일성이 아니겠는가.

그러나 모든 혁명의 불씨를 일으킨 장본인이었던 카를 마르크스 자신은 독일에서 추방되어 여기저기를 전전하며 매우 궁핍하게 살았다. 1847년 런던에서 엥겔스와 함께 발표한 〈공산당선언〉은 공산주의 혁명운동의 기초가 된 선언으로 그의 〈자본론〉과 더불어 마르크스의 이름을 전 세계 대중들의 뇌리에 분명히 각인한 결과를 낳았다.

마르크스는 비록 유대인이었지만, 정통 유대교나 기독교 어디에도 속하지 않는 방관자적 입장에서 종교를 비판하기도 했는데, 기독교 사회에 엄청난 파문을 던졌던 '종교는 민중의 아편'이라는 그의 말도 사실은 종교 자체를 부인한 게 아니라 모든 종교의 현실도피적인 성향을 비판한 것일 뿐이다. 그런데 계급투쟁을 선언한 그는 역설적이게도 귀족의 딸과 결혼했으며, 재벌의 아들인 엥겔스의 도움을 받아 생계를 꾸려 갔을 뿐만 아니라 그의 두 딸은 나중에 자살하고 말았다. 게다가 그는 아내가 데리고 온 하녀와 관계를 맺어 아이까지 낳았다는 소문에 시달려야 했다.

이렇게 마르크스 일가는 결국 콩가루 집안이 되고 말았지만, 마르크스의 이념을 계승해 실제로 공산주의 혁명을 완성한 레닌은 러시아인 아버지와 유대인 혈통의 어머니 사이에서 태어나 일찍감치 혁명 활동에 뛰어들었는데, 그 직접적인 계기는 그의 형이 러시아 황제 암살 음모에 연루된 혐의로 교수형에 처해진 사건이었다.

레닌의 외조부 모쉬코 블랑크는 주류 판매업을 하던 유대인 상인으로 온갖 불법행위로 수차례나 고소를 당한 인물인 데다가 동족을 배신하고 오히려 반유대주의를 부추긴 장본인이기도 했다. 그의 딸 마리아 블랑크는 일리야 울랴노프와 혼인해 아들 레닌을 낳은 것이다. 그러나 소련 정부는 이런 사실을 오랜 기간 비밀에 부쳤다. 혁명의 상징적 인물인 레닌만은 영원히 신성한 존재로 남아 있어야 했기 때문이다.

그런데 러시아의 역사학자 볼코고노프에 의하면, 소비에트 전체주의의 진정한 아버지는 스탈린이 아니라 레닌이라는 주장이다. 왜냐하면 레닌이야말로 테러와 감시 체제의 기틀을 마련한 장본인이며, 이름만 들어도 애들이 울음을 뚝 그칠 정도로 극심한 공포의 대상이었던 비밀경찰 조직 체카의 창설자이기도 했기 때문이라는 것이다. 어디 그뿐인가. 황제 일족을 처형하도록 지시한 것도 레닌이며, 모든 교회에 대한 무자비한 공격과 지주 소유의 토지를 몰수하는 과정에서 보여 준 폭력적 권력 남용의 배후도 레닌이었다는 주장이다.

레닌의 오른팔이었던 트로츠키 역시 유대인으로 적군을 창설한 장본인이며, 볼셰비키당의 지도자였다. 레닌과 함께 10월 혁명을 성공시키고 곧이어 터진 러시아 내전에서 백군을 물리치고 당당히 승리로 이끌었다. 다만 그에 대한 이미지는 천사와 악마의 이미지가 혼합되어 있다. 비록 지적인 면에서는 레닌과 스탈린을 능가했지만 불행히도 그에게는 덕이 부족했다. 그는 고통 분담에는 자신을 돌보지 않고 온몸을 내던지며 헌신적인 태도를 보인 반면에, 투쟁의 결과를 함께 나누는 데는 인색하기 짝이 없었기 때문이다. 결국 그는 동료들로부터도 인심을 잃고 고립을 자초한 셈이다.

반면에 조지아 출신의 스탈린은 편집증적 냉혈한으로 공포와 회유의 양동작전에 능숙한 인물이었는데, 혁명을 주도하고 실권을 장악한 유대인들의 제거에 혈안이 되다시피 했다. 고지식하고 융통성이 부족한 트로츠키로서는 스탈린의 간교하고도 음흉한 전략을 당해 낼 재간이 없었다. 결국 당에서 제명되어 멕시코로 망명한 트로츠키는 계속해서 스탈린에 대해 혁명의 무덤을 파는 자로 맹비난을 퍼부었으나, 스탈린이 보낸 자객의 손에 암살당하고 말았다. 그렇게 트로츠키는 한때 그의 정적이기도 했던 유대계 온건파 사회주의자 마르토프와 함께 역사의 뒤편으로 영원히 사라지고 말았다.

한편 레닌의 추종자였던 유대계 혁명동지 카메네프와 지노비예프, 소콜니코프 등은 트로츠키의 폭력주의에 반대하고 스탈린과 손을 잡았으나 결국에는 이용만 당하고 숙청당하고 말았으며, 독일에서 혁명운동을 벌였던 유대인 칼 라데크 역시 스탈린의 지시로 무참하게 살해당했다. 유일하게 살아남은 유대인 혁명가는 스탈린 측에 붙어 자신과 같은 유대인을 상대로 무자비한 학살을 주도했던 카가노비치로, 그래서 그에게는 '크렘린의 늑대'라는 별명이 붙여졌다. 그는 스탈린 사후에도 운 좋게 살아남아 소련이 붕괴되기 직전인 1991년에 이르기까지 98세라는 장수를 누리다가 세상을 떴다.

유대인들은 어째서 공산주의 사상에 그토록 집착했을까. 그것은 엄밀히 말해서 보다 체계적인 이상과 이념에 바탕을 둔 노예 반란이었다. 못된 주인을 내쫓은 하인들이 그 재산을 골고루 나눠 갖는 일이나 지주를 몰아낸 소작농들이 그 땅을 차지하는 일은 모두 평소에는 상상도 할 수 없던 혁명적인 사건인 셈이었다. 그러나 사실 유대인들은 자신들의 땅에서 쫓겨난 이후 수천 년간 노예나 다름없는 비천한 신분으로 밑바닥 인생을 살았다. 그 수모와 굴욕은 대를 이어가면서 불공정한 세상에 대한 불신은 날이 갈수록 깊어져만 갔다.

하지만 비굴하게 복종만 하고 사는 자신들의 처지에 대한 반발이 고개를 들기 시작했으니 그 결정적인 계기는 19세기 말에 터진 드레퓌스 대위 사건이었다. 그 이전까지 유대인들은 세상을 바꾼다는 발상 자체를 갖고 있지 못했다. 그저 주어진 환경에 어떻게든 적응해 살아가는 게 더욱 큰 과제였기 때문이다. 그러나 유대인 드레퓌스 대위가 억울하게 간첩 누명을 쓰고 죽음의 섬에 유배되는 일을 당하게 되자 오스트리아의 유대인 출신 헤르츨은 조국이 없는 아픔과 슬픔을 뼈저리게 느끼고 곧바로 시오니즘 운동을 일으키게 된 것이다.

헤르츨은 민족 주체성을 일깨우며 자신들의 옛 조국을 다시 재건하고자 힘썼으나 처음부터 그 일은 결코 수월치가 않았다. 우선 서구 열강들의 반응이 냉소적이었으며, 유대인 사회 내에서도 의견이 서로 양분되었기 때문이다. 수천 년간 잊고 살던 조국 이스라엘을 새로 건국한다는 발상 자체부터가 비현실적이라는 회의론에다가 그러느니 차라리 자신들이 터를 잡고 살고 있던 세상 자체를 바꾸는 일이 더욱 현실적으로 빠를 것이라는 혁명론자들의 주장도 만만치가 않았다.

그리고 결국 이스라엘이 건국하기 30년 전에 이미 레닌과 트로츠키는 볼셰비키 혁명에 성공하고 노동자들의 천국인 소비에트 사회를 건설함으로써 자신들의 주장이 옳았음을 입증해 보인 것이다. 더군다나 대다수의 유대인들은 백인들의 박해를 피해 팔레스타인이 아니라 미국행을 선택했다. 백인뿐만 아니라 아랍인도 믿을 수가 없었기 때문이다. 그리고 그들의 예상은 적중했다. 이스라엘은 새로 독립을 선언하자마자 아랍인들의 무차별 공격을 받기 시작했기 때문이다. 그렇게 해서 중동은 지구상에 새로운 불씨가 되었다.

그러나 오늘날에 이르러 유대인에 의한 시오니즘도 러시아 혁명도 모두 지나간 과거일 따름이다. 시오니즘은 이미 이룩되었고 소비에트 사회는 이미 무너져 지구상에서 사라져 버린 지 오래다. 한 시대를 뒤흔들었던 이들 사건은 결국 절박한 심정에 놓였던 유대인들에 의해 벌어진 일들이었다. 그런데 그들의 혁명적인 기질을 물려받은 후예 가운데 다니엘 콘벤디트처럼 1968년 파리에서 5월 혁명을 주도함으로써 결국 드골 정권을 무너뜨린 인물도 나왔으니 유대인의 반골 기질은 그야말로 혀를 내두르게 한다.

나폴레옹 전쟁 덕분에 오랜 게토 생활에서 잠시 벗어날 수 있었던 유대인들이 감히 세상을 바꾸겠다는 야망을 가지게 된 것은 전적으로 마르크스의 영향 때문이었다. 그리고 그들의 야망에 가장 큰 걸림돌로 작용한 것은 오히려 시오니즘이었다. 하지만 결과적으로는 시오니즘의 승리였다. 한때나마 수많은 유대인을 들뜨게 만들었던 공산주의 사회는 결국 스스로 무너지고 말았기 때문이다.

유대인 여성들

인류 역사상 20세기에 활동한 유대인 여성들만큼 억척스럽고 반항적인 기질을 드러내 보인 여성들도 그리 흔치는 않을 것이다. 동시대의 다른 여성들에 비해 그녀들이 펼친 활약상을 살펴보면 그야말로 혀를 내두를 정도다. 특히 사상, 철학, 문학, 심리학, 의학, 여권운동 분야에서 그녀들은 두드러진 활동을 보였는데, 여성들의 대학 교육 참여가 매우 드문 시절에도 유대인 여성들은 일찌감치 신교육의 혜택을 받고 적극적으로 사회 활동에 뛰어드는 용기를 보였다.

단적인 예로 정신분석 초창기부터 오늘날에 이르기까지 남성들을 능가하는 업적을 쌓은 여성 분석가들의 대다수가 유대인이었음을 볼 때, 그녀들의 남다른 학구열과 승부욕을 알 수 있다. 물론 유대인 사회에서 오래전부터 널리 알려진 여성의 이름을 보더라도 그녀들의 적극성을 엿볼 수 있겠다. 가장 대표적인 인물로는 유대인 동족을 위기에서 구한 에스더 왕비와 홀로 적진에 들어가 적장을 죽이고 돌아온 유딧을 들 수 있겠다. 우리로 치면 임진왜란 때 적장과 함께 죽음을 선택한 논개나 계월향과 같은 애국 여성들인 셈이다. 적장의 목을 베어 죽인 담대한 유대인 여성 유딧은 서양 화가들의 단골 소재가 되기도 했는데, 가장 유명한 것으로는 카라바조, 보티첼리, 티치아노, 젠틸레스키, 고야, 클림트의 작품을 들 수 있다. 하지만 정작 벨라스케스, 피사로, 모딜리아니, 수틴, 샤갈, 루시언 프로이드 등의 유대인 화가들은 유딧의 주제를 다룬 적이 없다.

뛰어난 미모 덕분에 페르시아 왕비로 간택된 유대인 여성 에스더는 몽골군에 의해 공녀로 끌려갔다가 원나라의 왕비 자리에까지 오른 고려 여인 기황후를 연상케 하지만, 동족에 대한 두 여성의 태도는 전혀 달랐다. 우선 기원전 5세기에 생존했던 에스더는 페르시아 제국에 잡혀 온 유대인 고아였으나 페르시아 왕의 눈에 들어 왕비가 되었다. 그 후 대신 하만의 유대인 학살 계획을 알고 왕에게 간청해 자신의 동족을 살리는 공을 세웠는데, 이를 기념하여 그때부터 유대인은 부림절의 전통을 지키게 되었다고 한다. 반면에 원나라 마지막 황제 혜종의 왕비였던 기황후는 동족을 구한 에스더와는 달리 오히려 몽골 군대를 동원하여 자신의 모국인 고려를 정벌하도록 했는데, 당시 고려 국정을 농락하며 권세를 부리던 오빠 기철을 공민왕이 응징하자 그녀는 혜종을 설득해 고려에 대한 복수를 시도한 것이다. 하지만 그녀가 보낸 몽골군은 최영과 이성계가 이끄는 고려군에 대패하고 말았다. 결국 기황후는 명나라 군사에게 포로로 잡힌 후 이듬해에 죽었다.

유대인 사회에는 에스더나 유딧처럼 남다른 용기를 보인 애국 여성들도 있었지만, 사실 유대인의 전통적인 어머니상은 우리의 모성상과 크게 다르지 않다. 자식들에게 헌신적이고 모든 희생을 마다하지 않는 그런 어머니들이다. 비록 자신들은 변변한 교육 한번 제대로 받아 보지 못했더라도 자식들에 대한 교육열만큼은 남달리 뜨겁다는 점도 비슷하다. 다른 점이 있다면 신앙심 정도가 아닐까.

모든 영웅의 배후에는 여성이 있다고도 하지만 모든 유대인 천재들의 배후에는 어머니의 존재가 있었다고 해도 과언이 아닐 것이다.

그러나 장남 위주의 남아선호 사상으로 인해 딸들의 입장에서는 보이지 않는 불만과 반항심, 그리고 강한 시기심과 경쟁심을 불러일으키기 쉬웠을 것이다. 게다가 과거의 정통 유대교 집안에서는 딸들에 대한 교육은 꿈도 꿀 수 없는 사치였을 뿐이다. 남다른 지적 호기심을 지닌 딸들로서는 어찌 불만을 느끼지 않겠는가.

동서를 불문하고 가부장적 전통사회가 키워 낸 바람직한 여성상은 곧 정숙한 요조숙녀요 품위 있는 레이디였다. 그 어떤 모임에서나 첫 인사말은 신사 숙녀 여러분으로 시작하기 마련이다. 신사와 숙녀는 교양 있는 남녀를 가리키는 말이다. 동양식으로 말하면 선비 정신과 열녀 정신 정도가 되겠다.

우리 사회도 오랜 세월 남녀칠세부동석이라 해서 남녀유별, 부부유별을 특히 강조했다. 그러나 개화가 이루어지면서 삼강오륜도 무너졌듯이 유대인 사회도 게토에서 해방되고 어느 정도 사회적 진출이 가능해지면서 여성들의 자의식도 크게 자라나게 되었다. 우선 교육의 문이 개방되면서 마치 물 만난 고기처럼 그동안 억눌리기만 했던 여성들의 재능이 마음껏 발휘되기 시작한 것이다.

그런 유대인 여성들 가운데 가장 먼저 사회적으로 두드러진 활동을 펼친 인물로는 독일의 사회운동가 베르타 파펜하임을 들 수 있다. 프로이트의 동료 브로이어에게 치료받은 환자 안나 오로 알려진 그녀는 불우한 여성들을 돕는 사회 사업에 일생을 바침으로써 독일 우표에까지 그 얼굴이 실릴 정도로 헌신적인 활동을 보였다.

물론 로자 룩셈부르크나 엠마 골드만처럼 극단적인 사회혁명을 꿈꾼 여성들도 있었지만, 테레사 말키엘, 시몬 베유, 두나예프스카야, 베티 프리던처럼 이념적 철학 또는 노동운동을 통해 사회를 변혁하고자 노력한 여성들도 있다. 특히 1909년 말키엘이 주도한 뉴욕의 의류업계 대파업에는 영어가 서투른 수많은 유대인 여성 노동자들이 가담해 미국 전역을 뒤흔들었다. 그러나 곧이어 러시아에서 볼셰비키 혁명이 일어나자 공산주의를 경계하는 미국 내 사회 분위기 탓에 말키엘의 존재는 사람들의 기억에서 점차 사라져 갔다. 그러나 현대에 이르러 그런 전통은 베티 프리던이 전개한 여권운동을 통해 그 맥을 이어 나가고 있다.

독일에서는 폴란드 태생의 유대인 여성 로자 룩셈부르크가 나타나 사회주의 혁명의 기치를 내걸고 맹렬히 투쟁을 벌였다. 피의 로자로 불렸던 룩셈부르크는 붉은 엠마로 불렸던 골드만과 더불어 역사상 가장 급진적인 혁명운동가의 반열에 오른 유대인 여성이다. 로자 룩셈부르크는 어려서부터 골반염을 앓아 다리를 저는 절름발이였으나 머리가 매우 명석하고 총명한 소녀였다.

남달리 조숙했던 그녀는 이미 16세 소녀 시절부터 반유대주의와 사회적 부조리에 대한 의식에 일찍 눈뜨고 혁명 활동에 가담하기 시작했다. 바르샤바 여고를 수석으로 졸업한 그녀는 정치적 불온사상을 지녔다는 이유로 금메달을 타지 못했을 뿐 아니라 지하 혁명운동 활동이 발각됨으로써 시베리아 유형에 처할 위기를 맞았다.

스위스로 도피한 그녀는 취리히 대학에서 정치경제학을 공부하며 러시아에서 망명한 혁명가들과 교분을 가졌다. 그 후 독일로 잠입한 그녀는 탁월한 이론과 웅변술로 두각을 나타내기 시작했다. 여러 차례 투옥을 반복하면서도 그녀는 스파르타쿠스단을 중심으로 독일공산당을 이끌며 대중 파업을 계속 주도했으나 우익 세력으로부터는 극렬 파괴 분자, 잔인한 절름발이 계집, 피의 로자, 늙은 창녀 등의 별명으로 불리며 온갖 악선전과 비방에 시달렸다.

우리나라에서 기미독립운동이 벌어지기 직전인 1919년 1월, 그녀가 주도한 스파르타쿠스단의 봉기가 실패로 돌아가면서 그녀는 우익 테러단 청년들에 붙들려 군용트럭에 실려 호송 도중 무참히 살해된 후에 운하에 내던져졌다. 심하게 부패한 그녀의 시신은 4개월 후에나 가서야 발견되었다. 로자는 그렇게 48세 나이로 세상을 등지고 말았다.

엠마 골드만은 리투아니아 태생의 유대인으로 태어날 때부터 게토에서 힘겹게 살았다. 십 대 소녀 시절부터 이미 혁명운동에 가담해 러시아 당국에 체포되기도 했다. 새로운 세상을 원한 그녀는 16세의 어린 나이로 미국행을 결심하고 뉴욕항에 발을 내딛었으나 그곳 생활마저 예상을 빗나가는 밑바닥 인생의 반복일 뿐이었다. 그렇게 해서 그녀는 무정부주의적 대중 파업 운동에 뛰어들어 노동자들을 선동하고 심지어는 공장주 살해를 기도하기도 했다. 결국 그녀는 경찰에 체포되어 감옥에 갔는데, 매킨리 대통령 암살 음모 혐의에 연루된 그녀가 감옥에서 전달한 메시지는 그녀의 독설이 과연 어느 정도인지 짐작게 하고도 남음이 있었다.

"당신들은 한 아나키스트에 대해 개자식이라 저주한다. 나 역시 당신들에게 그렇게 하고 싶다. 나는 당신들의 심장을 갈기갈기 찢어내어 내가 키우는 개에게 먹일 것이다."

이처럼 골드만 때문에 골머리를 앓던 미국 정부는 마침내 1919

년 그녀를 러시아로 강제 송환하고 말았다. 하지만 노동자들의 천국에 기대를 걸었던 그녀는 얼마 가지 않아 공산주의자들의 폭정과 반유대주의의 잔재를 확인할 수 있었을 뿐이었다. 골드만은 레닌에 대해서도 공개적인 비난을 서슴지 않았다. 결국 소비에트 사회에도 환멸을 느낀 골드만은 그 후 스스로에 대해서도 '조국이 없는 여성'이라는 자조적인 표현처럼 여기저기를 떠돌다가 캐나다 토론토에서 외롭게 눈을 감았다.

모든 권력과 종교를 부정한 골드만은 히틀러와 스탈린으로 대표되는 모든 전체주의도 싸잡아 비난했다. 국가권력에 대한 그녀의 극단적인 부정은 굶주린 실업자가 가게에서 식료품을 훔쳐도 좋다는 선동으로까지 이어졌다. 그녀의 증오에 가득 찬 공격적인 태도는 수많은 남성을 공포에 떨게끔 만들기에 족했다. 전통적인 결혼 제도에 반대하고 자유연애를 주장한 그녀에게는 늙은 창녀라는 악명도 늘 따라다녔다.

인간의 머리에서 나온 모든 이데올로기 중에서 무정부주의만큼 과격하고 극단적이며 비현실적인 이념도 드물 것이다. 지상의 모든 국경과 권위, 종교와 차별을 부정하는 무정부주의야말로 자본주의 사회는 물론 공산주의 사회에서조차 사회적 무질서를 초래하기 십상인 매우 위험한 사상으로 간주될 수밖에 없었다. 그러나 세상은 한 여성의 힘만으로 대적하기에는 너무도 크고 견고한 바위와도 같았다.

프랑스의 철학자 시몬 베유(Simone Weil) 역시 사회주의 이념에 몰두했으나 로자처럼 정치적 활동이 아니라 노동 현장에 동참하는 가운데 주로 철학적인 성찰을 통해 자신의 신념을 전달하고자 했다. 그러나 그녀 역시 유대인이라는 신분의 한계를 극복할 수는 없었다. 나치 독일이 파리를 점령하자 그녀는 곧바로 영국으로 도피해 그곳에서 자유 프랑스군을 돕다가 과로 끝에 병사하고 말았다. 34세라는 젊은 나이였다.

그녀와 이름, 발음이 똑같지만 철자 하나가 다른 여성이 있다. 유럽의회 초대 의장을 지낸 시몬 베유(Simone Veil) 여사다. 그녀는 프랑스 니스 태생의 유대인으로 시몬 야콥이 본명이지만 앙투안느 베유와 결혼해 변호사가 되었다. 제2차 세계대전 당시 가족과 함께 아우슈비츠로 끌려갔는데, 부모는 그곳에서 모두 죽고 그녀만이 살아남았다. 지스카르 데스탱 대통령 밑에서 보건장관을 역임했으며, 현재 프랑스 아카데미의 종신회원으로 있다.

독일 태생의 정치이론가이자 철학자인 한나 아렌트는 한때 스승인 대철학자 하이데거와 스캔들을 일으키기도 했던 여성으로, 하이데거가 나치의 앞잡이로 나서는 모습을 보고 크게 환멸을 느껴 그의 곁을 떠나 하이델베르크에서 카를 야스퍼스의 지도를 받았다. 그러나 나치 독일에 의해 교수 자격 취득이 금지되자 파리를 거쳐 미국으로 도피했다.

미국으로 이주한 후로는 프린스턴 대학에서 강의하며 〈전체주의의 기원〉을 집필하여 권력의 속성과 본질에 대한 심도 있는 탐색을 시도했다. 그녀는 또한 이스라엘 법정에 선 아이히만의 재판 과정을 죽 지켜보고 그 공판 과정을 보고한 〈예루살렘의 아이히만〉을 출판했다. 종전 후 하이데거가 나치 동조 혐의로 청문회에 서게 되자 오히려 그를 위해 옹호하는 증언을 함으로써 궁지에 몰린 하이데거를 구해 내기도 했다.

이처럼 부당하고 불공정한 정치사회적 현실에 양팔을 걷어붙이고 나선 여성들이 있는가 하면, 오로지 글쓰기를 통해 사회적 부조리에 대항하거나 자신의 정체성을 잃지 않기 위해 애쓴 여성들도 많다. 미국 최초의 여류 시인이라고 할 수 있는 엠마 라자러스는 19세기에 활동한 시인으로, 수많은 이민자들이 이민선을 타고 뉴욕항에 입항할 때 제일 먼저 마주하는 자유의 여신상 밑에는 그녀의 시가 새겨져 있는데, 그 내용은 다음과 같다.

여기 바닷물에 씻기고 노을이 지는 문 앞에
그녀는 횃불을 들고 서 있다.
그녀는 망명자들의 어머니.
횃불을 든 그녀의 손은 세상을 향해
환영의 불꽃을 피워 올린다.
나에게 다오. 지치고 가난한 사람들을,
자유롭게 숨쉬기를 갈망하는 무리들,
해안에 지쳐 쓰러진 가엾은 사람들,
머물 곳 없어 비바람에 시달리는 이들,
모두 나에게 보내 다오.
나는 황금빛 문 옆에 서서 그들을 위해 횃불을 켜리라.

엠마 라자러스는 38세 나이로 요절하고 말았지만, 그녀의 뒤를 이은 수많은 유대인 여성이 뛰어난 필력을 과시하며 명성을 쌓았다. 노벨 문학상을 받은 나딘 고디머와 넬리 작스, 옐리네크 외에도 도로시 파커, 거트루드 스타인, 뮤리엘 스파크, 릴리안 헬만, 신시아 오직, 조이스 캐롤 오츠, 에리카 종이 그 대표적인 인물들이다.

거트루드 스타인은 미국 작가지만 주로 프랑스에 거주하면서 정신적 방황을 거듭하는 젊은 작가들을 후원하며 그들의 대모 노릇을 하기도 했는데, '잃어버린 세대'라는 명칭은 그녀가 만든 말이다. 할리우드의 여걸로 불리던 릴리안 헬만의 작품은 수많은 감독에 의해 영화로 만들어졌지만, 그중에서도 특히 〈줄리아〉는 법정 시비의 논란에 휘말려 곤욕을 치르기도 했다. 주인공 줄리아의 모델이 미국의 정신분석가 뮤리엘 가디너와 너무도 흡사하다는 이유에서였다. 가디너는 프로이트의 환자 늑대 인간(늑대 꿈을 꾸는 환자의 별명)을 보살핀 여성으로 나치 독일에 대항해 비밀 지하 운동가로 활동한 경력이 있었는데, 릴리안 헬만이 본인 동의도 없이 자신의 경력을 도용했다는 게 그녀의 주장이다. 그러나 이 문제는 서로 합의가 이루어져 소송은 취하되었다.

나치 독일을 피해 스웨덴에 망명한 넬리 작스는 한동안 피해망상에 시달리기도 했으나 시 창작 활동을 통해 자신의 정신적 혼란을 극복해 나갔다. 그녀는 유대인의 참혹한 현실을 직접 목격하고 큰 충격을 받았으며, 따라서 유대인의 운명이야말로 그녀에게는 무엇보다 중요한 화두가 되었던 셈이다.

반면에 남아공 출신의 나딘 고디머는 아파르트헤이트에 의한 혹독한 인종차별로 고통받는 흑인들의 비참한 실상을 소설로 묘사해 유명해졌다. 그러나 작품뿐만 아니라 실제로 행동을 통해서도 흑인들의 인권 문제에 뛰어들어 그들의 입장을 대변하는 모습을 보여 주기도 했다.

도로시 파커 역시 매우 반항적인 맹렬 여성이었다. 그녀는 특히 남녀 차별이 심했던 20세기 초 미국에서 인종 및 여성 차별과 매카시즘에 거세게 대항한 가장 최초의 좌파 여성 작가로 기억된다. 에리카 종 역시 매우 도발적인 작가다. 그녀의 대표작 〈인벤팅 메모리〉에서 그녀는 잃을 것을 두려워하면 아무것도 얻을 수 없다고 하면서 모순이 없는 가식적인 삶보다 모순을 과감하게 받아들이는 데서 오히려 힘이 생긴다고 말했는데, 그녀의 이 말은 곧 모든 유대인에게 해당되는 삶의 기본 철학이라고 해도 과언이 아닐 것이다.

영화감독 중에서도 유대계 여성들의 활약은 단연 눈부시다. 마야 데렌, 미미 리더, 노라 에프론, 에이미 해커링, 일레인 메이, 수잔 세이들먼, 낸시 마이어스, 다니엘르 톰슨, 아그네츠카 홀란드, 샹탈 아커만, 아녜스 자우이 등 호화 군단을 자랑한다.

물론 지금까지 소개한 유대계 여성들은 모두 대중들에게 잘 알려진 인물들이지만, 그런 대중적인 인지도와는 관계없이 오로지 학문적 연구로 업적을 쌓은 여성학자들도 있다. DNA 구조 모델을 처음 제시한 영국의 로잘린드 프랭클린, 글리코겐 연구로 1947년 노벨 의학상을 받은 거티 코리, 펩타이드 호르몬 연구 업적으로 1977년 노벨 의학상을 받은 로잘린 얄로우, 신경 성장 물질을 발견해 1986년 노벨 의학상을 받은 리타 레비몬탈치니, 수많은 난치병 치료제를 개발해 1988년 노벨 의학상을 받은 거트루드 엘리언, 유전자 리보솜 구조에 관한 연구로 2009년 노벨 화학상을 받은 아다 요나트, 그리고 2009년 노벨 경제학상을 받은 엘리너 오스트롬 교수가 있다. 비록 노벨상을 타지 못하고 2016년 타계하고 말았지만, 우주를 차지하고 있는 '암흑 물질'의 존재를 입증한 미국의 뛰어난 천체물리학자 베라 루빈도 유대인 여성이다.

지금껏 평화상을 제외하고 문학과 과학 분야에서 단 한 명의 노벨상 수상자도 내지 못하고 있는 우리 입장에서 보면 여성의 몸으로 무려 9명에 달하는 노벨상 수상자를 배출한 유대인 사회의 저력이 마냥 부럽기만 하다. 노벨상뿐만이 아니다. 심리학 및 정신의학 분야에서도 탁월한 여성 학자들을 부지기수로 배출했다. 멜라니 클라인, 안나 프로이트, 헬레네 도이치, 프리다 프롬-라이히만, 마가렛 말러, 이디스 제이콥슨, 한나 시걸, 그리고 프랑스의 소피 모르겐스턴, 위제니 소콜니카, 미리암 다비드, 안느-리제 스턴, 마리아 토록, 샤스게-스미르겔, 마리 모스코비치, 나탈리 잘츠만, 루디네스코에 이르기까지 유대계 여성 분석가들의 지적 탐험에 대한 기세는 남성들을 압도하고도 남음이 있다.

특히 그중에서도 미리암 다비드와 안느-리제 스턴은 나치에 의해 아우슈비츠 수용소에 끌려갔으면서도 끝까지 살아남아 돌아온 홀로코스트 생존자였으며, 토록과 모스코비치, 잘츠만 등은 나치 점령하에 숨어 살면서 목숨을 부지한 여성들이었다. 하지만 소콜니카와 모르겐스턴은 나치의 위협에 대한 압박감을 견디지 못하고 끝내 자살하고 말았다.

그런데 비극적인 최후를 맞은 여성이 또 있었다. 러시아 출신의 유대계 분석가 사비나 슈필라인이 바로 그 주인공이다. 그녀는 스승이자 치료자인 카를 융과 스캔들을 일으켜 프로이트를 당혹스럽게 만든 여성으로, 융과의 관계를 청산하고 귀국한 후 스탈린그라드로 진격하던 독일군에 의해 두 딸과 함께 무참히 학살당하는 비극을 맞았는데, 그녀의 남편인 유대계 의사 파벨은 스탈린 대숙청 당시 희생되었다. 그녀의 일가족 모두가 나치 독일과 스탈린에 의해 철저히 파괴된 셈이다.

프로이트와 교분을 나누었다는 이유만으로 나치 독일의 게슈타포로부터 유대인으로 오해받아 한때 곤욕을 치르기도 했던 루 살로메는 사실 유대인이 아니라 러시아인이다. 그녀를 한때 짝사랑했던 유대계 분석가 타우스크는 자살해 버렸고, 그녀에게 버림을 받은 유대계 철학자 파울 레도 투신자살하고 말았으니 그녀는 유대인 킬러였던 모양이다.

유대인 여성이자 불명예스러운 스캔들로 가장 큰 오명을 얻은 인물로는 단연 클린턴 대통령과 섹스 스캔들을 일으킨 모니카 르윈스키를 꼽을 수 있겠다. 유대계 의사 집안에서 태어난 그녀는 원래 대학에서 심리학을 전공했으며 졸업 후 백악관에 인턴 직원으로 들어가 근무하다가 모니카 게이트 사건에 휘말리게 되었다. 그 후 그녀는 런던으로 가서 사회심리학을 공부했으나 정신적 충격에서 완전히 벗어나지 못한 듯 여전히 대중 접촉을 꺼리고 있다.

반면에 오늘날 미국 사회에서 가장 정력적인 활동을 펼치고 있는 여성으로는 단연 바버라 월터스를 꼽을 수 있다. 미국 최초의 여성 앵커로서 그녀의 존재를 모르는 미국인이 없을 정도로 그녀는 미국 사회에서 가장 잘 알려진 인물인 동시에 자타가 인정하는 인터뷰의 여왕으로 군림해 왔다.

지금까지 살펴본 유대인 여성들로 말할 것 같으면 그 어떤 분야를 불문하고 실로 엄청난 승부욕과 야망, 그리고 남다른 반항심의 소유자들이 많음을 알 수 있다. 그녀들 가운데는 불우한 아동기를 겪은 사람들도 있겠지만, 그런 가정적 배경 자체보다는 오히려 사회에 진출하면서 겪게 된 남다른 상처가 더욱 큰 승부욕으로 작용했다는 느낌이 짙다.

더욱이 여성 차별과 정체성 혼란의 문제에 따른 정신적 갈등은 그들로 하여금 자신들에게 주어진 사회적 모순과 부조리에 남다른 민감성을 발휘하도록 이끌었기 쉽다. 그런 점에서 세상에 대한 유대인 여성들의 도전은 사상 그 유례가 없는 매우 끈질기고도 혁신적인 도전의 역사이기도 했다.

영화의 메카를 정복한 유대인

영화산업은 20세기의 산물이다. 영화를 발명한 사람은 물론 유대인이 아니었지만, 오늘날에 이르기까지 영화사를 수놓은 영화인들의 절대다수가 유대인이었다면 선뜻 수긍하기 어려울지도 모른다. 특히 영화의 산실 할리우드에서는 초기 역사에서부터 현대에 이르기까지 유대인들의 공로가 절대적이라 할 수 있다. 영화산업을 주도한 기업가를 포함해 세계적인 명감독에서부터 기라성 같은 배우들, 대본가, 영화음악가 등 실로 다양한 분야에 걸쳐 유대인들은 그야말로 눈부신 활약을 펼친 것이다. 그 이름들을 일일이 열거하기도 힘들만큼 수많은 유대인이 영화사를 장식하고 있음을 알 수 있다.

우선 유럽에서 활동한 세계적인 감독들로는 몽타주 기법으로 무성영화의 전성시대를 열었던 소련의 전설적인 감독 예이젠시테인을 비롯해서 독일의 프리츠 랑, 막스 라인하르트, 에른스트 루비치, 조셉 폰 스턴버그, 막스 오퓔스, 헨리 코스터, 프랑스의 루이 말, 장피에르 멜빌, 클로드 를루슈, 클로드 베리, 프란시스 베베르, 피터 카소비츠, 샹탈 아커만, 영국의 에메릭 프레스버거, 알렉산더 코르다, 카렐 라이츠, 존 슐레진저, 스티븐 프리어스, 마이크 리, 조나단 린, 샘 멘데스, 헝가리의 이스트반 자보, 폴란드 출신의 로만 폴란스키와 아그네츠카 홀란드 등을 들 수 있다.

미국의 할리우드는 그야말로 유대인의 독무대라 해도 과언이 아니다. 세실 B. 드밀, 마이클 커티즈, 찰스 비더, 조지 큐커, 윌리엄 와

일러, 오토 프레민저, 루이스 마일스톤, 아나톨 리트박, 머빈 르로이, 다니엘 만, 리처드 브룩스, 빌리 와일더, 프레드 진네만, 조셉 L. 맹키위츠, 줄스 다신, 스탠리 크레이머, 시드니 루멧, 아서 펜, 스탠리 큐브릭, 밀로스 포만, 허버트 로스, 앨런 J. 퍼쿨러, 시드니 폴락, 우디 앨런, 마이크 니컬스, 배리 레빈슨, 스티븐 스필버그, 올리버 스톤, 데이비드 크로넨버그, 에드워드 즈윅, 코엔 형제 그리고 보다 최근의 브라이언 싱어, 스파이크 존즈에 이르기까지 이들 유명 감독들이 모두가 유대인이라니 도저히 믿어지지 않는다.

어디 그뿐인가. 할리우드 배우들의 명단도 화려하기 그지없다. 더글러스 페어뱅크스, 최초의 유성영화에 출연한 알 졸슨, 천의 얼굴을 지녔다는 명배우 폴 무니, 춤의 달인 프레드 아스테어, 커크 더글러스와 그의 아들 마이클 더글러스, 케리 그랜트, 리 J. 콥, 토니 커티스, 월터 매소, 폴 뉴먼, 피터 포크, 더스틴 호프먼, 하비 카이텔, 해리슨 포드, 실베스터 스탤론, 리처드 드라이퍼스, 케빈 클라인, 스티븐 시걸, 숀 펜, 로버트 다우니 주니어, 리버 피닉스, 애드리언 브로디, 제임스 프랭코 등의 남우들도 모두 유대인 출신이다.

만인의 연인으로 사랑을 독차지했던 유명 여배우들 가운데도 유대인 출신들이 즐비하다. 루이즈 라이너, 폴레트 고다르, 클레어 블룸, 잉그리드 버그만, 셜리 윈터스, 주디 홀리데이, 주디 갈런드, 로렌 바콜, 리 그랜트, 파이퍼 로리, 다이안 캐논, 앨리 맥그로, 바브라 스트라이샌드, 골디 혼, 바바라 허시가 있다.

오늘날 스크린을 독점한 여배우들 중에도 유대계 스타들이 단연 돋보인다. 데브라 윙거, 캐리 피셔, 제이미 리 커티스, 대릴 해나, 제니퍼 제이슨 리, 피비 케이츠, 헬렌 헌트, 제니퍼 코넬리, 위노나 라이더, 기네스 팰트로, 드루 배리모어, 나탈리 포트만, 밀라 쿠니스, 릴리 소비에스키, 스칼렛 요한슨 등 그 이름은 끝이 없을 정도다.

그러나 여기서 끝난 게 아니다. 유럽에서 활동하는 유대계 배우들까지 가세하면 실로 그 명단은 화려함의 극치를 이룬다. 잉마르 베리만 영화의 단골 주연배우 에를란드 요셉손, 프랑스의 마르셀 달리오, 장피에르 오몽, 영국의 레슬리 하워드, 론 무디, 피터 셀러즈, 로렌스 하비, 벤 킹슬리, 다니엘 데이 루이스, 〈올리버〉의 마크 레스터, 〈해리 포터〉 시리즈의 다니엘 래드클리프 등의 남우들은 물론 이탈리아의 연기파 안나 마냐니, 프랑스의 명배우 시몬 시뇨레, 〈남과 여〉의 아누크 에메, 〈마농의 샘〉의 엠마뉘엘 베아르, 멜라니 로랑, 영국의 헬레나 본햄 카터, 레이첼 바이스, 나탈리 프레스 등의 쟁쟁한 여배우들 역시 유대인 출신이다.

유대인들의 영화계 독점은 감독, 연기뿐 아니라 전설적인 촬영기사 보리스 카우프만, 그리고 추억의 명화들을 회상할 때 가장 먼저 떠오르는 영화음악의 천재들도 모두 유대인들이다. 〈벤허〉의 미클로스 로자를 비롯해서 〈바람과 함께 사라지다〉의 막스 스타이너, 〈하이 눈〉의 디미트리 티옴킨, 어빙 벌린, 프란츠 왁스만, 아돌프 도이치, 〈셰인〉의 빅터 영, 〈폭풍의 언덕〉의 알프레드 뉴먼, 뮤지컬 영화의 귀재 리처드 로저스, 버나드 허먼, 알렉스 노스, 〈엑소더스〉의 어네스트 골드, 〈십계〉의 엘머 번스타인, 〈빠삐용〉의 제리 골드스미스, 버트 바카락, 스티븐 손드하임, 〈올리버〉의 라이오넬 바트, 랄로 쉬프린, 마빈 햄리쉬, 앨런 멩컨, 대니 엘프만, 제임스 호너 등 막강한 호화군단을 자랑한다.

불과 100년 전만 해도 오두막 하나 덜렁 놓여 있던 골짜기에 불과하던 곳을 오늘날의 화려한 할리우드로 변신시킨 장본인들은 바로 유대인 자본가들이었다. 파라마운트, 유니버설, 컬럼비아, MGM, 20세기 폭스, 워너 브라더스 등 세계 굴지의 영화사를 설립한 아돌프 주커, 칼 레믈, 해리 콘, 새뮤얼 골드윈과 루이스 B. 메이어, 제임스 폭스, 워너 형제 등이 모두 유대인들이다. 이들 가운데 미국에서 태어난 인물은 해리 콘뿐으로 나머지 인물들은 모두 동구 출신들이다. 이민선에 몸을 싣고 뉴욕항에 내린 후 맨손으로 시작해 영화사를 세워 성공한 불사조와 같은 인물들이다.

명제작자로 이름을 날린 할리우드의 황제 샘 스피겔, 데이비드 셀즈닉, 마이클 토드를 비롯해서 오늘날의 어윈 윙클러, 제리 브룩하이머, 제프리 카첸버그 등에 이르기까지 유대인 제작자들의 실력 또한 자타가 인정하는 흥행의 귀재들이다. 샘 스피겔은 7개 국어에 능통한 인물로 시오니즘 운동에도 적극적이었다. 데이비드 셀즈닉은 기념비적인 대작 〈바람과 함께 사라지다〉로 할리우드 영화의 전성시대를 열었던 개척자로 기억된다. 마이클 토드는 〈80일간의 세계일주〉를 통해 70m 대형 스크린 시대를 연 장본인으로 배우 엘리자베스 테일러는 그와 결혼하면서 유대교로 개종했다.

이처럼 영화사 초기부터 현재에 이르기까지 은막의 세계를 장식한 인물들의 절대다수가 유대인임을 알 수 있다. 20세기 들어 새롭게 등장한 영화야말로 모든 일을 맨손으로 시작한 유대인들에게는 가장 안성맞춤인 활동 분야였다. 더구나 그들은 상상력과 임기응변이 뛰어났으며, 아무도 손대지 않은 새로운 영역에 특히 강한 승부욕을 보였기 때문에 타의 추종을 불허하는 놀라운 솜씨를 발휘한 것이다. 물론 그들은 반유대주의 감정으로 상당한 곤욕을 치르기도 했지만, 영화라는 매체를 통해 대중들의 사랑을 독차지함으로써 극적인 반전을 이루었던 셈이다.

오늘날에 이르러 할리우드의 영화산업은 세계시장을 독점함으로써 미국의 국익에도 엄청난 도움을 주고 있는 실정이다. 그러니 미국으로서는 할리우드의 유대인들을 배척할 수만도 없게끔 되었다. 할리우드를 돈방석에 올라앉게 만든 장본인들이 바로 유대계 영화인들이기 때문이다. 따라서 정치가들도 유대인의 자본뿐 아니라 유대계 영화인들의 인기에 편승해 자신들의 정치적 야심을 이루고자 애쓰기 마련이다. 그만큼 미국 사회에서 유대인의 영향력이 커진 것이다.

과거에는 세실 B. 드밀 감독이나 배우 케리 그랜트처럼 자신의 뿌리를 부정하고 숨기기에 급급한 시절도 있었지만, 오늘날에 와서는 오히려 자신이 유대인임을 자랑스럽게 내세우며 자부심을 느끼는 경우가 더 많아졌다. 폴 뉴먼이나 스티븐 스필버그처럼 말이다. 그런 점에서 유대인들은 사회적 신분의 상승을 통해 과거의 열등감을 극복하고 상당한 자부심을 과시할 정도에 이른 셈이다.

지금으로부터 불과 80년 전에 전신이 발가벗겨진 채 온갖 욕설과 채찍을 맞아 가며 가스실로 행진해 가던 그들의 절망적인 모습을 떠올리면 그야말로 격세지감이 들지 않을 수 없다. 그리고 그 자신들도 누구보다 그런 과거를 잘 알고 있으니 어렵게 일궈 낸 번영을 쉽사리 놓치지 않기 위해 거의 필사적인 노력을 기울이는 게 아니겠는가. 그래서 그들은 지금 이 순간에도 서로 머리를 맞대고 흥행 대작을 일궈 내기 위해 혼신의 힘을 다하고 있는 것이다.

▎희극의 달인들

배꼽이 빠지도록 남을 웃긴다는 일은 보통 힘든 일이 아니다. 물론 예전에는 서커스의 광대처럼 얼굴에 분장을 하고 오로지 몸짓만으로 사람들을 웃긴 적도 있지만, 이미 오래전부터 유대인들은 영화 스크린을 통해 익살스러운 대사와 연기로 수많은 사람을 웃기면서 희로애락을 함께했다. 남다른 비애와 고통을 겪은 유대인들이 하필이면 코미디에 그토록 능한 재능을 지녔다는 사실이 좀처럼 믿기지 않는 일이기도 하지만, 블랙 코미디의 본질을 이해하고 보면 그렇게 놀랄 일도 아니다.

오히려 삶의 비극을 밑바닥까지 겪어 본 사람만이 펼칠 수 있는 그런 희비의 교차를 통해 사람들은 더욱 큰 감동을 느끼기 마련이다. 단순히 웃고 넘어가는 그런 일회적인 웃음이 아니기 때문이다. 비록 유대인은 아니지만 그런 웃음과 눈물의 페이소스를 느끼게 하는 가장 위대한 희극인은 바로 찰리 채플린이라 하겠다. 그러나 채플린에 버금가는 수많은 희극인들이 그 뒤를 이어 오늘날에 이르기까지 대중들의 사랑을 독차지하고 있으니, 그들은 다름 아닌 유대인 감독과 배우들이다.

원래 유대인들은 항상 그렇게 심각한 것만 아니라 남다른 유머 감각도 지니고 있었다. 그러나 워낙 어둡고 고달픈 밑바닥 인생을 살다 보니 그들의 얼굴엔 항상 그늘이 깔려 있는 것처럼 보였을 뿐이다. 다만 그들의 유머에는 상당히 냉소적인 야유가 붙어 다녔다. 일종의 블랙 유머가 그들의 전매특허라 할 수 있겠다.

　물론 코미디의 본질은 웃음을 자아내는 데 있다. 그러나 남을 웃기려면 우선 문제의 핵심을 잘 짚어 내야만 하고 머리가 좋아야 하며 순발력도 있어야 된다. 유대인들은 오랜 세월 바보인 척하고 살았다. 남달리 똑똑하고 튀기만 하면 항상 공격의 대상이 되기 십상이었기 때문이다. 그래서 그들은 바보 노릇에 매우 익숙하다. 그런 자신들을 바라보고 비웃고 조롱하며 즐거움을 만끽하는 백인들을 상대하며 그들은 대신 돈을 벌었던 것이다. 그것도 다 살기 위한 수단이었다. 일종의 광대 노릇을 통해 그들은 자신들의 생계를 이어 가기도 했다.

　바이마르 공화국 시절 베를린의 술집과 카페를 휩쓸며 통렬한 현실 풍자와 유머로 실로 멋대가리 없는 독일인들을 배꼽 잡게 웃겨 준 장본인들은 바로 유대인들이었다. 유대인 탄압으로 썰물처럼 빠져나간 독일에는 그들을 웃겨 줄 사람들이 없었다. 원래 게르만족은 유머 감각이 결핍된 민족이었다. 독일의 코미디는 그야말로 보잘것없었다. 그것은 지금도 마찬가지다.

　그러나 유대인 박해로 인해 그나마 그들에게 웃음을 선사하던 유대인들이 사라짐으로써 나치 독일은 그야말로 웃음을 잃은 경직된 사회가 되고 말았다. 유대인의 실종으로 인해 그들이 잃은 것은 아인슈타인 박사와 같은 고급 두뇌뿐만 아니라 폭소제조기들마저 동시에 잃은 셈이다. 웃음을 잃은 독일은 오로지 목쉰 고함 소리와 군화 소리만이 흘러넘치는 얼어붙은 세상으로 변하고 말았다. 아무리 신선한 맥주와 채소 그리고 소시지가 넘쳐나도 울려 퍼지는 건 우렁찬 군가였지 웃음은 아니었다. 웃음이 빠진 사회는 활력을 얻기 어렵다.

그런 점에서 나치 독일은 너무도 큰 대가를 지불한 셈이 되었다.

한편 대학살을 피해 신대륙으로 건너간 유대인들은 그 특유의 익살과 농담으로 이번에는 싱겁기 그지없는 미국인들을 웃기기 시작했다. 노벨 문학상을 받은 프랑스의 유대계 철학자 앙리 베르그송은 코미디의 본질에 대해 말하기를, 희극적 부조리는 꿈의 부조리와 같은 연장선상에 있다고 했는데, 이는 핵심을 정확히 짚은 말이기도 하다. 프로이트 역시 비슷한 견해를 가졌다. 그는 농담이야말로 꿈과 같은 기능을 수행하는 것으로 보았으며, 농담뿐 아니라 유머와 풍자 등도 억압된 원초적 감정들의 우회적인 표현으로서 상호 질서를 보호하고 원만한 공동체 유지에 매우 유용한 수단임을 강조한 것이다.

현대를 대표하는 영국 최고의 극작가로 해럴드 핀터와 피터 섀퍼를 들 수 있는데, 이들 두 사람은 모두 유대인이다. 피터 섀퍼의 대표작 가운데 하나로 꼽히는 〈블랙 코미디〉는 역설적 상황을 암시하는 무대 설정과 대사를 통해 웃음과 동시에 쓸쓸한 여운을 남긴다는 점에서 블랙 코미디의 본질을 잘 드러내고 있으며, 해럴드 핀터 역시 극한적 상황과 궁지에 몰린 인간 군상들의 적나라한 모습들을 보여 줌으로써 소외된 현대인의 부조리한 현실을 고발하고 있지만 이는 곧 오랜 세월 유대인들이 마주쳐 왔던 삶의 부조리를 암시한 것이기도 하다.

이처럼 유대인들은 자신들에게 가해진 부당한 차별과 박해 속에서도 그런 부조리한 현실에 대한 분노와 적개심을 직접적으로 표출할 수 없었다. 만약 그랬다가는 죽음을 모면키 어려웠기 때문이다. 따라서 그들은 우회적인 방식으로 특히 코미디의 형태를 빌어 자신들의 고통과 슬픔을 드러냄으로써 스스로를 치유하는 동시에 잘못된 세상도 꼬집을 수 있었던 것이다.

오랜 박해를 무릅쓰고 살아남기 위한 방책으로 항상 유머 감각을 잃지 않으려 애써 온 유대인들이지만, 인생의 온갖 쓴맛 단맛을 웃음으로 여과하는 남다른 재주를 보유함으로써 그런 고통을 어떻게 견디고 이겨 내는지 그 노하우를 사람들에게 온몸으로 보여 준 셈이다. 그것은 곧 인생의 고달픔과 고통을 체득한 자들만이 알 수 있는 애증이 교차하는 양가적 태도에서 나온다.

유대인이 독무대를 이룬 가운데 발전을 거듭해 온 할리우드 코미디의 현실도 그런 점에서 더욱더 잘 이해될 수 있겠다. 나치의 등장으로 유럽 대륙에서 갑자기 증발해 버린 유대계 연예인들이 대거 미국으로 몰려들면서 미국의 할리우드는 졸지에 코미디의 천국으로 화해 버렸다. 농담을 하지 않으면 하루도 살 수 없다는 미국인들은 그들을 웃겨 주는 유대인들의 발에 날개를 달아 주었다.

그러나 비극적인 최후를 마친 코미디언도 있었다. 바이마르 공화국 시절 독일에서 활동했던 가장 뛰어난 유대계 코미디언 막스 에를리히는 나치가 집권하자 네덜란드로 도피했지만 그곳에서 체포되었다. 아우슈비츠 수용소로 끌려간 그는 그 안에서도 코미디 연기를 계속함으로써 수많은 유대인들의 마음을 달래 주며 실낱같은 꿈과 희망을 심어 주었다. 그러나 결국 그 역시 가스실에서 최후를 마쳤다. 마지막 순간 고통으로 일그러진 코미디언의 얼굴을 상상만 해도 실로 가슴이 아프다.

반면에 미국으로 도피한 유대인들은 새로운 희망의 땅 할리우드에서 자신들의 꿈을 유감없이 발휘하며 전성기를 구가했다. 그중에서도 가장 성공한 코미디영화의 귀재를 꼽자면 단연 빌리 와일더를 들 수 있다. 그의 부모는 모두 홀로코스트로 희생당해 죽었다. 그런 아픔을 딛고 그는 〈제17 포로수용소〉, 〈뜨거운 것이 좋아〉, 〈아파트 열쇠를 빌려드립니다〉, 〈잃어버린 주말〉, 〈선셋 대로〉, 〈하오의 연정〉, 〈사브리나〉, 〈7년만의 외출〉, 〈프론트 페이지〉 등 수많은 걸작 코미디영화를 남겼다.

〈돈가방을 든 수녀〉로 히트한 조나단 린은 영국을 대표하는 코미디 영화감독으로 그의 삼촌은 이스라엘 외상을 지낸 아바 에반이다. 영국 출생의 프랭크 오즈 감독 역시 코미디영화에 능하다. 그의 아버지는 유대계 벨기에인으로 나치 독일이 벨기에를 침공하자 이에 맞서 싸우다 북아프리카를 경유하여 영국으로 도피한 인물이다.

체코 태생의 아이번 라이트먼은 프라하의 봄 이후 할리우드에 망명해 〈고스트버스터즈〉로 흥행에 크게 성공했다. 주커 형제와 짐 에이브럼스는 좌충우돌하는 희극영화의 귀재들로 〈총알탄 사나이〉 등을 통해 극장가를 뒤흔들며 크게 흥행성적을 올린 감독들이다. 이외에도 칼 라이너, 멜 브룩스, 해럴드 레이미스, 존 랜디스, 제이 로치 역시 코미디영화 전문 감독으로 수많은 관객에게 웃음을 선사한 유대인들이다.

뉴욕에서 태어나 현재까지 정력적인 활동을 펼치고 있는 우디 앨런은 제2의 채플린으로 불린다. 〈돈을 갖고 튀어라〉, 〈맨해튼〉, 〈한나와 그 자매들〉, 〈애니 홀〉, 〈젤리그〉, 〈카멜레온〉, 〈셀러브리티〉 등 수많은 코미디 걸작들을 만들었다. 정신분석을 받았던 그는 자신의 정서적 불안정을 잘 인식하고 있었기 때문에 그의 영화들은 자전적 요소가 매우 강한 게 특징이다. 특히 그의 문제작 〈젤리그〉는 유대인 정체성의 혼란을 가장 분명하게 드러내는 걸작으로, 어떤 상대를 만나더라도 그와 똑같은 인물로 변신을 할 수 있는 레너드 젤리그라는 유대인을 통해서 우디 앨런 자신의 모순된 양가감정을 읽을 수 있다.

감독뿐 아니라 코미디 연기에 능한 배우들은 일단 유대인 출신으로 보면 된다. 그들은 멍청한 짓, 익살스러운 표정, 엎치락뒤치락하는 실수의 연발, 정신 산란하게 만드는 이상한 말투, 과장된 몸짓, 쉴 새 없이 쏟아 내는 재담, 어리석은 바보 행동, 때로는 날카롭고 냉소적인 풍자 등을 통해 관객들을 정신없게 만들며 포복절도케 하는 데 남다른 재주가 있다. 물론 그들의 철저한 광대 정신은 하루아침에 이루어진 것이 결코 아니다. 오랜 세월 인간 이하의 취급을 받으며 몸에 익힌 익살과 냉소의 미학은 자신들을 바보 취급하는 인간들 앞에서 어리석은 인간의 모습을 적나라하게 보여 주면서 인간은 모두 어리석다는 무언의 메시지를 던진다.

월터 매소는 중후하면서도 유머러스한 연기로 수많은 팬들의 사랑을 받은 배우다. 빌리 와일더의 〈프론트 페이지〉에서 잭 레먼과 공연을 하며 폭군적인 저널리스트 역을 맡았는데, 그와 항상 단짝을 이루었던 잭 레먼은 물론 유대인이 아니지만 그들은 죽어서도 같은 공동묘지에 나란히 묻힐 만큼 매우 절친한 사이였다.

프랑스를 대표하는 희극배우 루이 드 퓌네스 역시 유대계다. 유대계 감독 제라르 우리의 〈파리 대탈출〉에서는 나치 독일군을 마음껏 조롱하고 있으며, 〈우리 아빠는 해결사〉에서는 유대인 랍비역을 맡아 관객들을 웃겼다. 그 외에도 〈핑크 팬더〉 시리즈로 인기를 얻은 영국

배우 피터 셀러즈, 캐나다 출신의 제리 루이스, 〈형사 콜롬보〉 시리즈로 유명한 피터 포크도 유대계다. 이들 외에도 코믹 연기에 능한 배우로는 잭 베니, 조지 번스, 대니 케이, 제로 모스텔, 진 와일더, 빌리 크리스탈, 릭 모라니스, 스티븐 프라이, 벤 스틸러 등이 포진해 있다.

토니 커티스는 그리 뛰어난 배우는 아니지만 코믹한 연기로 인기를 얻었다. 그가 주인공 역을 맡은 영화 〈마술의 사나이〉의 실제 모델 해리 후디니는 헝가리 태생의 유대인으로 어린 나이에 미국으로 이주해 전설적인 마술사가 되었다. 그의 뒤를 잇고 있는 또 다른 유명한 마술사 데이비드 카퍼필드도 러시아계 유대인 이민의 아들로 오늘날 미국에서 가장 인기 있는 마술의 귀재로 명성이 자자하다. 코미디는 남자들의 전유물만도 아니다. 할리우드에서 코믹 연기에 능한 여배우들 역시 유대계인 경우가 많다.

영화 〈핑크 캐딜락〉에 출연한 클린트 이스트우드가 한 흑인에게 던지는 대사 중 이런 말이 나온다. "유대인 친구들이 없어지면 누가 대신 코미디를 만들지?" 이 대사는 할리우드의 현실을 제대로 짚은 매우 정곡을 찌른 말이기도 하다. 그렇다. 유대인이 아니면 과연 누가 사람들을 웃길 것인가.

세상에는 지구상에서 유대인들이 사라져 주기를 바라는 사람들도 있지만 실제로 그런 일이 생긴다면 이 세상은 너무도 삭막해질 듯싶다. 하기야 굳이 유대인이 아니더라도 채플린이나 밥 호프, 짐 캐리 등 쟁쟁한 희극인들이 있기는 하나 그래도 뭔가 허전할 것만 같다. 그것은 유대인 특유의 웃음과 슬픔의 페이소스라는 관점에서 볼 때 더욱 그렇다.

황금의 손을 지닌 유대인

유대인의 손은 모든 걸 황금으로 바꾸는 미다스의 손이다. 돈에 관한 일이라면 유대인을 당할 재간이 없다. 유대인은 모든 일을 맨손으로 시작했다. 왜냐하면 가진 게 없었기 때문이다. 그들은 항상 가는 곳마다 핍박을 받았으며, 언제 어디서 갑자기 사람들이 몰려들어 살던 집을 불태우고 쫓아낼지 알 수 없는 상황에서 살았다. 아무런 이유도 없이 학살을 당하는 경우도 비일비재했다. 그러니 그들에겐 집도 토지도 아무런 의미가 없었다. 그들이 믿을 거라곤 오로지 신과 가족, 그리고 돈밖에 없었다. 돈이라도 있어야 멀리 안전한 곳으로 도피할 수 있었으니 말이다.

유대인 하면 우선 '돈밖에 모르는 수전노 샤일록'을 연상하지만, 정작 그렇게 만든 장본인은 유대인을 그토록 학대한 서구인들이었다. 마치 조센징은 더럽고 냄새난다며 흉보고 깔봤던 일본인들처럼 말이다. 헐벗고 굶주리게 만들어 놓고 나서 더럽다고 무시하니 말이 되는가. 유대인의 돈에 대한 집착은 오로지 살아남기 위한 피나는 투쟁의 결과였다. 그러니 그들을 흉볼 것만도 아니다. 그래서 그들은 자신들의 성에도 황금을 뜻하는 골드를 무조건 갖다 붙였다. 골드만, 골드버그, 골드스미스, 골드스타인, 골드슈미트, 골드윈, 골드스톤 등등. 하기야 옛날부터 금이 많았던 우리나라를 대표하는 성도 金씨 성이 아닌가.

오늘날 전 세계의 돈줄을 쥐고 있는 유대인의 대표적인 인물로 조지 소로스가 꼽히기도 하지만, 세계적인 재벌의 절대다수를 차지하는 유대인 기업가의 원조는 단연 로스차일드라 할 수 있다. 독일에서 로스차일드 은행으로 시작한 이들 가문은 대를 이어 가며 세력을 확장해 나폴레옹 전쟁과 수에즈 운하 사업에까지 막대한 투자를 하는 등 그 영향력을 계속 키워 나갔다. 제1차 세계대전 시에도 영국 정부를 지원하여 이스라엘 건국을 지지하는 밸푸어 선언을 이끌어 내기도 했다. 그러나 유럽에서 반유대주의가 극심해지자 미국의 모건 일가를 앞세워 미국 시장으로 진출하는 데 성공해 오늘에 이르고 있다.

철학자 비트겐슈타인의 아버지도 유럽 최대의 철강 재벌이었다. 나치 독일은 당연히 그 회사를 완전히 몰수해 버렸지만, 그 대가로 오스트리아에 잔류한 비트겐슈타인 일가의 목숨만큼은 살려 주었다. 러시아 태생인 사무엘 브론프만은 어릴 때 제정러시아의 유대인 학살을 피해 부모와 함께 캐나다로 이주한 유대인으로, 미국에서 금주법이 시행되던 시절에 위스키 사업으로 짭짤한 재미를 보았는데, 오늘날 씨그램사의 효시가 된 사업이었다. 오늘날 브론프만 일가는 캐나다 최대 재벌가로 성장했다. 청바지 사업으로 성공한 리바이 스트라우스는 독일 태생으로, 18세 때 가족들과 함께 미국으로 이주해 1853년부터 샌프란시스코에서 의류업을 시작했다. 청바지 사업은 1873년에 시작했는데, 이것이 크게 히트해 오늘날에 이르기까지 세계시장을 석권하고 있다.

아먼드 해머는 컬럼비아 의대를 졸업한 의사 출신 재벌로, 대학 재학 시절에 이미 사업에 손을 대기 시작해 남다른 수완을 보인 매우 특이한 인물이다. 특히 그는 소련의 레닌과 친밀한 관계를 유지할 뿐만 아니라 레이건 미 대통령과도 절친한 사이였는데 냉전시대에 미국인이면서도 소련과 자유롭게 무역을 거래한 유일한 인물이기도 했다. 그 외에도 의류 패션 사업으로 성공한 캘빈 클라인과 폴로 상표로 유명한 랄프 로렌, 헤어 드레서로 명성을 떨쳐 갑부가 된 영국의 비달 사순도 유대인이다. 비달 사순은 20세 때 갓 독립한 이스라엘로 달려가 아랍과의 전쟁에 자원입대해 싸울 정도의 열렬한 시오니스트로, 지금은 반유대주의를 연구하는 국제 연구소를 차려 투쟁을 계속하고 있다. 스타벅스를 세계적인 커피 회사로 키운 하워드 슐츠 회장도 유대인이다.

컴퓨터 사업 하면 빌 게이츠와 스티브 잡스만을 떠올리지만 반드시 그렇지만도 않다. 처음에는 타자기 및 계산기로 시작해 개인용 컴퓨터 사업으로 발전한 코모도어사의 창립자 잭 트래미얼은 폴란드 태생의 유대인이다. 그의 나이 11세 때 폴란드를 점령한 독일군에 의해 일가족 모두가 아우슈비츠로 끌려갔다. 생체실험으로 악명 높은 군의관 멩겔레의 검사를 받고 아버지와 함께 노동수용소로 끌려간 그는 기적적으로 미군에 구출되어 가족 중에서 유일하게 혼자 살아남았다. 종전이 이루어지자 그는 미국으로 이주했는데 미군에게서 배운 타자기 수리법을 익혀 자신의 사업 기반으로 삼았다.

그리고 세계적인 반도체 산업 인텔의 창립자 앤디 그로브, 컴퓨터 회사 델의 창립자 마이클 델, 이탈리아의 컴퓨터 회사 올리베티의 창업자 카밀로 올리베티도 유대인이며, 세계적인 소프트웨어 사업체 오라클사의 창업자 래리 엘리슨은 사치스러운 생활과 온갖 기행으로도 잘 알려져 실리콘밸리의 악동으로 소문나 있다. 페이스북을 창립해 돌풍을 일으킨 유대인 청년 마크 저커버그는 1984년생으로 하버드 대학 재학 중에 페이스북을 설립해 억만장자 대열에 올랐다. 하버드대 동기였던 빌 게이츠의 요청으로 마이크로소프트사에 들어간 스티브 발머는 회장을 맡았으며, 세계에서 가장 돈이 많은 억만장자로 알려져 있다.

그러나 세계 경제를 주무르는 가장 큰 손은 조지 소로스와 제임스 골드스미스라 하겠다. 헝가리 태생의 조지 소로스는 유대계 에스페란토 작가 티바다르 소로스의 아들로 태어났다. 조지 소로스는 그래서 태어날 때부터 에스페란토어를 배운 세계에서 몇 안 되는 인물 가운데 한 사람이다. 미국으로 이주한 후 뉴욕 월가에 진출해 세계적인 투자가로 떠올라 그야말로 황금의 손이라는 별명을 얻었다. 그는 금융 위기를 맞이한 한국에도 들러 김대중 대통령과 투자 방안을 논의하기도 했다.

리먼 브라더스사를 창립한 헨리 리먼과 골드만 삭스 투자은행의 설립자 마커스 골드만과 새뮤얼 삭스, 그리고 골드만 삭스의 회장을 맡았던 로이드 블랭크페인, 조지 소로스에 못지않은 억만장자 투자가 로널드 페렐만, 월가를 주무르던 또 다른 큰손 애셔 에델만과 이반 보에스키 등도 모두 유대인이다. 제임스 골드스미스는 파리 태생의 유대계 자본가로 호텔 재벌의 아들로 태어났다. 그는 유럽 최대의 자본가로 통한다.

자본 시장뿐 아니라 세계 유수의 기업들도 알고 보면 유대인에 의해 설립되어 발전한 경우가 많다. 미국에서 가장 영향력 있는 3대

신문사 워싱턴포스트, 뉴욕타임스, LA타임스 등도 유대인 소유다. 뉴스위크, 월스트리트 저널은 말할 것도 없다. 세계적인 미디어 그룹으로 성장한 블룸버그사는 현 뉴욕시장인 마이클 블룸버그에 의해 창립되었다. 영국 최대의 통신사인 로이터 통신을 세운 파울 로이터를 비롯해 세계적인 통신사인 UPI, AP, AFP 통신 모두가 유대인 소유다.

미국 언론출판계의 대부 조셉 퓰리처는 헝가리 태생의 유대인으로, 불과 17세 때인 1864년에 미국으로 이주하자마자 영어를 한마디도 할 수 없었기에 오로지 돈을 벌기 위한 목적으로 북군 기병대에 들어갔다. 남북전쟁이 끝나자 그는 여러 직업을 전전하다 신문사에 들어가 일을 하면서 마침내 자신의 본업을 찾게 되었으며, 결국 윌리엄 허스트와 쌍벽을 이루는 언론 재벌로 크게 성공했다. 그의 유언에 따라 제정된 퓰리처상은 그 후 미국에서 가장 권위 있는 상으로 자리 잡았으며, 언론과 문학 부문에 수여된다. 한국인으로 퓰리처상을 받은 인물로는 클린턴 대통령의 스캔들을 보도한 강형원과 노근리 학살사건을 보도한 최상훈이 있다.

영국 굴지의 미디어 재벌 로버트 맥스웰은 체코 태생의 유대인으로 그의 가족들은 모두 아우슈비츠에서 죽었다. 17세의 어린 나이로 영국에 망명한 그는 오로지 맨손으로 세계 최대의 미디어 제국을 이룩한 셈이다. 그러나 그가 말년에 자신의 요트에서 의문사를 당한 이후 그가 이룬 제국은 곧 파산하고 말았다. 미국의 3대 TV로 손꼽히는 NBC, ABC, CBS도 모두 유대인이 설립한 방송사들이다. NBC의 설립자 데이비드 사노프는 러시아 태생의 유대인으로 어릴 때 미국으로 이주해 거리에서 신문을 팔아 가족을 부양할 정도로 가난했지만 결국 미국 방송계를 대표하는 거물로 성장했다. 그는 RCA도 세계적인 회사로 키워 냈다.

할리우드에 세계 굴지의 영화사를 차린 인물들 역시 모두 유대인들이다. 워너 브라더스, 컬럼비아, 20세기 폭스, 유니버설, 파라마운트, MGM 등이 바로 그 예다. 이들 영화사에 의해 수많은 유대계 감독, 배우들이 빛나는 명성을 날렸다. 할리우드 전성기 때 가장 큰 위기는 50년대 미국 사회를 발칵 뒤집어 놓은 매카시즘 돌풍으로, 많은 유대계 영화인들이 블랙리스트에 올라 곤욕을 치렀지만, 그 배경에는 유대인들의 독주에 불만을 품은 월트 디즈니와 당시 무명 배우였던 로널드 레이건이 있었다는 후문도 있다.

뉴욕 월가를 지배하는 유대인들의 이미지 때문에 9.11 테러의 공격까지 받았던 세계무역센터 빌딩이지만, 그런다고 무릎을 꿇을 유대인들이 결코 아니다. 그 때문에 이슬람 세계는 오히려 도덕적인 치명타를 입었으니 말이다. 원래 유대인들은 전통적으로 은행업에 두각을 드러내 보인 민족으로 돈을 다루는 데 있어서는 타의 추종을 불허했다. 가장 역사가 깊은 로스차일드 일가도 은행 사업으로 시작해 거부가 된 재벌가다.

1920년대 미연방 중앙은행 제도를 창설한 폴 월버그는 독일 태생의 유대인이었다. 미연방 중앙은행 총재로 경제 대통령이라는 별명까지 얻었던 앨런 그린스펀도 유대인이다. 세계은행 총재를 지낸 폴 울포위츠와 로버트 졸릭 역시 유대인이다. 성추행 혐의로 국제통화기금 IMF의 총재직에서 밀려난 프랑스의 전 재무장관 도미니크스트로스칸도 유대인이다. 역대 미 대통령의 경제 자문은 전통적으로 유대인 경제통인 경우가 많았다.

그러나 돈의 달인들은 미국에만 있는 게 아니다. 러시아의 석유 사업 재벌인 로만 아브라모비치는 1966년생의 유대인으로 영국 프로축구팀 첼시를 인수해 구단주로 있다. 한때 러시아 최대의 석유회사였던 유코스의 미하일 호도르콥스키 역시 유대인이지만 탈세 혐의로 기소되면서 2006년에 파산했다. 러시아의 미디어 재벌이었던 보리스 베레좁스키도 유대인이다. 그러나 그는 푸틴 대통령에 의해 숙청당해 영국에 망명했다가 그곳에서 자살했다.

영국의 광고 재벌 찰스 사치는 이라크 태생의 유대인으로 유대인 박해를 피해 영국으로 이주한 인물이다. 미국의 랜디 러너는 미 프로축구 구단주이며 영국의 프로축구팀 에스턴 빌라를 인수해 구단주로 있었던 스포츠 재벌이다. 영국 프로축구팀 맨체스터 유나이티드의 구단주였던 맬컴 글레이저도 리투아니아계 유대인의 후손이다.

이처럼 유대인들은 다국적 기업을 통해 세계의 자본을 거의 독점하다시피 하고 있는데, 한마디로 요약하자면, 미국 100대 기업의 40%가 유대인 소유이며, 세계 5대 식량 회사 중 3개, 세계 7대 석유 회사 중 6개가 유대인이 소유하고 있는 것으로 알려져 있다. 노벨 경제학상의 절반 가까이가 유대인 학자에게 주어졌으며, 세계적인 수학자들도 유대인이 다수를 차지하고 있다는 점을 보더라도 돈의 흐름과 부의 축적 과정에 대한 유대인들의 혜안은 정말 따라잡기 힘든 일이 아닐까 한다.

그러나 역사적으로 상술에 뛰어난 두 민족을 들라면 유대인과 중국인을 들 수 있겠는데, 공산주의와 자본주의 시장경제를 교묘히 접목한 덩샤오핑의 개혁 이후 오늘날 막강한 외화 보유고로 세계시장에 뛰어든 중국을 보면 이미 세계 자본을 독점하다시피 한 유대인의 가장 강력한 적수로 간주하는 데 전혀 손색이 없어 보인다. 반면에 고르바초프의 페레스트로이카는 완전 실패작이었다. 그런 점에서 우리도 유대인과 중국인에 대해 더욱 많은 연구가 필요하지 않을까 한다. 적어도 자본의 관리와 상술 분야에서만큼은 말이다.

솔로몬의 재판

전통적인 유대인 공동체에서는 자체적으로 정해진 법전이 따로 없었다. 그들은 단지 유대교 율법에 따라 삶을 영위했으며, 랍비가 옳고 그른 시비를 판별하는 판관 노릇을 대신했을 뿐이다. 그들의 삶에서 가장 큰 금기는 살인과 절도, 그리고 간통이었다. 물론 랍비에게는 심판의 권한이 없기 때문에 처벌의 문제는 현지법에 따를 수밖에 없었다. 그러나 이스라엘 땅에 살던 시절에는 지배자들의 법과는 별도로 그들 자신의 독자적인 율법에 따라 처형이 가능했다.

그런 장면은 성경에도 나와 있다. 불륜을 저지른 죄로 거리 한가운데 끌려 나와 군중들의 무자비한 돌팔매질로 죽음의 위기에 몰린 한 여성을 예수가 나타나 구해 준 일화는 너무도 유명하다. 당시 예수는 흥분한 군중들을 향해 돌 하나를 집어 들고 조용히 말씀하셨다. "너희 중에 죄 없는 자 있으면 나와 이 여인을 돌로 치라." 이 한 말씀에 군중들은 하나둘씩 뒤로 물러나 제각기 흩어지고 말았다는 일화다. 극적인 반전이 이루어진 셈이지만, 그래도 군중들은 각자 찔린 게 있었는지 군소리 없이 흩어지지 않았는가.

물론 예수는 로마법에 따라 십자가 처형에 처해지고 말았지만, 바로 그 십자가 사건을 통해 예수는 일개 선지자에서 그리스도로 도약한 셈이다. 그러나 예수의 가장 큰 공격 대상은 오히려 로마 자체가 아니라 오로지 율법에만 전적으로 얽매인 사두개파와 바리새인들이었다. 그런 점에서 예수는 형식적인 율법 자체보다 하나님의 말씀

자체에 무게를 실어 새로운 해석을 내린 셈이며, 지상의 법 위에 존재하는 하늘의 법을 더욱 강조했기 때문에 희생을 당한 것으로 봐야 한다.

원래 법이란 타율적으로 정해진 규범으로 강제적 심판과 징벌을 가하는 것인 반면에 윤리는 자율적 규범에 의한 도덕적 비난이라 할 수 있다. 물론 윤리적·도덕적 비난으로 수습이 불가능하거나 달리 감당할 수 없는 경우에는 어쩔 수 없이 법이라는 강제적 집행 수단에 호소하기 마련이다.

인류 역사에 나타난 최초의 체계적인 법전은 바빌로니아의 함무라비 법전으로 알려져 있다. 그러나 수메르 유적지에서 발굴된 자료에 이미 재판 기록이 나오는 것을 보면 이미 BC 3,000년경에 지구상에 법이 존재했음을 의미한다. 물론 법이 제정되었다고 해서 모든 재판 과정이 공정하게 이루어진다고 보기는 어렵다. 특히 절대 왕조 체제에서는 더욱 그러하다. 제왕이 곧 법이기 때문이다.

공정한 법의 집행을 통해서 세상을 바로잡는다는 것은 고금을 막론하고 매우 중요한 화두요, 그 사회가 풀어야 할 과제였다. 따라서 합리적인 법의 정신과 공평무사한 법의 집행이 요구되는 것은 너무나 낭연한 요구임에도 불구하고 그나마 민주적 절차에 따른 오늘날의 법 집행이 있기까지에는 상당한 시행착오가 뒤따라야 했다. 옳고 그름을 가리는 과정에는 올바른 이성적 판단에 기초한 지혜가 필요하다. 그런 점에서 자주 인구에 회자되는 솔로몬의 재판은 비록 왕의 신분이기는 하나 오늘날에 와서도 공정한 판결의 귀감으로 꼽힌다.

유감스럽게도 우리 사회는 전통적으로 그런 시시비비를 가리는 데 있어서 증거 위주의 합리적, 이성적 판단에 의거한 판결 사례 경험이 부족하기 짝이 없다. 오로지 감정적, 주관적 판단에 근거한 독단적 판결로 구족을 멸하는 억울한 경우들이 비일비재했다. 그러니 가문이나 일족이 살아남기 위해서라도 줄을 잘 서야 한다는 절박감에 사로잡혀 지낼 수밖에 없었을 것이다. 당파 싸움이 망국을 초래했다지만, 결국 공정한 법의 집행이 부실했기에 그런 당쟁도 벌어졌을 것이다.

그런 점에서 옳고 그름을 지혜롭게 판별해 주는 랍비 같은 존재나 감히 왕을 꾸짖고 나설 수 있는 선지자들을 지녔던 유대인 사회는 매우 특이한 구조를 지닌 공동체였던 것으로 보인다. 유대인들이 자랑하는 슬기로운 왕 솔로몬의 재판은 그래서 우리에게 더욱 값진 교훈으로 다가온다. 구약성서 열왕기상 3장 16절-28절에 나오는 그 유명한 솔로몬의 재판 장면은 다음과 같다.

두 창녀가 한 아기를 들고 나타나 서로 자기 아이라고 우긴다. 한 여인의 주장에 의하면, 다른 여인이 죽은 아기와 산 아기를 몰래 바꿔치기했다는 것이다. 즉 잠을 자다가 아기가 어미의 몸에 깔려 죽었는데 한밤중에 일어나 죽은 아기를 자신의 산 아기와 바꿔치기한 것이라는 주장이다. 왕은 시종에게 이르기를, 칼로 아기의 몸을 반으로 갈라 두 여인에게 나누어 주라고 명한다. 한 여인은 순순히 그 명에 따르겠다고 했으나 다른 한 여인은 차라리 자기가 아기를 양보할 터이니 제발 아기를 죽이지만 말아 달라고 간청한다. 왕은 그 여인이 친모이니 그녀에게 아기를 되돌려주라고 명한다.

이야기는 매우 간단해 보인다. 왕이 아기의 생명을 가볍게 여긴

점은 다소 문제의 소지가 있겠으나 어쨌든 진정한 모성을 지닌 여인이 누구인지 시험해 본 것이라 할 수 있다. 동시에 왕은 두 여인에게 각자 나름대로 적절한 명분을 주기도 했지만, 여기서 중요한 점은 솔로몬이 명백한 증거가 없는 상황에서 일종의 심리적 테스트를 행했다는 사실이다.

법적 판단에 심리적 요인의 중요성을 처음으로 보여 준 인물이었다는 점에서 솔로몬의 지혜가 더욱 돋보인다. 물론 과학이 발전한 오늘날에 와서는 친자 확인 소송에서 유전자 감식 수단을 동원할 수 있겠지만, 솔로몬의 지혜가 우리에게 던지는 교훈은 진정한 모성적 사랑보다 더욱 확실한 증거는 없다는 점을 일깨워 준다는 사실에 있다 하겠다.

솔로몬의 재판은 형사사건이 아니라 민사사건에 해당된다. 친자 소유권 다툼을 다룬 것이기 때문이다. 이를테면 솔로몬은 형 집행을 명하는 선고가 아니라 조정 시안을 제시한 셈이다. 따라서 거짓 증언을 한 여인에 대한 처벌은 없었다. 두 여인 모두 왕의 권위와 지혜로운 판정에 순순히 따른 것이다. 이처럼 법 자체 및 그 집행에는 신성한 권위가 주어져야 한다. 따라서 법이 권력의 남용으로 전락하게 되면 그 권위를 잃고 만다.

솔로몬은 권력에 힘입은 것이 아니라 지혜로운 판단에 의해 자신의 권위를 더욱 드높였기에 오랜 세월 두고두고 칭송을 받는 것이다. 성서는 그러한 솔로몬의 지혜가 태어날 때부터 그 자신이 지니고 나온 것이 아니라 하느님이 주신 능력이라고 기록했다. 〈탈무드〉의 지혜 역시 그렇다는 것이다. 다시 말해 지상의 세속법 집행에 하느님의 법이 개입되어 있음을 암시한 말이다. 물론 이는 정교분리가 되어 있지 않았던 시대정신의 표출이다.

고대 바빌로니아의 왕 함무라비가 제정한 법전은 가장 최초의 체계화된 법전으로 알려지지만 그 기본 정신은 '눈에는 눈, 이에는 이'라는 탈리온 법칙에 의거하고 있기 때문에 절대군주 체제에서나 통용될 수 있는 매우 잔혹한 법체계임을 알 수 있다. 그런 점에서 솔로몬의 지혜는 일도양단식의 명쾌한 판결에 있는 것이 아니라 복잡한 갈등 양상을 띠고 있는 사건 해결에 있어서 당사자들의 심리적 상태까지 파악하는 세심한 배려를 보여 주었다는 점이 더욱 돋보인다.

민사는 시비의 본질을 가려 조정과 화해를 도모하기 위한 절충안을 제시하는 것이 원칙이다. 반면에 형사는 죄의 유무를 가려 형벌을 가하거나 무고한 혐의를 벗겨 주는 판정을 내리는 것이 원칙이다. 따라서 민사의 본질은 타협에 있으며, 형사의 본질은 징벌과 뉘우침에 있다. 솔로몬은 비록 극단적인 방법이긴 하지만 일종의 트릭을 사용하여 두 여인에게 타협안을 제시한 것이다. 창녀라는 신분은 당시로서는 처벌의 대상이 되지 않았던 듯하다. 누가 아기의 친부인가 하는 문제는 전혀 다루어지지 않았기 때문이다. 또한 거짓 주장을 한 여인에 대해서도 다른 처벌이 가해졌다는 내용은 보이지 않는다. 따라서 솔로몬의 개입은 시비를 가려 주고 더이상의 시비가 없도록 조치한 것뿐이다.

솔로몬의 지혜로 공정한 심판이 이루어진 모습을 지켜본 백성들이 그 후로 왕을 더욱 두려워하기 시작했다는 사실도 흥미로운 현상이다. 그것은 민사든 형사든 공평무사하게 이루어지는 법 집행에 대한 신뢰뿐 아니라 법을 잘 지켜 모든 언행에 조심해야겠다는 파급효과를 불러일으켰기 때문이다. 이처럼 법적 판결은 사건 당사자뿐만 아니라 그와 유사한 문제의 소지를 안고 있는 많은 사람들에게 경고 및 각성의 효과도 발휘하기 때문에 매우 중요한 사회적 계도 장치이기도 하다. 민사적으로는 좋은 선례를 남기는 것이고, 형사적으로는 일벌백계의 효과를 기대하는 것이다.

사악한 인간들은 죄의식과 책임감이 결여되어 있는 반면에 지능이 매우 뛰어난 경우도 있기 때문에 이들을 상대로 양심에 호소하여 혐의를 밝힌다는 것은 결코 손쉬운 일이 아니다. 오히려 이들은 상대의 약점과 허점을 간파함으로써 역이용하기도 한다. 특히 사회적인 주목을 받는 경우, 대중심리의 취약성을 정확히 간파하고 자신을 방어하는 수단으로 적절히 활용하면서 여론에 호소하는 전략으로 법적 판정에 영향을 끼치도록 유도하기도 한다. 그러나 자유민주사회의 법원은 대중적인 선동이나 여론에 이끌려 최종 판결을 내리는 인민재판과는 엄밀히 구분된다. 집단심리에 이끌린 집단적 판단은 냉철한 이성적 판단으로 보기 어려우며 동시에 매우 위험하기까지 하다.

앞에서도 언급했듯이 예수가 한 창녀의 목숨을 구한 이야기는 너무도 놀라운 극적 반전이다. 물론 여기서 우리는 인간 심리의 밑바탕을 꿰뚫어 보는 예수의 놀라운 안목에 주목할 필요가 있다. 군중들의 속죄양 심리를 극적인 일반화로 일거에 반전시켜 버린 예수의 전략은 솔로몬의 지혜 못지않게 실로 핵심을 찌르는 효과가 있었다.

이 일화에서 피고는 물론 음란한 행위를 저지른 창녀였지만 엄밀히 따져서 군중들은 그녀를 심판할 자격이 원래 없었던 것이다. 단지 율법에 위배된 행위였다는 이유만으로 창녀를 돌로 심판한다는 것은 너무도 문자주의적인 해석일 수 있다. 그런데 예수는 새로운 율법 해석으로 그들과 지적 논쟁을 한 것이 아니라 직접 군중들의 심리 속으로 파고 들어가 그들의 잠재된 양심과 죄의식을 자극한 것이다. 그리고 그것은 효과가 있었다. 솔로몬과 다른 점이 여기에 있다.

물론 이처럼 인간 심리에 정통했던 솔로몬과 예수는 유대인이었다. 그러나 솔로몬의 영광과 예수의 희생을 뒤로하고 유대인들은 마침내 망국의 슬픔을 겪으며 전 세계로 뿔뿔이 흩어져 나갔다. 그들에게 닥친 운명은 그야말로 한 치 앞도 내다볼 수 없는 불안정한 삶이었을 뿐이다. 어디를 가든 그들은 학대와 모욕을 당했으며 이유도 모른 채 추방되고 학살당했다. 살던 집이 불태워지고 약탈과 살인에도 속수무책이었을 뿐이다. 유대인에게 법은 있으나 마나 한 존재였다.

이처럼 부당하고 억울하기 그지없는 설움과 아픔을 뼈저리게 겪었던 그들이기에 유대인 사회에서 유독 수많은 법률가들이 배출된 이유를 알 만도 하겠다. 사회적 신분 상승의 기회가 원천적으로 봉쇄된 시절에 유대인들로서 그나마 상류사회로 접근이 가능한 분야는 변호사나 의사, 과학자, 예술가의 길을 걷는 일뿐이었다. 그중에서도 변호사의 직업은 유대인의 적성에도 딱 들어맞는 일이었다. 억울하고 부당한 처지에 놓인 피해자를 돕는 일인 데다가 유대인들은 설득력이나 심리전에서도 뛰어났기 때문이다.

16세기에 활동한 프랑스의 몽테뉴도 법관을 지낸 인물이며, 독일의 시인 하이네도 처음에는 법률을 공부하다 문학으로 전향했다. 마르크스 역시 법학을 공부하다 철학으로 전공을 바꾸었다. 프란츠 카프카도 대학에서 법학을 전공하고 잠시 법원에 근무하기도 했다. 이처럼 유대인들은 법학 전공을 통해 사회적 진출의 장벽을 뚫어 보고자 애를 쓰기도 했으나 인종차별의 벽을 뛰어넘기란 그리 손쉬운 일이 아니었다.

그럼에도 불구하고 모든 역경을 헤치고 대법관의 위치에까지 오른 인물들이 있었다. 오스트리아 최초의 유대인 대법원장 요제프 웅거, 영국 최초의 유대인 대법원장 루퍼스 아이작스, 그리고 미국 최초의 유대인 연방 대법관 루이스 브랜다이스 등이 바로 그들이다. 특히 미국의 연방 대법원 판사들의 역대 명단을 보면 유대인의 활약이 실로 눈부시다.

윌슨 대통령 시절의 브랜다이스, 후버 대통령 시절의 벤자민 카도조, 루스벨트 대통령 시절의 펠릭스 프랑크푸르터, 케네디 대통령 시절의 아서 골드버그, 존슨 대통령 시절의 에이브 포타스, 그리고 클린턴 대통령 시절의 루스 긴즈버그와 스티븐 브라이어, 오바마 대통령 시절의 엘레나 케이건이 지금도 대법원 판사로 재직 중에 있다. 미국 보스턴에 있는 브랜다이스 대학은 유대인 재단이 설립한 명문대학으로 브랜다이스 판사의 이름을 빌려 붙인 명칭이다. 루이스 브랜다이스는 열렬한 시온주의자기도 했다.

다만 유대인의 대법관 취임에 반대하는 반유대주의자들의 저항 또한 만만치 않았다. 더욱이 유대인 변호사에 대한 대중적 선입견도 그리 호의적인 건 아니었다. 영리하고 교활한 데다가 능수능란한 언변으로 상대의 약점을 이용해 판결을 뒤집는 사악한 변호사의 전형으로 보는 경우가 많기 때문이다. 마치 말도 되지 않는 억지를 부리며 엉덩이 고기를 내놓으라고 요구하는 유대인 고리대금업자 샤일록처럼 말이다.

그러나 숱한 논쟁을 불러일으킨 O. J. 심슨 살인사건 재판에서 당당하게 그를 기소했던 여검사 마샤 클라크도 유대인 출신이라는 점에서 본다면 그런 편견은 매우 인종차별적인 배경에서 나온 억지임을 알 수 있다. 클라크 검사는 심슨이 무죄를 선고받자 한 치의 미련도 없이 법조계를 떠났다. 심슨의 변호인이었던 로버트 샤피로 역시 유대인이었지만 양심의 가책을 느꼈는지 그도 심슨 사건 이후로는 형사사건을 맡지 않고 민사로 전향해 버렸다. 그러나 결국 심슨은 10년 뒤에 다른 범죄행위로 기소되어 유죄 선고를 받고 지금은 감옥에서 복역 중에 있다.

적어도 유대인들이 머리가 좋고 영리하다는 점에서는 이의가 없겠지만, 그렇다고 해서 무조건 그들을 사악한 인간으로 몰고 가는 일은 지나친 논리의 비약이기 쉽다. 왜냐하면 그들만큼 정의를 위해 투쟁한 사람들도 흔치 않기 때문이다. 유대인들이야말로 오랜 세월 부당하고도 잔악한 체제의 희생양으로 살아온 당사자들이 아닌가.

그들이 자유의 땅을 찾아 자신들의 꿈을 이룬 것은 그만큼 피나는 노력과 투쟁의 결과였지 결코 사악하고 교활한 성품 때문만은 아니었을 것이다. 그런 점에서 정의를 실현하기 위한 법 정신의 토대를 굳건히 하는 데 일익을 담당한 수많은 유대인의 공헌을 단순히 감정적 차원에서 과소평가하기만 해서는 안 될 것이다.

단적인 예로 전통적인 유대인의 법에서는 본인의 자백을 인정하지 않는다. 오랜 경험을 통해 고문과 강요에 의한 허위 자백이 많았음을 누구보다 잘 알고 있기 때문이다. 그래서 오늘날 이스라엘 법정에서도 자백에 의한 죄는 무효로 간주된다. 아우슈비츠의 도살자 아이히만도 최후의 순간까지 자신에게는 죄가 없음을 강변했지만, 그의 자백이 없음에도 불구하고 결국 유죄가 선고되어 사형이 집행되었다. 본인의 자백보다는 명백한 증거 위주의 판결에 중점을 두기 때문이다.

그뿐만이 아니다. 원래 유대인의 법정에서 사형을 언도할 때도 판사들의 전원 일치로 이루어진 판결은 무효로 간주되었다. 왜냐하면 그 어떤 재판에서도 서로 다른 견해가 나오기 마련인데 전원 일치된 견해는 공정성에 문제가 있다고 보았기 때문이다. 일종의 담합에 의한 판결을 사전에 차단하기 위한 조치다.

카프카의 소설 〈심판〉의 주인공 K는 정확한 이유도 모른 채, 또한 상대의 신원도 제대로 알 기회조차 주어지지 않은 채, 영문도 모른 상태로 개처럼 끌려가 처형당한다. 그에게는 스스로 변명할 기회조차 주어지지 않는다. 여기서 심판의 문제는 매우 부조리한 현실을 여지없이 드러내 보여 준다. 과연 누가 누구를 심판하고 또한 그런 자격은 누구로부터 부여된 것인가. 이처럼 보이지 않는 가해자들의 실체와 아무런 이유도 모른 채 죽어 가야만 하는 주인공의 운명은 마치 오랜 세월 동안 유대인들이 기독교 문명사회에서 겪었던 부당한 핍박과 고난에 대한 항변의 목소리처럼 들리지 않는가.

유대인은 수천 년의 세월을 신의 심판과 구원이라는 화두에 매달려 온 민족이다. 그리고 지상에서 그들에게 가해진 온갖 부당한 박해와 심판으로 이루 말할 수 없는 고초를 겪은 민족이다. 그들이 법과 심판의 문제에 유달리 집착하는 모습을 보이는 것도 다 그런 배경을 통해 십분 이해 가능한 일인지도 모르겠다. 그래서 그들은 수십 년에 걸친 집요한 추적 끝에 남미에 숨어 사는 아이히만을 끝내 붙잡아 법정에 세웠다. 특히 홀로코스트 생존자로서 나치 전범을 추적하는 일에 일생을 바친 오스트리아 출신 시몬 비젠탈의 집념은 너무도 유명하다. 아이히만의 체포에도 그의 도움이 컸다.

그 정도로 그들은 자신들이 당했던 뼈아픈 기억에서 결코 자유롭지 못했음을 알 수 있다. 다만 그들은 복수의 차원에서가 아니라 이 세상에 정의가 살아 있음을 입증해 보이기 위해 전범들을 끝까지 추적해 법정에 세운 것이다. 그들이 마음만 먹었으면 얼마든지 암살도 가능했겠지만 그들은 그렇게 하지 않았다. 그런 행위는 가해자와 똑같은 도덕적 타락을 의미하기 때문이다. 적어도 유대인들은 약자로서 끔찍스러운 피해를 입었지만 도덕적으로는 항상 우위를 지키고자 애쓴 셈이다. 그리고 실제로 그들은 그런 도덕적 우위를 끝까지 잃지 않았다.

영원한 참모들

역사적으로 볼 때, 유대인들은 정치 일선에 나선 적이 거의 없다. 그들은 항상 보이지 않는 배후에서 참모 역할에 만족해 왔기 때문이다. 물론 거기에는 그 나름대로의 이유가 있었을 법한데, 가장 그럴듯한 이유를 굳이 들자면 유대인에 대한 대중들의 뿌리 깊은 반감 때문이 아닐까 한다. 특히 정치 일선에 유대인이 나선다는 일은 일종의 자살행위에 가까웠다. 그래서 그들은 항상 제2인자의 자리에 머물고 대중들의 눈에 잘 띄지 않도록 조심하는 자세를 계속 유지한 것이다.

닉슨 행정부의 국무장관을 역임한 헨리 키신저가 가장 대표적인 인물에 속한다. 그는 독일 태생이지만 그의 나이 15세 때 나치의 위협을 피해 가족이 미국으로 이주했다. 하버드 대학에서 정치학을 공부한 그는 대통령 특별 안보 담당 보좌관으로 일하다가 닉슨 행정부 및 포드 대통령 시절에 국무장관을 역임하며 미국의 대외관계를 진두지휘했다. 월남전 및 중동전쟁 해결에 뛰어난 외교술을 발휘했으며, 그 공로로 1973년 레둑토와 함께 노벨 평화상을 공동 수상하기도 했다. 그러나 칠레에서 독재자 피노체트를 지원하는 등 과오를 범하기도 해 그에 대한 평가는 제각각이다.

여성의 몸으로 클린턴 행정부의 국무장관을 지낸 매들린 올브라이트 역시 유대인이다. 체코 태생인 그녀는 자신이 유대인 혈통인 줄도 모르고 성장했는데, 그녀의 부모가 그런 사실을 딸에게 일체 알리지 않고 세상을 떠났기 때문이다. 그녀의 유대인 혈통 사실은 그녀가 국무장관에 지명된 이후 언론이 자체 조사를 통해 밝혀낸 것으로 그녀의 조부모를 포함해 많은 친척들이 홀로코스트로 희생당한 사실도 그때 처음 알게 되었다. 물론 역사적으로 보면, 19세기 빅토리아 여왕 시대에 영국 수상을 지낸 디즈레일리도 있지만, 국가 원수는 아니었다. 20세기 초에는 이탈리아 왕국의 엠마누엘 3세 시절에 수상을 지낸 시드니 손니노가 있다.

오스트리아 사회민주당의 지도자 오토 바우어는 프로이트가 치료했던 환자 도라의 오빠로 권력 투쟁에서 밀려 파리로 망명해 활동하다가 히틀러가 오스트리아를 합병한 직후 그곳에서 죽었다. 오토 바우어의 권유로 법학을 공부하고 사회민주당에 입당했던 브루노 크라이스키는 나치 독일의 박해를 피해 스웨덴으로 망명했다가 전후 다시 복귀하여 오스트리아 총리를 역임했다.

그러나 국가 최고 지도자다운 자리에 앉아 국정을 펼쳐 나간 유대계 인물로는 소비에트 정부를 이끌었던 레닌과 최근까지 포르투갈 대통령을 지낸 조르즈 삼파이우 정도가 있을 것이다. 유대인 정적들을 대거 숙청한 스탈린은 레닌의 유대계 혈통 사실을 일체 극비에 부쳤다. 러시아 혁명 후 소비에트 정부에서 활동한 유대인으로는 트로츠키, 카가노비치, 카메네프, 지노비예프, 라데크, 소콜니코프, 스베르들로프, 우리츠키, 멘셰비키의 지도자 마르토프, 그리고 스탈린의 앞잡이로 활약한 야고다 등이 있지만, 이들 대부분은 스탈린에 의해 숙청되고 말았다.

소련 붕괴 이후에는 옐친 정부에서 외무장관 및 총리를 역임한 프리마코프, 그리고 푸틴 정권 시절에는 자유민주당의 지도자 지리노프스키가 유대인이다. 특히 지리노프스키는 자신의 유대적 뿌리를 부정하고 오히려 반유대주의를 부추기는가 하면 계속해서 극우적인 문제 발언을 일삼는 등 기행적인 행보를 보인 것으로 유명하다. 일종의 자기 부정인 셈이다.

독일 바이마르 공화국 시절 외무장관을 지낸 발터 라테나우도 유대인이다. 그는 유대인의 동화를 외치고 시오니즘과 사회주의에 반대한 인물이지만 독일 극우파에 의해 암살당하고 말았다. 온건 좌파로 프랑스 수상을 세 번이나 역임한 레옹 블룸은 드레퓌스 사건으로 충격을 받아 정치계에 뛰어든 인물이다. 유럽 은행 초대 총재를 역임했던 자크 아탈리는 미테랑 대통령의 국정에 간여해 조언자 노릇을 맡았다. 프랑스 사회당원 로베르 바댕테르는 미테랑 정권 시 법무장관을 지냈으며 프랑스에서 사형제도 폐기를 주도한 인물이다.

녹색당 출신의 다니엘 콘벤디트는 60년대 학생혁명을 주도한 전설적인 인물로 독일과 프랑스를 오가며 정치 활동을 벌이고 있으며, 현재는 유럽 의회 의원으로 있다. 학생운동 당시 '빨강 머리 다니'로 불렸던 그는 현재는 녹색운동에 전념해 '녹색 다니'라는 애칭으로 불린다. 국제통화기금 총재직에 있다가 호텔 여직원 성폭행 혐의로 체포되어 국제적인 망신을 당하고 가까스로 풀려난 도미니크 스트로스칸은 프랑스 사회당 소속으로 재무장관을 역임했다.

유럽 의회 초대 의장을 지낸 시몬 베유 여사는 아우슈비츠 수용소에서 살아남은 홀로코스트 생존자로, 그녀의 부모는 따로 분리되어 죽음을 맞이했다. 고아가 된 그녀는 기적적으로 살아남아 파리로 돌아온 뒤 법학을 공부하고 정계에 뛰어들었다. 그녀는 지스카르 데스탱 대통령 밑에서 보건장관을 역임하고 프랑스 아카데미 종신회원으로 있었다.

영국 대처 수상 밑에서 교육부장관 및 산업장관을 지낸 키스 조셉과 내무장관을 지낸 레온 브리튼, 뉴욕 주지사를 지낸 허버트 레만, 레이건 행정부에서 국방장관을 지낸 캐스퍼 와인버거, 오레곤 주지사 출신으로 카터 행정부에서 교통부 장관을 역임한 닐 골드슈미트, 클린턴 행정부에서 대통령 경제수석보좌관 및 재무장관을 지낸 로버트 루빈, 미연방 준비은행 총재를 오래 역임한 앨런 그린스펀, 오바마 대통령 수석보좌관을 지낸 람 에마누엘, 바이든 행정부에서 국무장관에 임명된 토니 블링컨, 재무장관으로 재직하며 경제 대통령으로 불리기까지 하는 재닛 옐런도 모두 유대인 출신들이다. 특히 재닛 옐런 장관의 남편 조지 애컬로프는 노벨 경제학상까지 받은 세계적인 유대계 학자이기도 하다.

이처럼 유대인들은 항상 보이지 않는 곳에서 최고 권력자들을 보좌하는 일에 만족해 왔음을 알 수 있다. 물론 그것은 오랜 세월 온몸으로 익혀 온 뼈아픈 삶의 체험 탓이기 쉽다. 줄을 잘못 서는 바람에 목숨을 잃는 경우가 비일비재했으며, 줄을 잘 서야 생존을 보장받는 수가 많았기 때문이다. 사실 유대인들은 항상 줄서기에 익숙한 민족들이다. 식량 배급을 받기 위해서 또는 조사를 받기 위해서 그리고 입국 허가를 받기 위해서 그들은 항상 줄을 서야만 했다. 심지어는 가스실로 죽으러 갈 때도 발가벗은 채 줄지어 행진해 가야만 했다.

그러니 유대인들이야말로 줄서기의 진정한 달인들이라 할 수 있다. 그러나 그것은 생과 사가 엇갈리는 줄서기라는 점에서 너무도 가혹하고 참담한 줄서기였다. 그들이 항상 앞에 나서지 않고 뒤에 머물러 있는 것은 생존을 위해서였음을 알 수 있다. 그런 그들의 반응을 편집증적 의심의 발로라고 폄하할 수도 있겠지만, 우리는 그것을 결코 우습게 여길 일만도 아니다.

그들은 결코 샴페인을 일찍 터뜨리는 법이 없다. 신중에 신중을 거듭하는 게 몸에 배어 있다. 그것이 돈이든 사람이든 다 마찬가지다. 그들이 항상 배워 왔던 〈탈무드〉에도 상대의 의중을 제대로 알기 전까지는 결코 경솔하게 처신해선 안 된다는 지침을 가르치고 있지 않은가. 그래서 입을 다물지 못하는 사람은 대문이 활짝 열린 집과 같아서 언제 도둑을 당할지 모르기 마련이며, 말이란 다리와 같아서 튼튼한 다리가 아니면 건너지 않는 것처럼 말은 항상 신중해야 한다고 가르친다.

그러니 물고기가 항상 입으로 낚이듯이 인간도 역시 입 때문에 화근에 걸려들기 일쑤여서 입을 조심하지 않으면 낭패를 보기 십상이라는 경고도 빼놓지 않는다. 따라서 즐겁게 오래 살고 싶으면 오로지 코로 숨만 쉬고 입은 다물고 있으라고 충고한다. 거기에 덧붙여진 사람은 자기가 직접 본 것만을 말하고, 어리석은 사람은 귀로만 전해 들은 것을 말한다고 하고, 따라서 현명한 사람은 자기가 무슨 말을 하고 있는지 잘 알고 있지만, 어리석은 사람은 자기가 단지 떠들고 있다는 사실만 안다고 귀띔한다.

이런 가르침을 어려서부터 익혀 온 유대인들이니 모든 말과 행동에 신중을 기할 수밖에 없다. 말과 대화야말로 유대인의 생존을 좌우하는 매우 중요한 도구였다. 유대인이 상술에 능한 것도 상대의 심리를 파악하고 말로서 설득하는 남다른 재능에 힘입어 발달한 것이 아니겠는가. 따라서 유대인 사회에서 심리치료의 개척자 프로이트나 외교술의 달인 헨리 키신저, 그리고 투자의 달인 조지 소로스와 같은 인물이 나온 것은 지극히 당연한 결과였다. 그들은 항상 보이지 않는 곳에서 은밀히 타인을 치료하고 협상을 시도하며 돈을 투자한다. 그런 방식으로 유대인들은 오랜 세월 자신들의 생존을 지켜왔기 때문이다.

사실 따지고 보면, 유대인의 생존 방식은 크게 세 부류로 나눌 수 있다. 돈과 권력 그리고 명성에 대한 집착으로 사회적 신분 상승을 노린 매우 세속적이고도 현실적인 집단, 이상주의적 이념과 사상으로 세상을 바꾸고자 거센 도전과 반항을 시도한 혁명가 집단, 현실과 이상 사이에서 그 어느 쪽에도 아랑곳하지 않고 오로지 자신이 추구하는 학문과 예술세계에 몰입한 집단. 물론 이 중에서 가장 성공과 몰락의 부침이 심했던 그룹은 혁명가 집단이라 할 수 있다.

그리고 오늘날에 이르기까지 그래도 가장 오래도록 명성을 유지하고 있는 집단은 학문과 예술 분야에서 업적을 쌓은 인물들이라고 하겠다. 부를 축적한 사람들이야 세상의 존경을 받기는커녕 질시의 대상이 되기 일쑤이며 권력의 추구도 항상 견제와 숙청의 위험 부담을 안고 있는 일이라 결코 마음 편할 날이 없기는 마찬가지다.

따라서 유대인들은 권력 추구에 가장 무관심한 편이다. 권력의 무상함을 너무도 잘 알고 있기 때문이다. 차라리 돈을 추구하는 편이 더욱 안전하고 실속 있는 일이라고 믿는다. 그들이 자본주의국가에서 삶의 터전을 마련할 수밖에 없는 이유가 거기에 있다. 유대인들은 오랜 세월 전체주의국가에서 그야말로 이 갈리는 혹독한 시련을 충분히 겪었기 때문이다. 그들이 그런 사회로 다시 돌아갈 이유가 하나도 없다. 자신이 노력한 만큼 충분한 보상이 주어지는 사회, 그런 사회가 아니면 그들은 더이상 뒤돌아보지도 않을 것이다. 무엇보다 그들이 가장 간절히 원한 것은 바로 자유 그 자체였기 때문이다.

유대인과 노벨상

유대인으로서 가장 큰 자부심을 느끼게 하는 일은 바로 노벨상 수상자 가운데 절대다수가 유대인이라는 사실일 것이다. 1901년부터 시작된 노벨상은 오늘날에 이르기까지 모두 900명 이상의 수상자들을 낳았지만, 그들 가운데 무려 22%가량이 유대인에게 주어졌으니 자부심을 느낄 만도 하다.

우선 문학상에는 하이제, 앙리 베르그송, 파스테르나크, 요세프 아그논, 넬리 작스, 솔 벨로, 아이작 싱어, 카네티, 브로드스키, 나딘 고디머, 케르테스, 옐리네크, 해럴드 핀터, 파트리크 모디아노, 밥 딜런 등 15명의 수상자를 낳았고, 화학상 34명, 생리의학상 55명, 물리학상 52명, 평화상 8명, 경제학상 33명 등 무려 197명에 달하는 수상자들이 모두 유대인이다.

세계 인구 70억 가운데 0.2%에도 못 미치는 유대인들이 노벨상 전체의 22%를 차지했다는 사실은 실로 엄청난 일이 아닐 수 없다. 더욱이 물리학, 화학, 의학, 경제학 부문을 유대인들이 거의 싹쓸이 하다시피 한 것은 세계 경제를 독점하고 과학계를 주도한다는 점에서 유대인의 힘이 얼마나 강력한지 웅변적으로 말해 주고 있다. 특히 물리, 의학, 경제 부문 수상자의 절반 가까이가 유대인이 차지하고 있다는 사실은 그들의 우수성을 입증하고도 남음이 있겠다.

그러나 이런 결과를 단순히 타고난 천재성 탓으로 보기만도 어렵다. 유대인의 뜨거운 학구열은 이미 정평이 나 있다. 현재 미국 유명

대학에 재학 중인 유대인의 비율을 보면 그들의 교육열이 어느 정도인지 알 수 있다. 하버드 대학 입학생의 27%가 유대인이며, 아이비리그대학 교수의 30%가 유대인들로 채워져 있다고 하니 그런 지독한 공붓벌레들 가운데 노벨상 수상자가 쏟아져 나오는 일은 어쩌면 당연하다 하겠다.

하버드 대학에서 〈정의란 무엇인가〉에 대한 강의로 폭발적인 인기를 얻은 유대계 정치철학자 마이클 샌델 교수가 졸업한 브랜다이스 대학은 재학생의 절반 이상이 유대계 학생들이다. 이처럼 유대인들의 지적 야망과 호기심은 실로 타의 추종을 불허한다. 미국 인구 3억 가운데 유대인은 500만 정도로 1.6%에 불과하다. 그런 소수민족 유대인이 미국 경제를 주름잡고 지식사회를 독점하고 있으니 미국 내부에서도 이들에 대한 반감과 견제가 따를 수밖에 없다.

유대인 자신들도 그런 점을 이미 잘 알고 있어서 다양한 루트를 통해 반유대 정서에 맞서고 있는 중이다. 그러나 드러내 놓고 노골적인 활동을 펼치진 않는다. 오히려 역풍에 휘말려 시달릴지도 모르기 때문이다. 그런 시행착오는 이미 오래전부터 겪을 만큼 겪어 봤기에 그들은 결코 경거망동하지 않는다. 감정에 휘말리지도 않는다. 그들은 오로지 실력으로 승부를 걸고 세상에서 인정받는 길만이 자신들이 살아남는 유일한 방법임을 오랜 경험을 통해 이미 잘 터득하고 있기 때문이다.

더군다나 어릴 때부터 배운 〈탈무드〉의 교육 효과도 무시할 수 없을 것이다. 지금에 와서는 물론 〈탈무드〉의 영향력이 예전만 못하겠지만, 그래도 〈탈무드〉가 가르치는 삶의 지혜는 알게 모르게 모든 유대인들 삶의 일부로 자리 잡아 보이지 않는 영향을 끼치기 마련이다. 〈탈무드〉에서 가르치는 생존 철학의 핵심은 일생 동안 열심히 공부에 정진하라는 것이다. 배우는 일을 게을리하는 것은 신에 대한 배신이라고까지 여긴다. 오로지 배움의 길만이 신의 말씀에 충실히 따르는 일이라고 가르치기 때문이다. 따라서 그들은 악기를 배우건 수학을 공부하건 또는 상술을 배우건 간에 끝장을 볼 때까지 그 분야에 매달리고 승부를 건다. 그러니 그들이 이룩한 성공을 단순히 타고난 천재성만으로 돌릴 수만도 없다. 피나는 노력과 승부욕이 낳은 결과로 봐야 하는 이유가 거기에 있다.

자신들의 조상들이 겪었던 그 엄청난 수모와 굴욕, 고통의 역사를 두 번 다시 되풀이하지 않겠다는 굳은 결의와 절박한 심정이 그들 마음속 어딘가에 자리 잡고 있는 셈이다. 과연 그런 각오를 우리는 지니고 있을까. 곰곰이 따져 볼 일이다. 물론 우리 민족의 학구열 또한 유대인에 결코 뒤지지 않고 있음을 우리는 잘 알고 있다.

이휘소 박사나 황우석 박사 등 노벨상 수상감으로 손색이 없는 학자도 있었고, 김대중 전 대통령은 노벨 평화상까지 받았다. 그러나 문제는 아무리 학구열이 뛰어나다고 해도 그런 인재를 뒷받침할 수 있는 사회적 지지망이 조성되어 있지 못하면 속 빈 강정이요, 빛 좋은 개살구일 뿐이다. 구슬이 서 말이라도 꿰어야 보배라는 말도 있듯이 아무리 인재가 넘쳐나도 그들을 계속 키워 주고 지원해 주지 않는다면 무슨 소용이 있겠는가.

그런 점에서 유대인 사회는 콩 심은 데 콩 나고 팥 심은 데 팥 난다는 말이 그대로 적용되는 사회다. 그들은 서로를 이끌어 주고 격려하며 용기를 북돋워 준다. 서로를 시기하기 이전에 선의의 경쟁을 벌인다. 바로 그 점이 우리와 다른 점이다. 우리의 고질병은 남이 잘되는 꼴을 못 보는 그런 소심함에 있다. 단합이 잘 안되는 이유도 거기에 있다.

한때 우리나라는 세계 최대의 입양아 수출국이라는 오명을 쓴 적이 있는데, 그런 부정적인 이미지 때문에 노벨상을 타지 못한다는 소문마저 있었다. 물론 떠도는 소문에 불과한 것이겠지만, 그냥 한 귀로 흘려버릴 내용만은 아니다. 노벨상은 인류 사회의 진보를 위해 애쓴 인물에게 주어진다는 점에서 더욱 그렇다.

유대인들도 우리처럼 오로지 살아남고 잘 살기 위해 피나는 노력을 기울인 민족임에 틀림없다. 그래서 그들은 우리처럼 죽어라 공부에 매달린 사람들이다. 그러나 다른 점이 있다면 단지 출세를 위해서 또는 그저 잘 살기 위한 목적으로 그렇게 공부에만 매달린 건 아니라는 사실이다.

그들에겐 남다른 소명 의식이 존재한다. 그것은 가족을 위해서도 아니고 자신의 조국을 위해서도 아니다. 아니, 그들에겐 오랜 세월 자신의 영광을 돌릴 만한 조국조차 없었다. 코스모폴리탄적인 소명 의식이 그들 몸에 배어 있는 유일한 자산이었다. 아인슈타인 박사가 조국 이스라엘을 위해 그리고 유대민족의 영광을 위해 상대성이론을 발견한 건 결코 아니었을 것이다. 그런 점에서 코스모폴리탄적이라는 것이다.

그 많은 유대인 학자들은 인류의 진보를 위해 현실을 비판하고 미래를 걱정하며 깊은 사색과 연구에 몰두한 것이지 어느 특정 집단만을 위한 것이 아니었음에 틀림없다. 그들에게 유독 많은 노벨상 수상이 이루어진 것도 유대민족의 우수성을 높이 인정해서 수여된 것이 결코 아니지 않겠는가. 우리에게 부족한 점도 바로 그런 코스모폴리탄적 소명 의식이 아닐까 한다.

  김대중 대통령의 노벨 평화상 수상도 대한민국의 영예임에는 틀림없지만 그 상은 대한민국에 주어진 게 아니라 인류 평화에 기여한 한 개인에게 주어진 것일 따름이다. 그런 점을 우리는 착각하면 안 된다. 노벨상을 타기 위해 밤을 새워 시나 소설을 쓰는 작가는 아마 없을 것이다. 그런다고 주어지는 상도 아니다. 참고삼아 역대 노벨상 수상자로서 유대인 명단을 열거하자면 다음과 같다.

1905년 아돌프 폰 바이에르(화학상)
1906년 앙리 무아상(화학상)
1907년 앨버트 마이컬슨(물리학상)
1908년 메치니코프, 파울 에를리히(의학상), 가브리엘 리프만(물리학상)
1910년 파울 하이제(문학상), 오토 발라흐(화학상)
1911년 토비아스 아서르, 알프레트 프리트(평화상)
1914년 로베르트 바라니(의학상)
1915년 리하르트 빌슈테터(화학상)
1918년 프리츠 하버(화학상)
1921년 앨버트 아인슈타인(물리학상)
1922년 오토 마이어호프(의학상), 닐스 보르(물리학상)

1925년 제임스 프랑크, 구스타프 헤르츠(물리학상)

1927년 앙리 베르그송(문학상)

1930년 카를 란트슈타이너(의학상)

1931년 오토 바르부르크(의학상)

1936년 오토 뢰비(의학상)

1943년 게오르게 카를 폰 헤베시(화학상), 오토 슈테른(물리학상)

1944년 조셉 엘랑가, 허버트 개서(의학상), 이지도어 라비(물리학상)

1945년 에른스트 체인(의학상), 볼프강 파울리(물리학상)

1946년 허먼 조지프 멀러(의학상)

1947년 거티 코리(의학상)

1950년 타데우시 라이히슈타인(의학상)

1952년 셀만 왁스만(의학상), 펠릭스 블로흐(물리학상)

1953년 한스 아돌프 크렙스, 프리츠 리프만(의학상)

1954년 막스 보른(물리학상)

1958년 보리스 파스테르나크(문학상), 조슈아 레더버그(의학상), 일리야 프랑크, 이고리 탐(물리학상)

1959년 아서 콘버그(의학상), 에밀리오 세그레(물리학상)

1960년 도날드 글레이저(물리학상)

1961년 멜빈 캘빈(화학상), 로버트 호프슈태터(물리학상)

1962년 맥스 퍼루츠(화학상), 레프 란다우(물리학상)

1963년 유진 위그너(물리학상)

1964년 콘라트 블로흐(의학상)

1965년 프랑수아 자코브, 앙드레 르보프(의학상), 리처드 파인만, 줄리언 슈윙거(물리학상)

1966년 요세프 아그논, 넬리 작스(문학상)

1967년 조지 월드(의학상), 한스 베테(물리학상)

1968년 마셜 니런버그(의학상), 르네 카생(평화상)

1969년 샐버도어 루리아(의학상), 머리 겔만(물리학상)

1970년 줄리어스 액설로드, 버나드 카츠(의학상), 폴 새뮤얼슨(경제학상)

1971년 데니스 가보르(물리학상), 사이먼 쿠즈네츠(경제학상)

1972년 크리스천 앤핀슨, 윌리엄 하워드 스타인(화학상), 제랄드 에덜만(의학상), 리언 쿠퍼(물리학상), 케네스 애로(경제학상)

1973년 브라이언 조셉슨(물리학상), 헨리 키신저(평화상), 바실리 레온티예프(경제학상)

1975년 데이비드 볼티모어, 하워드 테민(의학상), 벤 로위 모텔손(물리학상), 레오니트 칸토로비치(경제학상)

1976년 솔 벨로(문학상), 바루크 블럼버그(의학상), 버튼 리히터(물리학상), 밀턴 프리드먼(경제학상)

1977년 일리야 프리고진(화학상), 앤드루 섈리, 로잘린 얄로우(의학상)

1978년 아이작 싱어(문학상), 대니얼 네이선스(의학상), 아노 펜지어스(물리학상), 메나헴 베긴(평화상), 허버트 사이먼(경제학상)

1979년 허버트 브라운(화학상), 셸던 글래쇼, 스티븐 와인버그(물리학상)

1980년 폴 버그, 월터 길버트(화학상), 베나세라프(의학상), 로런스 클라인(경제학상)

1981년 엘리아스 카네티(문학상), 로알드 호프만(화학상)

1982년 에런 클루그(화학상)

1984년 세자르 밀스타인(의학상)

1985년 제롬 칼, 허버트 하우프트만(화학상), 마이클 브라운, 조셉 골드슈타인(의학상), 프랑코 모딜리아니(경제학상)

1986년 스탠리 코헨, 리타 레비몬탈치니(의학상), 엘리 위젤(평화상)

1987년 조지프 브로드스키(문학상), 칼 뮐러(물리학상), 로버트 솔로(경제학상)

1988년 거트루드 엘리온(의학상), 리언 레더먼, 멜빈 슈바르츠, 잭 스타인버거(물리학상)

1989년 시드니 올트먼(화학상), 해럴드 바머스(의학상)

1990년 제롬 프리드먼(물리학상), 해리 마코위츠, 머턴 밀러(경제학상)

1991년 나딘 고디머(문학상)

1992년 루돌프 마커스(화학상), 조르주 샤르파크(물리학상), 게리 베커(경제학상)

1993년 로버트 포겔(경제학상)

1994년 조지 올라(화학상), 알프레드 길먼, 마틴 로드벨(의학상), 라빈, 페레스(평화상), 존 하르사니(경제학상)

1995년 마틴 펄, 프레더릭 라이너스(물리학상), 조지프 로트블랫(평화상)

1996년 데이비드 모리스 리, 더글러스 딘 오셔로프(물리학상)

1997년 스탠리 프루시너(의학상), 클로드 코엔타누지(물리학상), 마이런 숄즈(경제학상)

1998년 월터 콘(화학상), 로버트 퍼치곳(의학상)

2000년 앨런 히거(화학상), 폴 그린가드, 에릭 캔들(의학상), 조레스 알표로프(물리학상)

2001년 조지프 스티글리츠, 조지 애컬로프(경제학상)

2002년 임레 케르테스(문학상), 시드니 브레너, 로버트 호비츠(의학상), 다니엘 카네만(경제학상)

2003년 알렉세이 아브리코소프, 비탈리 긴즈부르그(물리학상)

2004년 옐리네크(문학상), 아론 시에차노버, 아브람 헤르슈코, 어윈 로즈(화학상), 리처드 액설(의학상), 데이비드 그로스, 데이비드 폴리처(물리학상)

2005년 해럴드 핀터(문학상), 로이 글라우버(물리학상), 로버트 아우만(경제학상)

2006년 로저 콘버그(화학상), 앤드루 파이어(의학상)

2007년 레오니드 허위츠, 에릭 매스킨, 로저 마이어슨(경제학상)

2008년 마틴 챌피(화학상), 폴 크루그먼(경제학상)

2009년 아다 요나트(화학상), 엘리너 오스트롬(경제학상)

2011년 단 셰흐트만(화학상), 랠프 스타인먼, 브루스 뷰틀러(의학상), 애덤 리스, 솔 펄머터(물리학상)

2012년 세르주 아로슈(물리학상), 앨빈 로스(경제학상)

2013년 프랑수아 앙글레르(물리학상), 마틴 카플러스, 마이클 레빗, 아리에 와르셀(화학상)

2014년 파트리크 모디아노(문학상)

2016년 밥 딜런(문학상), 올리버 하트(경제학상)

2017년 레이너 바이스, 배리 배리시(물리학상), 마이클 로스배시(의

학상), 리처드 세일러(경제학상)

2018년 윌리엄 노드하우스(경제학상)

2019년 마이클 크레머(경제학상)

2020년 루이즈 글뤽(문학상), 로저 펜로즈, 안드레아 게즈(물리학상), 하비 올터(의학상), 폴 밀그럼(경제학상)

2021년 데이비드 줄리어스(의학상), 조슈아 앵그리스트(경제학상)

2022년 벤 버냉키(경제학상)

2023년 클로디아 골딘(경제학상)

이상 살펴본 바와 같이 유대인들은 역대 수상자들 가운데 절대다수를 차지할 뿐만 아니라 노벨상이 주어진 이래 두 차례의 세계대전과 나치 독일에 의한 대학살 기간을 제외하고는 거의 매년 빠지지 않고 상을 받아 오고 있다. 스웨덴 한림원이 유독 유대인을 편애할 이유도 없다는 점을 고려한다면 유대인이 이룩한 이런 성과는 실로 놀라울 뿐이다. 더군다나 노벨상 최고의 영예라 할 수 있는 물리학상의 경우 2023년까지 유대인 52명, 일본인 12명, 중국인 5명이 수상한 점을 고려해 볼 때, 지금까지 평화상 부문을 제외하고 학문 분야에서 단 한 명의 수상자도 내지 못한 우리로서는 그토록 학구열이 높음에도 불구하고 세계적인 학자를 배출하지 못한 이유에 대해 깊이 생각해 볼 대목이 아닐 수 없다.

물론 그것은 곧 학문의 전당인 대학의 부실이 가장 큰 원인이 되겠고, 연구에 정진할 수 있는 사회적 여건이 마련되어 있지 못한 현실 또한 중요한 원인 가운데 하나로 꼽힐 수 있겠다. 그리고 무엇보다도 그동안 학생들 자신이 학업 자체보다는 정치적 현실에 대한 관심이나 취업 문제에 더욱 몰두하게끔 이끌었던 사회적 불안 요소가 더욱 큰 장애 요인으로 작용했을 수 있다. 실제로 오랜 군사독재 시절을 거치면서 우리의 학생들에게 정신적 스승 역할을 했던 사람들은 대학의 스승이 아니라 오히려 정치적 지도자들이었으며, 민주화를 이룬 지금에 와서도 그런 잔재는 충분히 극복되지 못하고 있다.

  노벨상은 밤늦게까지 불을 밝힌 대학 연구실에서 나오는 것이지 거리의 시위 현장에서 나오는 게 결코 아니다. 우리나라에서 노벨상 수상자가 나올 수 없었던 이유 중의 하나도 바로 거기에 있다고 본다. 우리나라 유일한 노벨상 수상자도 평화상을 받은 김대중 대통령으로, 그 역시 학자가 아니라 정치인이 아니던가. 물론 노벨상도 국력이 뒷받침되어야 가능하다는 푸념이 없는 것도 아니지만 반드시 그런 것만도 아니다. 수많은 유대인이 노벨상을 받은 것은 오로지 개인적 노력의 결과였지 국력이나 외교술을 등에 업고 탄 영예가 아니었기 때문이다.

3부
동방의 게토 한반도

왜 동방의 게토인가

지구상에서 인류 역사 이래 수천 년의 오랜 세월에 걸쳐 이루 말할 수 없는 핍박과 시련 등의 고난을 겪은 유일한 민족으로 유대인과 한국인을 꼽는 데 이의를 달 사람은 거의 없을 것이다. 로마 제국과 몽골 제국은 한때 강력한 정복자였으나 이미 멸망한 지 오래고, 중국과 일본 역시 유구한 역사를 지녔지만 타민족의 박해를 받아 본 적이 없다. 그리스와 인도는 고대의 영광을 잃은 지 이미 오래다. 이처럼 오랜 인고의 세월을 보낸 유대인과 한국인의 공통점은 20세기에 이르러 비로소 두각을 드러내기 시작했다는 사실에 있다.

그러나 우리 한반도는 지금까지 세상에 제대로 알려지지 않은 동방의 게토였을 뿐이다. 세계사의 주역으로 떠올라 본 적이 한 번도 없거니와 아시아의 주역 노릇도 해 본 적이 없기 때문이다. 그야말로 은둔의 나라, 고요한 아침의 나라였을 뿐이다.

시간적으로나 공간적으로나 우리는 오랜 세월 비좁은 한반도에 갇혀 지내야 했다. 오천 년의 오랜 역사를 지녔지만 드넓은 만주 벌판을 빼앗기고 작은 한반도에 갇혀 지내기를 어언 1,400여 년. 그동안 우리는 숱한 외침과 망국의 슬픔을 겪으면서도 우리의 말과 글을 잃지 않고 끝까지 지켜 왔으니 그것만 해도 실로 대단한 일이다.

물론 35년간의 일제강점기라는 실로 참담한 순간도 있었지만, 오천 년의 세월에 비하면 아무것도 아니다. 인도와 아일랜드는 수백 년간 영국의 지배를 받지 않았는가. 게다가 아일랜드는 자신들의 고유한 언어 게일어마저 잃고 말았다. 인도가 자신의 정체성을 잃지 않고 끝까지 버틸 수 있었지만 이는 그들 고유의 힌두교와 철학적 자부심 때문이었다.

반면에 우리는 우리 고유의 민족 종교를 상실했을 뿐만 아니라 철학적 기반도 잃어버리고 말았다. 비록 오랜 문화적 유산을 지키는 데는 성공했을지 모르지만, 민족 정체성의 기둥을 이루는 사상적 기반이 취약했기 때문에 갑작스럽게 닥쳐온 광복의 기회조차 제대로 살리지 못한 셈이다. 게다가 구한말 철저한 쇄국정책과 일제강점기를 통해 우리 민족은 세계사의 지도에서 완전히 사라지기까지 했다.

영국의 저명한 역사학자 토인비는 세계사의 항목에서 유대민족뿐 아니라 한민족의 역사도 함께 누락해 버렸다. 한마디로 별 볼 일 없는 민족으로 간주한 셈이다. 그러나 그토록 별 볼 일 없던 유대인은 20세기 들어 눈부신 활약으로 세계문화사를 좌지우지하기에 이르렀고, 우리 한민족은 21세기 들어 비약적인 도약을 이루게 되었다.

특히 오랜 잠에서 깨어나 기지개를 켜기 시작한 우리 민족은 그동안 본의 아니게 강요된 고삐를 풀고 세계사의 일원으로 발을 내딛게 된 것이다. 그러나 아직도 우리의 발을 묶고 있는 족쇄는 완전히 풀리지 않았다. 이념적 차이로 인한 분단의 아픔과 북한 핵 문제가 가장 큰 족쇄로 우리를 옥죄고 있기 때문이다. 그런 점에서 우리 한반도는 아직까지 완전히 게토에서 해방된 게 아니다. 단지 부분적 해방일 뿐이다.

우리가 게토에서 완전히 벗어나는 길은 이념적 족쇄뿐만 아니라 진정한 의미의 인도주의와 민주주의를 실천하는 길뿐이다. 그 어떤 독재나 우상화도 거부하고 진정으로 사람답게 살 수 있는 그런 사회, 그리고 서로서로 도우며 골고루 잘 살 수 있는 사회, 서로가 헐뜯고 증오하지 않으며 격려할 수 있는 사회, 착한 심성을 그대로 유지하며 살 수 있는 사회, 서로가 시기하지 않고 서로에게 고마움을 표시할 수 있는 그런 사회야말로 우리가 진정으로 바라는 세상일 뿐만 아니라 이 지겨운 정신적 감옥에서 해방되는 지름길이기도 하다.

남의 것을 빼앗아 내 것으로 만드는 그런 사회는 게토의 악순환에 빠지는 또 다른 이름의 악몽일 따름이다. 유대인들은 그런 악몽을 결코 잊지 않는다. 오랜 세월 그런 악몽을 겪어 왔던 우리 역시 마찬가지 입장이다. 그러나 유대인들은 800년 동안이나 갇혀 지내던 지저분한 게토에서 해방되자마자 놀라운 실력을 발휘하며 일찌감치 세계화를 이루었다.

물론 오늘날 누리고 있는 유대인의 성공은 그동안 그들이 겪어 온 온갖 수모와 핍박에 대한 보상으로 간주할 수도 있겠다. 그러나 그들은 가만히 앉아서 그런 보상을 받은 게 결코 아니다. 살아남기 위한 피나는 투쟁과 노력을 통해 이룩한 결과다. 우리라고 그러지 못할 이유가 없다. 그리고 우리는 그럴 자격과 실력을 충분히 갖추고 있는 민족이다. 우리에게 채워진 족쇄를 풀기만 하면 얼마든지 유대인을 능가하는 업적을 이룰 수 있는 토대가 이미 마련되어 있기 때문이다. 반만년의 유구한 세월 속에 많은 시간을 낭비한 것처럼 보일 수도 있겠지만, 유대인들이 그 오랜 세월을 낭비한 것만 아니라 자신들의 숨은 실력을 갈고닦아 왔듯이 우리 또한 그동안 비축해 둔 실력과 재능을 얼마든지 발휘할 수 있는 여지가 많다고 본다. 그런 점에서 유대인과 한국인은 자신들의 고유한 말과 글을 통해 민족적 정체성을 잃지 않고 수천 년의 세월을 버티어 온 놀라운 실력자들이라 할 수 있다.

한때 서구인들은 유대인을 향해 신에게 버림받은 민족, 또는 저주받은 족속이라 비웃고 경멸하기도 했다. 나라를 잃고 2천 년의 세월을 여기저기 떠돌며 학대를 받기도 하고 더러운 게토 안에 갇혀 지내기를 수백 년, 그리고 6백만의 목숨이 한 줌의 재로 화하는 엄청난 시련을 겪은 것도 모두 다 신의 저주를 받았기 때문이라는 것이다. 예수 그리스도를 십자가에 못 박히도록 충동질한 죄의 대가를 톡톡히 치른 자업자득이었다는 주장도 있다. 그러나 정작 유대인 자신들은 그렇게 생각하지 않는다. 신이 선택한 민족으로서 그런 혹독한 시련을 주는 것도 다 신의 뜻이며 그럴수록 신이 바라는 올바른 삶을 살기 위해 애쓴 것이다.

우리 한반도 역시 오늘날에 이르기까지 가혹한 운명 앞에 절망하고 좌절한 적이 그 얼마나 많았던가. 그때마다 사람들은 하늘을 원망하고 조상을 탓하고 권력자들을 욕하며 비통에 빠졌다. 우리 역시 하늘로부터 버림받은 민족이 아닌지 의심도 들었다. 하늘도 무심하시다는 말을 수도 없이 뇌까려야 했다. 따라서 어두운 게토 안에 갇혀 지낸 민족은 유대인뿐이 아니었다. 우리 민족 또한 오랜 세월 어두운 게토에 갇혀 하늘을 원망하며 살아왔기 때문이다. 그러나 우리보다 더한 수모와 핍박을 받은 유대인에 비하면, 그래도 우리는 훨씬 나은 편이다. 그리고 그들의 성공을 바라보면서 꿈과 희망을 잃지 않고 부단히 노력하면 우리도 그들처럼 번영된 삶을 살 수 있게 되리라 믿는다. 유대인들은 그 어떤 절망적 상황에서도 결코 꿈과 소망을 잃어버린 적이 없는 민족이 아니던가. 우리 역시 그런 꿈과 소망을 이룰 수 있다고 본다. 고통스러운 절망의 밑바닥을 쳐 본 사람은 오히려 누구보다 먼저 도약의 기회를 갖는 법이다. 절망적인 게토의 삶을 살아온 유대인과 한국인이야말로 그 어떤 민족보다 먼저 도약의 기회를 맞이할 자격이 충분히 있다. 물론 능력과 자질도 충분하다. 다만 주어진 도약의 시점이 다를 뿐이다.

한 많은 한반도와 대한민국

　우리 민족의 화두는 한이다. 오천 년이라는 기나긴 세월 동안 가장 절실하게 요구된 과제야말로 가슴에 묻어 둔 한을 어떻게 푸느냐에 달렸기 때문이다. 벙어리 냉가슴 앓듯이 어디 하소연할 데조차 마땅치 않은 그런 깊은 한을 저마다 마음속에 품고 살아왔으니 그렇게 한 많은 세월을 지내 온 한반도야말로 한 맺힌 반도다. 대한민국도 그래서 큰 한을 품고 있는 민국이라는 뜻에서 나온 명칭일까.

　얼마나 한이 크게 맺혔으면 월드컵 축구 응원에서도 보듯이 수백만의 인파가 모여 그렇게 대한민국을 소리 높이 외쳐 댔을까. 그러나 우리의 한은 단순한 복수심을 뜻하는 원한과는 그 질이 너무도 다르다. 그것은 과거 LA 폭동을 일으킨 흑인들의 분노와 화풀이를 통해서도 확인할 수 있다. 그런 점에서 우리 민족은 그토록 우리를 괴롭힌 당사자들에게 복수나 분풀이를 가한 적이 전혀 없다. 그 점은 유대인도 마찬가지다.

　사람들은 죄는 미워하되 사람은 미워하지 말라고도 하고, 죄는 용서하되 잊지는 말자고도 한다. 그러나 용서하고 싶어도 상대가 자신의 잘못을 인정하고 뉘우치지 않는다면 얘기가 달라진다. 우리에겐 일본이 그렇고 북한이 그러하며 광주 학살의 책임자들이 그렇다. 이와는 달리 독일은 유대인들에게 깊은 사죄의 뜻을 이미 오래전에 표시했다. 그래서 수십 년이 걸린 집요한 추적 끝에 남미에 숨어 살던 아이히만을 붙잡아 이스라엘 법정에 세웠어도 독일은 아무 말도 못 한 것이다. 우리가 만약 그런 행동을 했다면 일본이 과연 잠자코 있었을까.

그런 점에서 독일과 일본은 전혀 다르다. 유대인 역시 독일에 복수를 가하지 않았다. 오히려 독일의 전후 복구를 도왔다. "눈에는 눈, 이에는 이."라는 탈리온 법칙을 접은 것이다. 다만 독일의 만행을 잊지 않고 기억할 뿐이다. 그래서 그들은 그런 뼈아픈 기억들을 철저히 기록으로 남긴다. 안네 프랑크의 일기를 비롯해서 프랑스의 여류 작가 이렌느 네미로프스키의 기록, 빅토르 프랑클의 실존적 기록, 엘리 위젤과 프리모 레비의 회상록, 케르테스와 다닐로 키슈의 소설들은 유대인이 겪은 참담한 경험들에 기초한 기록들이다.

그런데 우리는 과연 어떤가. 정신대로 끌려가 참혹한 일을 겪은 할머니들, 징용으로 끌려간 탄광의 어두운 갱도 안에서 굶주린 배를 움켜쥐고 "엄마 보고 싶어."라는 글귀를 벽면에 휘갈기고 비참하게 죽어 간 사람들, 학도병으로 끌려가 출항도 하기 전에 폭격으로 침몰한 배와 함께 고기밥이 된 억울한 사연들에 대해 우리는 과연 얼마나 진지한 태도로 기록에 남겼는가. 그리고 사할린 동포와 중앙아시아의 초원으로 끌려간 카레이스키의 후손들에 대해서 우리는 과연 얼마나 관심을 기울였는가.

일본은 이미 수십 년 전에 남양 군도에 흩어져 잠들고 있던 일본군의 유골을 모두 회수해 갔다고 한다. 그런데 우리는 억울하게 전쟁터로 끌려가 소리 소문도 없이 죽어 간 원혼들을 달래 주는 그 어떤 조치도 하지 않았으니 그 원혼들이 얼마나 우리를 원망했겠는가. 우리 민족처럼 정이 많고 또 정에 약한 민족은 드물다고 말들 하지만, 실제로 하는 짓을 보면 그런 게 모두 헛소리에 지나지 않음을 알 수 있다.

은근과 끈기도 그렇다. 우리처럼 조급하고 성미 급한 민족도 드물다. 무슨 일이 터지면 냄비 끓듯이 난리를 치다가도 시간이 좀 지나면 언제 그랬냐는 듯이 잠잠하다. 냄비 현상이라는 말이 공연히 나온 게 결코 아니다. 억울한 사연과 한이 하도 많아 이웃을 생각할 겨를이 없어서 그런가. 그래서 한 많은 한반도, 그것도 엄청난 한이라 대한민국인가. 한민족의 뿌리 깊은 한을 풀어 주고 달래 줄 위대한 지도자는 과연 언제나 이 땅에 나타날 것인가. 물론 그것은 단순한 한풀이 차원이 아니라 보다 승화된 형태의 감동으로 와닿는 카타르시스여야 할 것이다.

우리는 히스테리적인 몸짓으로 독일 민중을 선동하던 히틀러의 목쉰 음성에서 결코 감동을 느낄 수 없다. 그런 쇼맨십은 무솔리니나 괴벨스, 카스트로의 연설을 통해서도 얼마든지 느낄 수 있다. 오히려 영화 〈독재자〉의 마지막 장면에서 이 세상에 탐욕과 증오만을 퍼뜨리는 부도덕한 자들의 노예가 되어 자신을 헛되이 바치지 말라고 애타게 부르짖는 찰리 채플린의 연설이 더욱더 큰 감동으로 와닿는다.

그런데 우리의 지도자들에게서는 왜 이런 감동적인 연설을 들을 수 없는 걸까. 일개 코미디언도 이처럼 감동적인 메시지를 전하는데 어째서 우리에게는 그런 말을 들을 기회조차 없었을까. 그토록 숱한 시련과 고통의 세월을 보낸 우리 민족이지만 그 어떤 지도자도 이처럼 감동적인 연설로 온통 상처투성이인 대중들의 마음을 따뜻하게 덥혀 주고 용기를 북돋워 준 기억이 별로 없다. 그런 점에서 우리의 지도자들은 채플린의 수준에도 못 미치는 철학적 빈곤에 허덕이고 있는 듯이 보인다.

▌국난의 영웅들

 우리 민족은 오랜 세월 숱한 외침을 당하는 시련을 겪으며 살아왔다. 한나라, 연나라, 수나라, 당나라, 몽골, 거란족, 여진족, 청나라, 일본 그리고 심지어 미국, 영국, 러시아, 프랑스 등 서구 열강 세력들에 이르기까지 한반도는 하루도 단잠을 이루기 어려울 만큼 온갖 시달림을 당해 왔다. 그러나 나라가 풍전등화의 위기에 처했을 때마다 분연히 일어서 민족을 위기에서 구해 낸 영웅들이 있었기에 그나마 우리는 그 명맥을 잃지 않고 오늘에까지 살아남을 수 있었다고 본다.

 단군왕검이 세운 고조선은 한나라에 맥없이 무릎을 꿇고 말았지만, 그 뒤를 이은 고구려는 그래도 연나라, 수나라, 당나라의 침입을 잘 막아 내며 한반도를 지켰다. 특히 살수대첩을 통해 수나라를 물리친 을지문덕 장군은 가장 최초로 우리 역사에 기록된 국난의 영웅이었다. 그 후로는 당 태종을 물리친 안시성의 영웅 양만춘이 있었고, 고려 때는 거란족의 침입을 물리친 서희와 강감찬 장군, 왜구를 물리친 최영 장군이 있었다. 그러나 신라의 명장 김유신과 백제의 명장 계백은 정작 외세에 대항해 싸운 적이 없었다. 그들은 단지 신라와 백제를 위해 사투를 벌였을 뿐이다.

 이들과는 달리 대조영 장군은 당나라에 대항해 뿔뿔이 흩어진 고구려 유민들을 이끌고 말갈, 돌궐 등과 힘을 합쳐 발해를 세웠지만, 결국 발해는 요나라의 말발굽 아래 짓밟혀 망하고 말았다. 고려를 건국한 왕건이나 조선왕조를 세운 이성계도 외세의 침입에 직접 맞서 싸워 본 적은 없었다. 그러니 국난의 영웅이라고 보기는 어렵다.

광대한 영토를 차지해 고구려 최대의 전성기를 이룩한 광개토대왕도 오히려 적극적인 정복 전쟁을 통해 만주 일대를 석권한 것이니 국난의 영웅과는 거리가 멀다. 30년에 걸친 몽골족의 침입에 시달리던 고려는 삼별초의 끈질긴 항전에도 불구하고 결국 무릎을 꿇어 사실상 원나라의 지배를 받기에 이르렀다. 몽골족을 물리칠 영웅은 끝내 나타나지 않았다.

조선왕조 최대의 위기는 바로 임진왜란이었다. 삼천리 방방곡곡에 곡소리가 끊이지 않았지만, 그래도 나라를 구하기 위해 필사적인 싸움을 벌인 영웅들이 사방에서 나타났다. 바다에서는 이순신 장군이, 육지에서는 행주대첩의 권율 장군, 진주대첩의 김시민, 의병대장 곽재우, 승병을 일으킨 서산대사 등이 나라를 끝까지 지켜 냈다.

병자호란 때는 임경업 장군이 있었다. 그러나 한반도를 둘러싼 주도권 다툼의 결과로 벌어진 청일전쟁과 노일전쟁에서 모두 승리함으로써 막강한 군사력을 과시한 일본을 막을 힘이 우리에겐 없었다. 그것은 국가적 차원에서 다룰 국방력 자체의 문제였지 몇 사람의 영웅만으로 해결될 일이 아니었기 때문이다. 고종황제는 뒤늦게 군사적 장비의 현대화를 추진하려 했지만, 이미 때는 늦어 버리고 말았다.

그렇게 힘없이 무너진 조선왕조는 우리 민족에게 돌이킬 수 없는 수모와 시련만을 남긴 채 종말을 고하고 말았다. 물론 하얼빈 역두에서 이등박문을 암살한 안중근 의사를 비롯해 만주 일대에서 영웅적인 독립투쟁을 벌인 김좌진 장군도 있었지만, 역사의 시곗바늘을 되돌려놓을 수는 없었다.

김구, 이승만, 이범석 장군 등이 벌인 항일운동도 사실상 별다른 효과를 보지는 못했다. 우리의 광복은 전적으로 태평양전쟁에서 일본이 패망하면서 어부지리로 얻은 결과였기 때문이다. 자력의 힘과 투쟁의 결과로 얻은 광복이 아니었다는 점이 가장 큰 약점이 된 것이다. 그러니 멋대로 그어진 삼팔선 이북에 소련군이 진주하고 이남에는 미군이 주둔해 군정을 실시한 것은 우리의 무능 탓이기도 하다.

그때부터 이 땅에는 국난의 영웅이 아니라 이상한 신분의 장군들이 나타나 민중들을 다스리기 시작했으니 북에서는 김일성 장군이 나타나 어버이 수령, 민족의 태양으로 신격화되었으며, 남에서는 박정희 장군과 전두환 장군이 나타나 스스로 국난의 위기를 타개한 영웅임을 자처했다.

물론 그 역사적 평가는 후대에서 알아서 할 일이지만, 우리보다 더한 고난을 겪었던 유대인 사회에서는 우리와 같은 국난의 영웅들조차 존재하지 않았다는 점이 다르다고 하겠다. 물론 로마군에 끝까지 저항했던 마사다 전투에서 마지막 남은 한 사람까지 장렬한 최후를 맞기도 했지만, 결국에는 조국 땅을 잃고 뿔뿔이 흩어지는 바람에 국난의 위기를 헤치고 말고 할 것도 없게 되어 버렸기 때문이다.

대신에 그들은 놀라운 집념과 뛰어난 재능을 무기 삼아 다양한 분야에서 당찬 승부를 걸었으며, 일부는 이념의 깃발을 흔들며 모든 세상을 바꾸고자 시도하기도 했다. 그들은 한때 자본주의와 공산주의 세계를 주도하며 세계의 자본과 이념을 독점하기도 했으며, 학문과 예술을 통해서도 서구 지식인 사회를 이끌었다.

이처럼 본의건 아니건 인류사에 뚜렷한 발자취를 남기게 된 유대인의 현주소를 지켜볼 때, 그나마 주변국에 동화되지 않고 끝까지 우리의 정체성을 유지하며 나라를 지켜 낸 우리로서는 비록 남북이 분단되는 아픔을 겪고는 있지만, 언젠가는 그들에 뒤지지 않을 재능을 발휘할 날이 있을 것이라 굳게 믿는다. 현대는 영웅이 사라진 시대라고들 말한다. 그래서 영웅적인 존재를 더욱 애타게 찾는지도 모른다. 위기에 처한 사회일수록 더욱 그렇다.

과거에는 숱한 영웅들이 나타나 나라를 위기에서 구했지만, 오늘날에는 오히려 영웅을 만들어 낸다. 그러나 유대인들은 우상을 섬기지 말라는 계명에 충실하다. 우상 숭배는 곧 영웅을 숭배하는 일이다. 그들에게 영웅은 애당초 존재할 수 없었다. 이스라엘 민족을 구해 낸 모세나 골리앗을 물리친 다윗조차도 스스로 영웅임을 자처하거나 영웅 대우를 바라지도 않았다. 절망적인 상황에서 유대인들이 간절히 바란 것은 영웅이 아니라 자신들을 구원해 줄 메시아였다. 다만 그들은 예수의 존재를 메시아로 인정하지 않았다는 이유만으로 기독교 사회에서 온갖 핍박을 받은 셈이다.

그런데 우리에게는 적의 침입을 막고 물리친 용감한 장군들은 많았어도 정신적으로 민족을 이끌고 깨우침을 준 영웅적 지도자는 거의 없었다. 적어도 모세나 예수와 같은 위대한 정신적 스승이 없었다는 말이다. 나라를 지키는 장군도 물론 중요하지만, 민족을 각성시키는 정신적 지도자야말로 진정한 의미의 영웅이 아니겠는가. 불행히도 우리는 그런 영웅을 지니지 못했다는 사실이 참으로 안타깝다.

단 예외적으로 한글을 창제하신 세종대왕처럼 뛰어난 성군을 우리가 지녔다는 사실만큼은 우리에게 큰 위안이 되고도 남음이 있다

하겠다. 우리 역사에서 노비 출신임에도 불구하고 장영실과 같은 천재적인 과학자를 키운 장본인도 세종대왕이었다. 그러니 남의 땅을 빼앗아 자기 백성들을 배불리 먹이는 그런 왕은 결코 영웅도 성군도 아니다. 그래서 통일 한국의 초대 대통령도 위대한 정신적 지도자였으면 좋겠다는 생각을 해 본다.

민족의 희생양이 된 여인들

오랜 수난의 역사를 통해 우리 민족의 절반을 이루고 살았던 여성들이야말로 진정한 의미에서 민족의 희생양이었다고 할 수 있다. 왜냐하면 이 땅의 여성들만큼 그토록 숱한 외침을 겪으면서 억울하고 참담한 일을 겪은 사람들도 없기 때문이다. 물론 수많은 남성이 전장에 끌려가 목숨을 잃기도 했지만, 살아남은 일부 여성들은 낯선 이국땅에 인질로 끌려가 이루 말로 형언할 수 없는 참담한 일을 겪어야 했으니 그 한이 얼마나 컸겠는가.

특히 30년에 걸친 몽골의 침략에 원나라의 부마국으로 전락했던 고려 말에 이르러서는 왕의 칭호마저 충성을 의미하는 '충(忠)' 자를 붙여야 할 정도였으니 일반 백성들의 삶이야 오죽했을까 싶다. 더군다나 원나라에 바치는 조공의 일부로 수많은 여인이 공녀(貢女)로 바쳐져 원나라로 끌려갔는데, 일단 끌려간 후로는 평생 돌아오지 못하고 궁궐 시녀나 노비로 일생을 보내야 했다. 그나마 지배층 출신의 공녀들은 귀족이나 고위 관리의 첩이 되어 그런대로 지낼 만했으나 대부분의 일반 백성 출신의 공녀들은 군인들의 처가 되거나 삽일 등을 하는 시중꾼 노릇으로 생을 보내야 했다.

당시 차출된 공녀들이 원나라로 떠날 때 딸을 잃은 백성들의 울음소리가 온 천지를 진동시켰다고 하는데 우리에게 이산가족의 아픔은 이미 700년 전부터 시작된 비극이었다. 따라서 당시 공녀로 선발되면 우물에 빠져 죽거나 목을 매 자살하기도 하는 등 실로 비참한 상황이 벌어지기도 했으며, 공녀로 차출되는 것을 피하기 위해 일반 백성들도 딸의 출산 사실을 감추거나 딸의 머리를 깎아 남아로 위장하는 일까지 벌어졌다. 어린 나이에 일찍 시집을 보내는 조혼 풍습도 그래서 생겨나게 되었다.

　물론 공녀 중에는 예외적으로 원나라 황제의 눈에 들어 황후가 된 경우도 있는데, 원나라 인종의 후비 김씨, 혜종의 귀비로 간택된 기황후가 그 대표적인 경우다. 특히 기황후의 존재는 페르시아 제국의 왕비 에스델을 떠올리게 하는데, 구약성서 에스델기의 주인공 에스델은 유대인 여성으로 아하수에로 황제의 왕비가 된 이후 학살의 위기에 놓인 동족 유대인의 목숨을 살린 인물이다. 하지만 반원 정책을 펼친 공민왕과 대립한 기황후는 에스델과 반대로 고려 정벌을 시도하는 등 동족을 상대로 전쟁까지 불사한 여성으로 그녀가 낳은 아들 아유르시리다르는 나중에 황제가 된 후 고려인 출신의 권황후와 김황후 두 여성을 황후로 맞이하기도 했다. 하지만 대부분의 공녀들은 비참한 삶을 지냈으며, 그런 공녀 차출의 폐단은 조선왕조 세종 때에 이르러 비로소 중단되었다.

　그 후 조선왕조에서는 병자호란 당시 청국으로 끌려간 60만 명의 백성들 가운데 다수의 여인들이 섞여 있었는데, 그녀들은 원나라에 바쳐진 공녀보다 더욱 비참한 처지에 놓였다. 왜냐하면 그들 가운데 다수가 심양의 노비 시장에 팔려 갔기 때문이다. 인조가 남한산성 성문 밖으로 나와 청국 황제 앞에 엎드려 항복하고 환궁하는 길에 포로로 끌려가는 수많은 백성들의 울부짖음과 마주쳐야 했으니 그 비통함이 오죽했으랴 싶기도 하지만 남겨진 가족들의 심정은 얼마나 원통했을까. 결국 그 모든 참극은 무능한 왕과 신하들로 인해 벌어진 일이 아닌가.

하지만 더욱 기가 막힌 일은 당시 주화파였던 좌의정 최명길의 건의에 따라 청국과 협약을 맺고 수많은 여성들이 귀국할 수 있는 길이 열리게 되었으나, 환향녀로 불린 그녀들에 대한 사대부의 반발과 반감이 극도에 달한 것이다. 청국에 끌려가 온갖 능욕을 당하고 돌아온 그녀들은 이미 정조를 잃은 몸이니 절개를 지키지 못한 그녀들에게 조상의 제사를 지내게 할 수 없으며 마땅히 이혼해서 퇴출해야 한다는 것이 사대부들이 내세운 주장이었다. 바람피운 여성을 화냥년이라 욕한 것은 바로 환향녀에서 비롯된 비속어다. 하지만 적반하장도 유분수지, 조정의 잘못과 무능으로 인해 온몸을 망친 여성들에게 모든 잘못을 뒤집어씌운 일은 실로 비열한 작태가 아닐 수 없다.

어쨌든 청국은 조선인 포로의 송환을 그냥 돌려보내 준 것이 아니라 가족들이 일일이 값을 치르고 찾아가게 했는데, 수만 명의 포로들이 그런 값비싼 대가를 치르고 귀환하게 된 것이다. 당시 우리 조정에서는 포로 송환을 위해 속환사를 현지에 파견해 수많은 포로들을 고국으로 데려오기도 했으나, 청국의 노예 상인들은 몸값을 제멋대로 올려 받는 횡포를 부리기 일쑤였다. 더군나나 가족이 없어 송환되지 못한 사람들 중에는 스스로 목숨을 끊는 경우도 생겼으니 참으로 안타까운 일이었다. 사대부의 거센 반대를 무릅쓰고 환향녀의 귀국과 그녀들의 처우 문제에 발 벗고 나선 최명길은 조선왕조 내내 국치의 대명사로 불리는 오명을 뒤집어썼으나, 오늘날에 와서는 오히려 병란의 확산을 막고 백성의 안위를 지켰다는 긍정적인 평가를 새롭게 받고 있기도 하다.

공녀와 환향녀의 수난에 더해 일제강점기에 겪은 일본군 위안부 문제는 지금까지도 미해결의 과제로 남아 있는 한국인 여성 수난의 흔적이다. 성노예라고도 불리는 일본군 위안부의 참상은 광기 어린 집단의 성적 도구로 전락한 여성들의 비극인 동시에 힘없고 나이 어린 소녀들까지 성적 노리개로 무참하게 짓밟은 변태적인 집단의 반인륜적 범죄를 상징한다는 점에서 일본은 전 세계의 지탄을 받고도 남을 것이다.

일본은 계속해서 강제성이 없었다고 잡아떼고 있지만, 위안부로 끌려간 과정이 어찌 됐든 일단 일본군의 성적 유희 대상으로 전락한 여성들은 하루만 해도 수십 번의 성행위를 강요당했는데, 줄 서서 대기하는 병사들을 일일이 상대했으니 그 고통은 이루 말할 수 없었을 것이다. 더욱이 만주에서 버마에 이르기까지 일본군 진영 내에 설치된 위안소로 보내진 여성들은 성적인 착취뿐 아니라 수시로 구타에 시달리고 칼이나 담뱃불로 괴롭힘을 당하는 등 온갖 잔혹한 대우로 고통을 겪으며 정신적으로나 육체적으로 만신창이가 될 수밖에 없었다. 어디 그뿐인가. 영양실조와 고질적인 성병에 시달린 데다 임신이 되면 강제로 중절 수술까지 받고 그 후유증으로 숨지는 경우도 다반사로 벌어졌으며, 황금주 할머니의 증언에 의하면 일본군 장교와 심한 언쟁을 벌이던 한 위안부는 실신할 때까지 매를 맞은 후 결국 음부에 총을 맞고 죽었다고 하니 그 참상을 무엇으로 다 설명할 수 있을까.

이처럼 성적 학대의 피해를 입은 여성들의 숫자는 약 20만 명으로 추산되고 있으나, 피해 당사자들이 자신의 신분 노출을 몹시 꺼려 하는 문제로 굳게 입을 다물고 있기 때문에 정확한 숫자는 파악하기 어렵다. 다만 지금까지 알려진 사실에 의하면, 1941년 만주지역에 주둔한 관동군 보급참모 하라가 조선총독부를 방문해서 소위 '도라지꽃'으로 불린 위안부 2만 명을 요구했다가 1만 명을 관동군 지역으로 끌고 갔으며, 1942년 5월부터 8월까지 3개월 동안 조선인 위안부 800명이 동원되어 수송선으로 버마에 상륙했다는 것이다. 하지만 현재까지 대한민국 정부에 공식적으로 등록된 피해자는 240명에 불과하며 그중에서 8명만이 생존해 있는 실정이다.

하기야 과거에도 청나라에 끌려갔다 정조를 잃고 돌아온 여인들을 환향녀 또는 화냥년이라 부르며 업신여기고 손가락질했으니, 종군 위안부 역시 그런 세상인심이 두려워 자신의 신분을 밝히기 어려운 처지임을 우리는 충분히 이해한다. 그런 점에서 일제는 위안부를 정신적으로 두 번씩이나 죽인 셈이다. 그야말로 연약한 여인들의 몸을 짓밟고 정신적 파탄까지 초래한 일제의 만행을 규탄하지 않을 수 없게 만든다. 그럼에도 불구하고 일본은 오늘날에 와서도 위안부의 참상을 알리는 평화의 소녀상 설치를 끈질기게 방해하고 있는 중이니 그들의 마비된 도덕성에 기가 찰 따름이다.

더군다나 우리는 지금도 계속해서 강세징용자와 위안부 문제에 대해 책임을 회피하고 있는 일본의 사과와 피해보상을 요구하고 있지만, 그렇다면 온 국토를 잿더미로 만들고 숱한 목숨을 앗아 가 버린 북한에 대해서도 사과와 피해보상을 요구해야 마땅할 것이다. 어디 그뿐인가. 통일의 목전에서 중공군 파병으로 통일의 기회를 앗아가 버렸을 뿐만 아니라 오늘날 우한 폐렴 사태로 우리에게 막대한 피해를 입힌 중국에 대해서도 사과와 피해보상을 요구해야 마땅하다. 하기야 도덕성이 마비된 집단에게 그런 요구를 한다는 사실 자체가 무리인 줄은 알고 있지만, 수많은 희생양의 넋을 위로하기 위해서라도 우리는 끊임없이 저들의 파렴치함에 대한 도전을 멈추지 않을 것이다.

이산가족과 돌아오지 않는 다리

 가족이 서로 생이별을 하는 것만큼 마음의 상처를 크게 남기는 일도 없다. 인간이 저지른 악행 중에서 가장 큰 것이 서로 사랑하는 가족을 강제로 떼어 놓는 일이다. 과거 아프리카에서 저지른 노예 사냥꾼들이 그러했고, 유대인을 상대로 나치 독일이 자행한 것도 그렇다. 그런데 우리 역사에서도 그런 만행이 버젓이 일어났으니 그것도 한두 번에 그친 일이 아니었다. 몽골군에 끌려간 공녀를 비롯해서 임진왜란 때 끌려간 도공과 백성들, 그리고 청나라에 잡혀간 수십만의 포로들, 일제에 의해 끌려간 강제징용자와 학도병, 위안부가 그랬다. 한국전쟁 때에는 춘원 이광수를 비롯해 수많은 사람들이 북으로 끌려갔고, 10만 명에 가까운 재일동포가 북송선을 타고 북한으로 떠나며 가족들과 헤어졌다.

 하지만 그중에서도 가장 많은 이산가족을 낳은 것은 바로 동족상잔의 비극 한국전쟁이었다. 남북이 분단되고 전쟁으로 인해 서로 생사도 모른 채 헤어진 이산가족은 무려 천만에 이르렀으며, 지금까지 수십 차례에 걸쳐 이루어진 남북 이산가족 상봉은 우리 민족의 비극을 새삼 일깨워 준 계기가 되기도 했지만, 정치적으로 이용되는 폐단이 없지도 않았다. 어디 그뿐인가. 전쟁의 후유증으로 뿔뿔이 흩어져 남한 자체 내에서도 수많은 사람이 가족을 찾지 못하고 고달픈 삶을 이어 가야 했으니 그 아픔을 어디 가서도 호소할 수조차 없었다.

 그런 와중에 1983년 한국방송공사에서 생방송으로 시도한 이산가족 찾기 운동을 통해 1만 건의 가족 상봉이 이루어지기도 했는데, 당시 신청 건수는 무려 10만 건에 달했으며, 방송국 본사가 있던 여의도 광장에는 애타게 가족을 찾는 사람들과 그들이 붙여 놓은 종이쪽지로 넘쳐났다. 그 쪽지에는 잃어버린 가족의 이름과 헤어진 장소, 신체적 특징 등이 상세히 적혀 있었으니 그 장면은 그동안 얼마나 우리가 이산가족의 아픔을 잊고 살았는지 새삼 느끼게 해 준 계기가 되었다. 당시 가족을 찾고 서로 부둥켜안고 울부짖는 모습을 지켜보며 전 국민이 눈물을 흘렸는데, 특히 방송 타이틀곡인 가수 패티 김의 〈누가 이 사람을 모르시나요〉는 사람들의 심금을 더욱 울리게 만들기도 했다. 하지만 끝내 가족을 찾지 못한 사람들이 대부분이었다는 사실을 생각하면 실로 가슴이 답답함을 누를 길이 없다.

그런데 우리의 마음을 여전히 짓누르고 있는 것은 판문점에 놓여 있는 돌아오지 않는 다리다. 돌아오지 않는 다리는 한국동란 중에 포로로 붙들린 사람들이 제각기 자신들이 원하는 남과 북을 향해 건넜던 다리로, 두 번 다시 돌아오지 않는다는 의미에서 붙여진 이름이다. 북한 포로들은 그곳에서 남측이 제공한 옷을 벗어 내던지고 찢기도 했다. 그렇게 해서라도 당에 대한 충성심을 과시하고 싶었을 것이다. 그렇게라도 하지 않으면 돌아가서 또 무슨 처벌을 받을지 알 수 없기 때문이다. 거의 10만 명에 달하는 포로 송환이 이루어진 돌아오지 않는 다리는 바로 휴전선에 위치해 있다. 물론 이런 다리는 유대인에게 존재할 수 없었다. 그들은 동족끼리 이처럼 끔찍스러운 골육상쟁을 벌인 적이 없기 때문이다. 통곡의 벽 앞에서 그들이 느끼는 감회는 조국을 되찾아 준 신에 대한 감사다. 그런데 우리는 돌아오지 않는 다리 앞에서 그 누구에게도 감사한 마음을 지닐 수가 없으니 참으로 통탄할 노릇이다.

한강의 기적

전후 서독이 패전의 아픔을 딛고 단시일 안에 라인강의 기적을 이루며 세상을 놀라게 했다면, 한국은 전쟁의 폐허 위에서 한강의 기적을 이루며 오늘날 번영의 토대를 마련했다는 점에서 세상을 놀라게 하고 있다. 동족상잔의 비극으로 온 국토가 잿더미로 변하고 세계 최빈국으로 전락한 한국인의 모습을 보고 당시 서구인들은 더이상 한국의 미래에 희망이 없다고 단언하기도 했지만, 그것은 실로 큰 오산이었다.

세상에는 큰 강들이 무척 많다. 양자강과 황하, 나일강, 아마존강, 미시시피강, 갠지스강, 메콩강, 라인강과 도나우강, 볼가강, 아무르강이 그렇다. 이들 강에 비하면 한강, 센강, 템스강은 작은 하천에 불과하며 팔레스타인의 요단강은 시냇물에 불과하다. 하지만 이 많은 강 중에서 기적을 일으킨 강은 라인강과 한강뿐이다. 세계 경제를 좌지우지한다는 유대인도 요단강의 기적을 이루지는 못했다. 그런 점에서 한국의 놀라운 경제적 성장은 세상의 주목을 받기에 충분하다.

한강의 기적은 1963년 서독을 방문한 박정희 대통령이 라인강의 기적을 직접 목격한 이후 서독의 성공을 모델 삼아 본격적으로 수출 주도형의 경제개발계획에 돌입했으며, 경부고속도로 건설과 대규모 공업단지 조성 및 식량 증산 정책, 산림 녹화 운동, 새마을운동 등을 통해 당시 북한보다 뒤처진 후진적 경제 수준을 뛰어넘어 개발도상국의 선두 주자로 꼽히는 아시아 네 마리 용의 수준으로까지 끌어올렸다.

사실 고질적인 보릿고개를 해결하고 오늘날의 울창한 산림을 확보할 수 있었던 것도 한강의 기적이 이룩한 업적 가운데 하나라 할 수 있으며, 가장 최초의 외화벌이 수단으로 기록될 파독 광부와 간호사의 역할 또한 보이지 않는 큰 힘이 되었다. 당시 내걸었던 구호 역시 '잘살아 보세', '중단 없는 전진', '하면 된다', '싸우면서 건설하자' 등으로, 반독재 민주화 투쟁을 벌이던 야권에서는 전형적인 군사통치 방식의 하나로 간주하기도 했다.

어쨌든 한강의 기적은 단지 제3공화국에 국한된 업적이 아니라 한국전쟁 이후부터 금융 위기 사태 직전까지, 거의 반세기에 걸쳐 이루어진 고도 경제성장을 가리킨 현상으로, 그런 기적은 오늘날 우리가 OECD 선진국 대열에 합류하는 데에도 크게 일조했다고 할 수 있다. 더욱이 과거 중동 사막에서 불철주야 건설사업에 투입되어 땀 흘린 노동자들과 우리나라 최초의 수출품이었던 가발 제조를 위해 공장에서 힘겹게 일한 여공들의 공헌도 결코 잊어서는 안 되겠다.

어디 그뿐인가. 오늘날의 경제적 번영에는 재벌기업이 주도한 중공업과 반도체 산업이 핵심을 이루고 있는 것도 사실이다. 사람들은 흔히 노동자를 착취하는 사악한 세력으로 재벌들을 바라보기도 하지만, 솔직히 말해 이들 재벌 기업의 피나는 노력이 없었다면 오늘날 우리가 누리는 경제적 번영은 존재하지 않았을 것이다. 그런 점에서 볼 때 유대인은 비록 요단강의 기적을 이루지는 못했지만, 그렇다고 해서 엄청난 부를 거머쥔 조지 소로스, 제임스 골드스미스,

로버트 맥스웰, 캘빈 클라인, 비달 사순, 마크 저커버그 등의 유대인 출신 재벌들에 대해 비난의 목소리를 내는 법이 없다. 그들은 오히려 동족의 출세에 대해 커다란 자부심을 느끼며 동족을 헐뜯는 일이 결국 누워서 침 뱉기라는 사실을 너무도 잘 알고 있기 때문이다.

▎한국인의 도전과 저항 의식

　과거 우리는 독재정권 치하에서 헐벗고 가난에 찌들어 살던 시절에 서구인들로부터 치욕적인 평가를 받은 적이 있었다. 그 내용은 "한국에서 민주주의를 기대하는 것은 쓰레기통에서 장미꽃이 피기를 바라는 것과 같다."라는 말이었다. 그렇다. 실제로 우리는 1948년 건국 이래 1979년까지 무려 30여 년에 이르는 장기 집권 독재에 시달렸으며, 그 후에도 10년에 걸쳐 군 출신 대통령의 통치를 받아야 했으니 '대한민국은 민주공화국'이라는 헌법 1조가 무색할 지경이었음을 부인하기 어렵다.

　하지만 불의를 보고도 그대로 눌러앉아 있기만 할 한국인이 결코 아니다. 솔직히 말해 한국인만큼 오랜 세월에 걸쳐 불의에 맞서 싸운 민족도 드물 것이다. 외적의 침입에 맞서 싸운 삼별초나 의병 활동은 차치하고서라도 동학운동을 비롯해 3.1 만세운동, 광주학생의거, 6.10 만세운동, 안중근, 이봉창, 윤봉길, 나석주, 김좌진 등 수많은 독립투사들이 목숨을 바쳐 일제에 항거했으며, 광복 후에도 독재정권에 도전해 3.15 마산의거, 4.19 혁명, YH 사건, 부마사태, 5월 광주민주화운동, 6.29 투쟁을 벌이고 그 외에도 촛불시위, 태극기집회, 그리고 수없이 벌어진 노조 투쟁 등등 반세기에 걸쳐 시위가 끝없이 벌어진 나라가 바로 대한민국이다.

　불의에 대한 그런 줄기찬 도전과 저항 의식은 일종의 국민적 체질로 자리 잡아 그 어떤 비리에도 참지를 못하고 거리로 뛰쳐나간다.

특히 4.19 혁명은 현대사에서 학생 주도로 이루어진 가장 최초의 혁명이라는 점에서 의의가 매우 크다. 지구상에서 학생들이 흘린 피의 대가로 독재정권을 무너뜨린 경우가 과연 있었던가. 3.15 부정선거에 항의해 시위를 벌이던 중에 실종된 후 마산 앞바다에서 변사체로 발견된 김주열 군은 경찰이 쏜 최루탄이 눈에 박힌 상태로 발견되었는데, 당시 그는 만 16세의 고등학생이었다.

이처럼 강한 저항 의식을 지닌 한국인은 숱한 희생을 치른 끝에 마침내 오랜 숙원인 민주화를 이루어 낸 이후에도 여전히 도전 정신을 발휘함으로써 "대한민국의 주권은 국민에게 있고 모든 권력은 국민으로부터 나온다."라는 헌법 1조 2항의 내용을 철저히 행동으로 옮기는 모습을 보였다. 물론 그런 강한 도전 정신은 정치 분야에만 국한된 것이 아니라 사회 각 분야에 모두 해당되는 것으로 교육, 학문, 예능, 스포츠, 음식, 교통, 건설, 제조업, 자연보호, 인권문제, 성차별 및 아동보호, 종교, 봉사활동 등을 총망라한다.

실제로 한국인은 유대인과 맞먹을 정도로 지독한 공붓벌레이며, 두뇌도 매우 우수하다. 극심한 경쟁이 폐단으로 지적되기도 하지만, 그런 경쟁 속에서 창의적인 발상이 항상 빛을 발하며 남에게 뒤지지 않으려는 욕심 때문에 자기 자신을 늘 채찍질한다. 그것은 결국 자신에 대한 도전이기도 하다. 자신의 단점을 점검하고 그것을 장점으로 전환해 나가는 능력 또한 탁월하다. 다만 욕심이 크다 보니 질투심도 강하며 자신보다 앞서가는 꼴을 보지 못한다는 결함도 있다. 가학적일 정도로 지독한 악플러들을 보면 그런 특성을 엿볼 수 있다.

그럼에도 불구하고 한국인은 악착같이 공부하고 일하는 민족이며, 놀 때는 밤새도록 춤추고 마시며 논다. 무엇이든 끝장을 보고 마는 것이다. 우리의 아이돌 가수나 스포츠 선수를 보라. 무엇 하나 적당히 하는 경우가 없다. 자신에게 주어진 시간과 기회에 혼신의 힘을 기울여 최선을 다한다. 특히 우리 국가대표팀은 일본과 중국 선수들을 대할 때 필사적인 각오로 임한다. 만약 패하게 될 경우 자신들에게 쏟아질 비난과 원성의 정도가 어떠할지 너무도 잘 알고 있기 때문이다. 이처럼 남에게 지기 싫어하는 유별난 기질과 도전 정신은 오랜 세월 우리를 괴롭혀 온 이웃들로 인해 한국인의 유전자에 저절로 각인된 특성이라 할 수 있다.

  그런데 아이러니하게도 오늘날에 이르러 그런 도전과 저항 의식을 찾아 볼 수 없는 사회가 있다면 그것은 바로 북한과 일본, 중국 등 우리와 가장 가까운 이웃이라 할 수 있다. 왜냐하면 이들의 공통점은 민의에 따라 정권교체를 제대로 경험해 보지 못했다는 사실에 있기 때문이다. 북한과 중국이야 공산당 일당 독재국가이니 그렇다 치고 일본은 민주국가임을 내세우면서도 자민당이 반세기 넘게 장기 집권하고 있으며 역사적으로 단 한 번의 혁명도 치러 보지 못한 사회인 데다 여전히 천황제를 고수하고 있으니 참으로 수수께끼 같은 나라가 아닐 수 없다. 혐한 시위만 할 줄 알았지 반정부 시위는 꿈도 꾸지 못하는 사회이니 과연 진정한 민주사회라고 할 수 있을지 모르겠다. 그런 점에서 우리는 민심이 천심이라는 말을 그대로 믿고 실천하고 있는 반면에 유대인은 천심이 민심이라고 믿고 실천하는 민족이라 할 수 있겠다.

위기 해결의 달인들

다른 것은 몰라도 우리 한국인은 많은 단점에도 불구하고 위기 해결의 달인이라는 점에서 타의 추종을 불허한다. 우리의 역사를 되돌아보면 그런 말이 전혀 허튼소리가 아님을 확인할 수 있다. 단적인 예로 우리는 이미 오래전에 수나라, 당나라의 대군을 물리친 바 있으며, 거란과 여진족의 위협뿐 아니라 전 국토가 몽골군의 말발굽에 짓밟히는 위기 속에서도 강화도 천도를 단행하며 대몽항쟁을 계속하고, 불심에 힘입어 외침을 막겠다는 각오로 온 백성을 동원해 팔만대장경까지 제작하는 엄청난 뚝심과 의지를 보였다.

당시 몽골에 굴복한 왕에 반기를 들고 끝까지 항쟁을 포기하지 않은 삼별초는 강화도에서 진도를 거쳐 제주도로 건너가 여몽 진압군을 상대로 투쟁을 계속하다가 마침내 그곳에서 장렬한 최후를 맞이하게 되었으니 실로 고려인의 기개가 어느 정도였는지 알 수 있게 한다. 또한 승려 출신으로 대몽항쟁에 뛰어든 김윤후는 주로 노비들로 이루어진 민병을 이끌고 처인성에서 치열한 전투를 벌인 끝에 몽골 장군 살리타를 살해하는 전공을 세웠으며, 그 후 충주산성에서 성을 포위한 몽골군의 70여 일에 달하는 끈질긴 공격에도 불구하고 이를 물리쳐 격퇴하는 무훈을 쌓았다.

임진왜란 당시에는 전국 각지에서 의병이 일어나 왜군을 상대로 전투를 벌였는데, 농민들뿐만 아니라 승려들까지 승병을 조직해 왜군과 싸웠으니 국난의 위기 속에서 온 백성이 들고 일어선 것이다.

당시 이름을 날린 의병장으로는 서산대사와 사명대사, 김천일과 고경명, 홍의장군으로 불린 곽재우 등이 있다. 의병은 병자호란 때도 활약했으며, 대한제국 시절에는 일제가 민비를 시해한 을미사변이 벌어지자 이에 반발한 의병이 각지에서 일어섰다. 그 후로도 한일합병이 이루어지기 전까지 수많은 의병이 봉기했는데, 당시 궐기한 의병 수는 총 15만 명에 달하고 그중에서 약 5만 명의 사상자가 발생했다. 하얼빈역에서 이토 히로부미를 암살한 안중근 의사도 항일 의병장 가운데 한 사람이었다.

이처럼 위기에 처한 나라를 구하기 위해 목숨을 바쳐 싸운 의병도 있었지만, 이순신 장군, 권율 장군과 같은 걸출한 무장들이 제각기 바다와 육지에서 왜군을 격파함으로써 적의 간담을 서늘하게 만들기도 했다. 어쨌든 우리의 조상들은 숱한 국난의 위기 속에서도 전혀 굴하지 않고 일치단결하여 이 땅을 지켜 냈으며, 그 덕분에 우리가 오늘날의 번영을 구가하기에 이른 것이니 무조건 잘못된 것을 조상 탓으로만 돌리는 일은 없어야 할 것이다. 오히려 그런 조상들이 남겨 준 위기 대처 및 관리 능력의 노하우에 대해 감사함을 지녀야 하지 않겠는가. 그런 능력은 하루아침에 이뤄질 수 있는 것이 결코 아니기 때문이다.

그런 점에서 한국동란으로 인해 잿더미로 화한 국토를 오늘날의 울창한 산림으로 바꿔 놓은 한국인의 놀라운 능력이나 아무런 자원도 없는 세계 최빈국의 폐허 위에서 오늘날 세계 7위의 수출국이자 세계 1위의 반도체 수출국으로 성장한 사실은 조상 대대로 물려받은 위기관리 능력의 유전자 덕을 톡톡히 본 것이라 하겠다. 더군다나 극심한 정치적 혼란과 민주화 투쟁을 겪는 가운데서도 그리고 끊임없는 북한의 도발과 핵 위협 속에서도 우리는 흔들림 없이 오로지 공부와 일에만 전념해 온 것이다.

어디 그뿐인가. 금융 위기를 맞이해 온 나라가 풍전등화의 상황을 맞이했을 때도 너 나 할 것 없이 금 모으기 운동에 동참함으로써 최단기간에 국난을 극복하는 모습을 보여 주기도 했는데, 그런 일은 유사 이래 처음 있는 감동적인 사건으로 그 어느 선진국에서도 볼 수 없는 희귀한 모습이 아닐 수 없었다. 더욱이 태안 기름 유출 사고 때 역시 무려 200만 명에 달하는 시민들이 자원봉사에 나서 원유로 오염된 해안을 말끔히 청소함으로써 불과 2개월 만에 사태를 완전히 수습했으며, 10년이 지난 후에는 생태계마저 원상 복구되면서 30년은 족히 걸릴 것이라는 전문가들의 예상을 깨 버리는 기적을 낳았다.

이처럼 금 모으기 운동이나 태안 기름 유출 사고에서 보여 준 한국인의 위기 대처 능력에 대해 수많은 세계인이 감탄과 더불어 놀라움을 금치 못하면서 한국인은 앞으로 그 어떤 위기가 닥치더라도 얼마든지 헤쳐 나갈 수 있는 민족이라고 입을 모아 얘기했는데, 실제로 그런 평가는 오늘날 전 세계를 휩쓴 코로나바이러스 팬데믹 상황에서 놀라운 방역 효과를 발휘한 대한민국의 모습에도 그대로 적용될 수 있을 것이다.

더군다나 온 지구를 집단 공황 상태로 몰고 간 상황에서도 한국인 만큼은 그 어떤 소요 사태도 보이지 않을 뿐 아니라 외국에서 흔히 볼 수 있는 물건 사재기 현상이 벌어지지 않는 것도 타의 추종을 불허하는 위기관리 능력 때문이다. 그런 점에서 한국인은 위기 해결의 달인들이라 할 수 있다. 아니, 오히려 위기를 기회로 삼을 줄 아는 민족이기도 하다. 물론 그런 특성은 유대인을 많이 닮았다. 그 어떤 위기가 닥쳐오더라도 결코 굴하는 법이 없이 오히려 새로운 도약과 재기의 발판으로 삼는다는 점에서 그렇다는 말이다.

그런 점에서 오늘날 전 세계를 놀라게 하고 있는 우리의 대규모 방산 수출은 전통적인 무기 제조 강국으로 알려진 이스라엘마저 혀를 내두르게 만들고 있다. 더군다나 한국전쟁 당시 탱크 한 대 없이 오로지 육탄 공격으로 북한의 소련제 탱크를 막아야만 했던 우리는 70년이 지난 오늘날에 와서는 그토록 한 맺힌 탱크를 자체 생산할 뿐만 아니라 전 세계로 수출까지 하기에 이르렀다. 더욱이 소총 한 자루 제대로 만들지도 못하던 우리가 이제는 세계 최대의 자주포 생산 및 수출국으로 발돋움하기에 이르렀으니 그야말로 감회가 새롭다. 어디 그뿐인가. 인공위성 발사뿐 아니라 대규모 미사일 방어 시스템, 잠수함을 비롯한 다목적 해군 함정, 더 나아가 최신 스텔스 전투기 개발에 이르기까지 핵무기를 제외한 거의 모든 유형의 신무기 생산에 박차를 가하고 있는 오늘날 우리의 방산 능력은 실로 전 세계를 놀라 자빠지게 하고 있다. 왜냐하면 불과 70년 전까지만 하더라도 전쟁으로 온 국토가 폐허로 변한 한국의 미래를 두고 세계인들은 입을 모아 아무런 희망도 없는 나라라고 하면서 한국의 발전을 기대하는 것은 쓰레기통에서 장미꽃이 피기를 바라는 것과 같다고 했기 때문이다.

그런데 실제로 쓰레기통에서 장미꽃이 피는 기적이 일어났으니,

사람들은 그것을 한강의 기적이라 부르며 라인강의 기적과 대비시키기도 했다. 어쨌든 수천 년의 오랜 역사를 통해 단 한 번도 타국을 침략해 본 적이 없는 민족임에도 오히려 숱한 외침에 시달리며 온갖 시련과 고통을 감수하는 위기 속에서 그때마다 맨손으로 다시 일어서야만 했던 한국인의 남다른 집념과 용기는 이순신 장군의 거북선을 통해 알 수 있듯이 이미 1,500년 전에 창의적인 자주국방의 기틀을 마련했다고 볼 수 있다.

따라서 우리는 우리 자신의 운명을 외세에 맡기지 않고 스스로 지킬 수밖에 없다는 사실을 누구보다 뼈저리게 느꼈으며, 그런 남다른 각오를 토대로 자주국방의 기틀을 마련했을 뿐만 아니라 이스라엘과 마찬가지로 보다 강력해진 국방력을 과시함으로써 주변에서 감히 넘볼 수 없는 전쟁 억지력을 확보하고 있는 중이다. 더 나아가 우리 군대의 독침 전략은 수시로 우리에게 다양한 형태의 도발을 일삼아 온 북한과 중국, 일본 등에게는 그야말로 등골이 오싹할 정도의 두려움을 안겨 줄 비장의 전술이 아닐 수 없다. 그것은 우리가 선제공격할 일은 결코 없겠지만, 만약 공격을 당하는 일이 발생하게 되면, 그냥 당하고만 죽는 게 아니라 공격 당사자 역시 재기가 어려울 정도의 피해를 각오해야 한다는 엄청난 경고이기도 하기 때문이다. 그런 점에서 위기에 유달리 강한 근성을 보이는 한국인을 우습게 보면 큰코다치기 십상이다. 하기야 우리는 이스라엘과 마찬가지로 적군이 밀고 들어오면 더이상 물러설 곳도 달아날 구멍도 없으니 결사항전을 외칠 수밖에 없는 노릇이 아니겠는가.

한국을 빛낸 사람들

 오천 년에 걸친 유구한 역사를 자랑하는 우리 민족이지만 오랜 세월 한국인의 존재는 세계 역사에서 그 모습을 드러내지 않은 은둔의 민족이었을 뿐이다. 심지어 오늘날에 와서도 한국이라는 나라가 어디에 위치하고 있는지도 모르는 외국인이 많으며, 심지어는 중국의 속국 정도로 알고 있는 사람들마저 있는 실정이다. 하기야 동북공정을 추구하는 중국에서는 한복이나 김치도 자신들이 원조라 우기고 우리의 민족시인 윤동주마저 만주에서 태어난 조선족 출신의 중국인으로 소개하고 있으니 더이상 무슨 말을 할 수 있으랴.

 그런 점에서 국력이 강할 필요도 있지만 해외 홍보에 소홀했으며, 인류 역사에 기여할 만한 세계적인 업적을 낳은 인물이 부족했던 게 사실이다. 그동안 우리가 상투적으로 사용해 왔던 '조용한 아침의 나라'는 이제 더이상 세계가 하나로 연결되어 있는 지구촌 시대에 어울리지 않는 일종의 자기변명에 가까운 시대착오적인 표현에 불과할 따름이다. 그러니 노벨상이 백인들만의 잔치일 뿐이라고 뒤에서 험담만을 늘어놓을 것이 아니라 실제로 학문 연구 증진이나 우리 문학의 번역 작업에 국가적 차원의 지원 사업이 절실하다. 백인들로부터 그토록 무시당하고 핍박받던 수많은 유대인이 노벨상을 휩쓸고 있는 사실을 염두에 둔다면 백인 타령만 하고 있을 일이 아니다.

 비록 한국인은 오랜 세월 세상에 알려지지 않은 은둔의 민족이었기 때문에 찬란한 문화적 업적과 수많은 인재를 낳았음에도 불구하고 그동안 유럽과 동양에서 철저히 외면을 당해 왔지만, 오늘날에 이르러 비로소 그 진가를 조금씩 인정받기 시작했다. 신라의 금관, 석굴암, 다보탑, 금동미륵반가상을 비롯해서 고려시대에 들어서는 세계 최초의 금속활자와 더불어 팔만대장경과 고려청자가 보는 이의 감탄을 자아내고 있으며, 조선왕조에서는 세종대왕이 한글을 창제하고 노비 출신의 장영실을 시켜 측우기와 물시계를 발명하게 했다. 그뿐 아니라 이순신 장군은 세계 최초로 철갑선을 제작해 왜군을 섬멸하기도 했으니 우리 조상들의 창의력은 실로 놀랍기 그지없다.

학문적으로도 뛰어난 인물들이 즐비하다. 신라의 고승 원효는 〈대승기신론〉을 저술해 중국과 일본에까지 명성을 날리고, 그의 아들 설총은 이두문자를 집대성했으며, 당대 최고의 문장가 최치원은 명필로 알려졌을 뿐만 아니라 〈천부경〉의 존재를 알리기도 했다. 고려시대에는 주자학을 최초로 받아들인 안향과 성리학을 소개한 목은 이색이 있으며, 조선조에 들어서는 퇴계 이황과 고봉 기대승 선생 사이에 오간 이기 논쟁이 유명하다. 특히 퇴계 선생의 심오한 철학은 에도시대 일본 학계에 큰 영향을 끼치기도 했다.

이 외에도 실학파의 거두 다산 정약용은 칠십 평생 무려 500여 권의 저술을 남긴 대학자였으며, 그의 형 정약전은 흑산도 유배 중에 인근 연해 어류 생태계를 연구, 집대성하여 기록한 〈자산어보〉를 저술함으로써 우리나라 최초의 해양생물학자로 손꼽힌다. 당시 그런 분야의 전문 저술은 전 세계를 통해서도 찾아 보기 어려운 일이기도 했다. 또한 대동여지도를 제작한 지리학자 김정호가 있으며, 의학자로는 〈동의보감〉을 쓴 허준과 우리나라 최초로 종두법을 실시한 지석영이 있다. 일제강점기에 요절한 한글학자 주시경은 한국어 문법을 정리한 최초의 인물로, 한글 표기법 통일에 선구적 역할을 했으며, 민족주의 사학자 신채호는 〈조선상고사〉를 통해 우리의 역사를 재해석하고 민족의식을 고취했다.

하지만 당시 세계적인 명성을 날린 인물은 〈종의 합성〉을 발표해 농학 분야에 큰 업적을 남긴 우장춘 박사였다. 비록 그는 민비 시해에 가담했다가 일본으로 망명해 일본인 여성과 혼인했던 민족 반역자 우범선의 아들로 태어났으나, 광복 후에는 아버지의 나라 한국으로 건너와 죽을 때까지 종자 개량에 힘씀으로써 식량난 해소에 큰 공을 세웠다. 또한 나비 박사로 불린 세계적인 곤충학자 석주명이 1940년에 발표한 저서 〈조선산 나비 총목록〉은 현재까지 영국왕립학회 도서관에 소장되어 있다. 에스페란토에도 능했던 그는 한국전쟁 당시 미군의 폭격으로 자신이 평생 공들여 수집한 나비 표본들이 한 줌의 재로 화하자 너무도 상심이 큰 나머지 식음을 전폐하다시피 하다가 과학관 복구를 위한 회의에 참석하기 위해 서둘러 길을 가던 중에 그를 인민군으로 오인한 국군의 총에 맞아 현장에서 즉사했다.

한편 우리나라 초대 관상대장과 인하공대 초대 학장을 지낸 이원철 박사는 1926년 한국인으로는 가장 최초로 미국에서 이학박사 학위를 받은 천문학자로, 필자에게는 숙조부가 된다. 한때 유력한 노벨상 후보자였으나 미국에서 의문사를 당하고 만 핵물리학자 이휘소 박사 역시 한국을 빛낸 과학자 가운데 한 사람이다. 반면에 세계적인 논란거리가 되었던 학자도 있다. 북한의 의학자 김봉한은 1960년대 봉한학설로 한때 서구학계에 큰 충격을 던졌으나 생체실

힘 여부 논란으로 그 후 자취를 감추고 말았으며, 가장 최근에는 수학의 노벨상으로 불리는 필즈상 수상자 허준이 프린스턴대 교수가 한국인의 우수성을 세계에 드높인 인물로 꼽힐 수 있겠다. 또한 역사학자 박병선 박사는 프랑스 국립도서관에 오랜 기간 방치된 세계 최초의 금속활자본 〈직지심체요절〉을 발견함으로써 서구역사학계를 충격에 빠트리기도 했는데, 우리나라의 금속활자는 독일의 구텐베르크보다 훨씬 앞선 것이기에 서구인들은 한동안 이런 사실을 좀처럼 인정하려 들지 않았다.

예술가로 치면 우리나라에는 그야말로 기라성 같은 대가들이 즐비하다. 불국사와 석굴암을 창건한 탁월한 건축가 김대성을 비롯해 천재 화가로 알려진 솔거와 조선의 3대 화가로 알려진 신윤복, 김홍도, 장승업이 있으며, 추사 김정희와 한석봉은 서예 명필로 유명하다. 현대에 와서는 전위예술가 백남준이 비디오 아트의 창시자로 해외에서 가장 국제적인 명성을 얻기도 했다. 1984년 새해 첫날 그가 주도했던 TV 방송 프로 '굿모닝 미스터 오웰'은 위성 생중계로 전 세계에 방영되어 큰 반향을 일으켰다.

문학 분야는 더욱 화려하다. 조선 시대에는 시가에 능한 송강 정철과 윤선도, 김병연을 비롯해 한글로 소설을 쓴 김만중과 허균이 있으며, 일제강점기에는 춘원 이광수, 김유정, 이효석, 현진건, 김동인 등이 소설가로 활동하고, 광복 후에는 황순원, 김동리, 박경리, 이청준, 최인훈, 조정래, 이문열 등이 필명을 날렸으나 이들의 작품은 해외에 거의 알려지지 않아 국제적으로 그 진가를 인정받지 못했다. 다만 소설 〈순교자〉로 유명한 재미 작가 김은국이 한때 노벨 문학상

후보에 오르기도 했으며, 소설가 한수산의 딸 한강이 소설 〈채식주의자〉로 2016년 맨부커 국제상을 수상하고, 신경숙의 소설 〈엄마를 부탁해〉는 20여 개 나라에서 출판되어 호평을 받기도 했다. 최근에는 재일 교포 작가 유미리와 재미 작가 이민진이 해외에서 크게 각광을 받고 있는 중이다.

다만 한 가지 아쉬운 점이 있다면 오늘날에 이르러 시에 대한 대중적 관심이 사라지면서 대중적 사랑을 받는 시인들의 존재도 거의 자취를 감추고 말았다는 사실이다. 〈죽은 시인의 사회〉라는 영화의 제목처럼 시가 사라진 사회는 참으로 메마른 정서의 세상이라 할 수 있다. 과거 우리는 수많은 시인을 낳은 사회였다는 점에서 더욱 큰 아쉬움이 남는 부분이다.

하지만 시는 소설에 비해 번역이 더욱 곤란하기에 우리의 주옥같은 시들은 해외에 전혀 알려질 수 없었다. 단지 국제적으로 알려진 시인이 있다면 오직 필화 사건으로 유명한 김지하가 있다. 그는 유신정국 때 당국에 체포되어 비상군법회의에서 사형을 선고받았다가 사르트르, 노엄 촘스키 등 해외 지식인들의 구명운동에 힘입어 가까스로 풀려났으니 우리나라 시인으로는 가장 최초로 국제적으로 알려진 인물이 되었다. 그 후 시인 고은의 작품이 주로 북유럽에 알려지면서 여러 차례 노벨 문학상 후보에 오르기도 했으나 뜻을 이루지 못했으며, 최근에는 성추행 의혹사건에 연루되어 도덕적으로 크게 실추된 입장이어서 노벨상은 이미 물 건너갔다고 봐야 할 것이다.

문학뿐 아니라 음악 분야도 쟁쟁하다. 우리 역사에서 3대 악성으로 불리는 우륵, 왕산악, 박연이 있으며, 조선 시대의 명창 이날치는 서편제의 거장으로, 오늘날 판소리와 현대 팝 음악을 조합해 전 세계적으로 선풍적인 인기를 끌고 있는 이날치 그룹의 명칭은 그의 이름에서 따온 것이다. 현대에 이르러 이름을 날린 소리꾼으로는 판소리 명창 김소희, 박초월, 박동진, 이은관, 공옥진 등이 있으며, 김덕수의 사물놀이는 신기에 가까운 리듬 감각으로 수많은 서양인의 감탄을 자아내기도 했다.

한편 양악으로는 애국가를 작곡한 안익태와 동서양 음악의 융합에 힘쓴 윤이상이 국제적인 명성을 날렸으나, 안익태는 친일 행적으로, 그리고 윤이상은 친북 성향으로 논란의 대상이 되기도 했다. 하지만 정작 한국인에게 사랑받는 가곡의 작곡자들, 현제명과 홍난파, 김동진, 김성태, 이흥렬, 조두남 등은 해외에 전혀 알려지지 못한 상태다. 오히려 한국의 위상을 빛낸 인물은 연주자들이 대부분으로 피아니스트 한동일과 백건우, 조성진, 바이올리니스트 김영욱, 정경화, 장영주 등이 국제적인 찬사를 받았고, 소프라노 조수미는 현재도 전 세계를 순회하며 공연 활동을 계속하고 있다. 가장 최근에는 반 클라이번 국제 피아노 콩쿠르에서 18세라는 최연소 나이로 당당히 우승한 천재 피아니스트 임윤찬이 신기에 가까운 연주 솜씨를 발휘하며 서구 음악계에 엄청난 충격을 안겨 주기도 했다.

하지만 음악을 통해 전 세계적으로 가장 큰 돌풍을 일으키며 한국의 위상을 드높인 주인공들은 클래식이 아니라 바로 K-pop 그룹의 가수들이다. 특히 방탄소년단, 블랙핑크 등이 불러온 놀라운 인기는 중국과 일본, 동남아시아를 넘어 오늘날에는 중동과 유럽, 중남미 지역으로 확산되기에 이르렀는데, 이들의 영향력은 상상을 초월한 것으로 대중가요뿐 아니라 한국 드라마, 영화, 음식 문화, 한글 열풍에 이르기까지 한국문화 전반에 관한 관심으로 이어지는 효과를 낳으면서 한국이라는 나라의 존재를 전 세계에 알리는 엄청난 결과를 낳은 것이다. 하기야 항상 문턱이 닳도록 노래방을 드나들고 관광버스와 유람선에서 집단적으로 한 몸이 되어 춤추고 노래하는 민족은 우리밖에 없을 테니 온 국민이 가수 뺨치게 노래를 잘 부르고 리듬 감각도 빼어날 수밖에 없으며, 따라서 그중에서 선발된 가수 지망생들의 솜씨가 오죽 뛰어났을까 싶기도 하다.

그런 점에서 한국의 영상 문화가 일으킨 선풍적인 인기 또한 특기할 만하다. 사극 〈대장금〉을 필두로 〈주몽〉, 〈동이〉, 〈이산〉, 〈신의〉, 〈추노〉, 〈옥중화〉, 〈킹덤〉 등의 K-드라마가 특히 중동과 동남아시아에서 폭발적인 인기를 끌었으며, 사극뿐 아니라 〈겨울연가〉, 〈태양의 후예〉, 〈별에서 온 그대〉, 〈사랑의 불시착〉, 〈이상한 변호사 우영우〉, 〈눈물의 여왕〉 등의 현대물도 해외에서 폭발적인 인기를 끌었다. 그중에서도 특히 〈겨울연가〉는 일본에서 욘사마 돌풍을 일으키며 수많은 일본 여성 팬들이 배우 배용준에 열광한 나머지 극 중 배경이었던 남이섬 관광에 열을 올리는 기현상도 벌어졌다.

더군다나 한국 드라마의 강세는 영화 부문으로도 이어졌다. 봉준호 감독의 〈기생충〉은 우리나라 영화로서는 최초로 칸 영화제 황금종려상을 수상한 이래 아카데미 영화제에서도 작품상, 감독상 등 4개 부문을 휩쓸어 한국 영화의 위상을 전 세계에 과시했다. 또한 재미 동포 영화감독 정이삭의 독립영화 〈미나리〉가 선댄스 영화제를 비롯해 수많은 비평가협회상을 수상하는 쾌거를 이루기도 했는데,

특히 배우 윤여정은 미국 아카데미 영화제에서 조연여우상을 비롯해 20관왕에 오르는 기염을 토하며 노익장을 과시하기도 했다. 가장 최근에는 칸 영화제에서 배우 송강호가 영화 〈브로커〉로 남우주연상을 받았으며, 박찬욱 감독은 영화 〈헤어질 결심〉으로 감독상을 수상하는 기염을 토하기도 했다. 하지만 그 이전에도 배우 전도연이 이창동 감독의 영화 〈밀양〉으로 칸 영화제에서 최우수 여우주연상을 받은 바 있으며, 안타깝게도 최근 코로나바이러스로 사망한 김기덕 감독은 신상옥, 임권택, 홍상수 감독과 더불어 한국인으로서는 가장 먼저 국제적인 명성을 얻은 영화감독으로 꼽힌다.

하지만 오늘날에 이르러 비로소 한국 영화가 국제적으로 인정받고 있는 것은 하루아침에 이루어진 실력이 아니라 오랜 기간에 걸쳐 축적된 노력의 결실이라고 본다. 왜냐하면 우리 영화는 그동안 해외에 제대로 알려지지 않았을 뿐 뛰어난 작품들이 즐비한데, 이미 20세기 초 무성영화 시절부터 천재성을 과시한 춘사 나운규를 비롯해서 김기영, 유현목, 이만희, 신상옥, 김수용, 배창호, 이장호, 임권택, 이창동, 박찬욱, 이준익, 김기덕, 홍상수, 봉준호 등 쟁쟁한 실력파 감독들에 의해 수많은 걸작이 존재했기 때문이다.

또한 여기에 신들린 연기의 배우를 빠드릴 수 없겠다. 아무리 뛰어난 감독과 문제작이 존재한다 해도 배우들의 연기가 받쳐 주지 못하면 무용지물이 되기 때문이다. 그런 점에서 오늘날 배우 윤여정과 송강호, 전도연 등이 국제적인 명성을 얻기도 했지만, 사실 따지고 보면 우리나라에는 예전부터 놀라운 연기력을 과시하며 그 맥을 이어 온 기라성 같은 배우들이 끝없이 배출되어 왔다고 볼 수 있다. 그리고 오늘날 우리 배우들의 탁월한 연기력은 그런 오랜 전통의 결과인 동시에 숱한 시련과 갈등 속에 지내 온 시대적 혼란을 통해 알게 모르게 몸에 익혀 온 남달리 뛰어난 공감 능력에 힘입은 결과이기도 하다. 등장인물의 입장에 전적으로 몰입할 수 있는 능력은 그런 공감 능력이 아니고서는 도저히 불가능하기 때문이다.

따라서 우리 영화나 드라마의 자부심을 대표하는 배우들의 명단을 보면 앞에서 한 말이 결코 과장이 아님을 알 수 있다. 왕년의 명배우 김승호, 황정순, 최무룡, 김진규, 최은희, 김지미를 비롯해 국민 배우로 자리 잡은 최불암과 김혜자, 최진실, 그리고 오늘날 젊은 세대를 대표하는 김수현과 박은빈에 이르기까지 그야말로 기라성 같은 연기자들의 이름을 일일이 열거하기도 어려울 정도다. 솔직히 말해 우리나라 배우들의 연기력은 할리우드 배우들의 수준을 능가한다고 해도 결코 과언이 아니며, 특히 아시아에서는 그야말로 타의 추종을 불허한다. 중국과 일본 배우들의 어설픈 연기와 비교해 보면 더욱 그렇다.

마지막으로 스포츠 분야를 빼놓을 수 없다. 적어도 아시아에서 한국은 우리보다 인구가 월등히 많은 중국, 일본과 나란히 어깨를 겨루는 최상의 스포츠 강국이다. 또한 한국은 일본에 이어 아시아에서 두 번째로 올림픽을 개최한 국가로 아시아 최초로 월드컵 축구 대회를 일본과 공동 개최한 바 있으며, 서울 올림픽에서는 금메달 순위 4위를 차지하고 한일 월드컵에서도 4강에 오르는 기염을 토하면서 한국 스포츠의 위상을 크게 드높였다. 사실 서울 올림픽 개최 이전까지만 해도 한국의 존재는 세계인의 주목을 크게 끌지 못했다. 비록 전쟁의 폐허를 딛고 일어서 경제성장을 이루었다고는 하나 오랜 기간 군부독재에 시달린 국가 정도로만 알고들 있었기에 더욱 그랬다. 하지만 서울 올림픽을 통해 서울의 발전된 모습을 눈으로 직접 확인한 지구인들은 그때부터 한국에 대해 전혀 새로운 시각으로 보게 되었다.

이처럼 한국 스포츠는 비록 그 발전이 뒤늦기는 했으나, 이미 1936년 베를린 올림픽 마라톤 부문에서 손기정, 남승룡 선수가 나란히 금메달과 동메달을 차지함으로써 한국인의 기개를 세계만방에 과시하는 저력을 보인 바 있다. 물론 당시에는 일제 식민치하의 힘없는 약소민족으로서 가슴에 일장기를 달고 달릴 수밖에 없는 가슴 아픈 입장이었기에 두 선수는 시상대 위에서도 어두운 표정으로 고개를 숙인 상태였다. 하지만 그런 수모는 반세기가 지난 1992년 바르셀로나 올림픽에서 황영조 선수가 두 선배와는 달리 당당히 가슴에 태극 마크를 달고 역주해 금메달을 차지함으로써 과거에 겪은 슬픈 역사를 일거에 만회하는 쾌거로 인해 극적인 반전을 이루게 되었다. 그것도 일본 선수 모리시타를 물리치고 이룬 쾌거였다.

어디 그뿐인가. 광복 직후 1947년 서윤복은 사상 처음으로 태극 마크를 가슴에 달고 출전한 보스턴 마라톤 대회에서 우승하고, 그 여세를 몰아 1950년에는 함기용, 송길윤, 최윤칠이 나란히 1, 2, 3위를 차지함으로써 마라톤 강국의 면모를 유감없이 과시했으나, 그런 기쁨을 만끽할 사이도 없이 곧바로 터진 한국전쟁으로 그 빛이 바래고 말았다. 하지만 그 후 1958년 도쿄 아시안 게임 마라톤에서 이창훈 선수가 당당히 금메달을 차지하며 그것도 일본의 하늘 아래 태극

기가 오르고 애국가가 울리는 가슴 벅찬 장면을 연출했으며, 2001년에는 이봉주 선수가 보스턴 대회에서 우승하는 기염을 토함으로써 한국 마라톤이 건재함을 과시하기도 했다. 육상에서 높이뛰기의 우상혁 또한 빼놓을 수 없다.

이 외에도 한국을 빛낸 선수들은 수없이 많다. 축구의 차범근과 박지성, 손흥민, 이강인, 김민재 등이 유럽 프로 리그에 진출해 눈부신 활약을 보였으며, 여자배구의 김연경, 농구의 박신자, 허재, 서장훈, 일본 프로야구에서 안타 제조기로 명성을 떨친 장훈과 미국 메이저리그에 진출한 박찬호, 추신수, 류현진, 그리고 골프의 박세리, 박인비 등이 해외에서 이름을 날렸다. 프로복싱에서는 세계 챔피언을 거머쥔 김기수와 홍수환을 들 수 있으며, 레슬링의 양정모는 한국 최초로 올림픽 금메달을 획득한 선수로 거국적인 환영을 받았다. 가장 최근에는 탁구 신동으로 불리는 신유빈과 이승수, 그리고 배드민턴의 새로운 강자 안세영이 두각을 드러내고 있는 중이다.

또한 발군의 실력으로 타의 추종을 불허하는 스포츠 분야가 있다면 단연 양궁과 빙상을 들 수 있을 것이다. 역대 올림픽과 세계선수권 대회를 석권한 양궁은 특히 여자양궁 여자단체전에서 신궁이라는 찬사를 받을 정도로 금메달을 싹쓸이하며 올림픽 8연패의 위업을 달성했는데, 심지어 한국 팀의 독주를 막기 위해 국제양궁연맹은 수시로 경기 룰을 바꾸는 꼼수를 부리기도 했지만 수천 년의 궁술 전통을 지닌 한국인의 내공을 넘어설 수 없었다. 양궁뿐 아니라 빙상 부문 역시 한국 선수들의 독무대였다. 적어도 쇼트트랙에서는 한국의 적수가 없었는데, 전희경, 변천사, 심석희, 최민정, 김동성, 안

현수 등이 금메달을 싹쓸이했으며, 빙속에서도 이상화, 이승훈, 김민선이 발군의 실력을 발휘했다. 또한 피겨의 여왕으로 군림한 김연아는 올림픽 금메달뿐 아니라 4대 국제대회를 석권하며 그랜드 슬램을 달성한 최초의 선수로 기록되면서 전 세계 매스컴의 찬사를 받기도 했다.

지금까지 소개한 인물들은 주로 문화적인 측면에서 한국을 빛낸 사람들임을 알 수 있다. 물론 반기문 UN 사무총장이나 이종구 WHO 사무총장, 우리나라 유일한 노벨상 수상자 김대중 대통령도 한국의 위상을 드높인 인물에 속한다고 할 수 있겠지만, 가장 아쉬운 점은 학문 분야에서 세계적인 인물이 나오지 못하고 있는 현실이 안타까울 따름이다. 물론 기술적인 분야에서 우리도 최첨단을 걷고 있다고 자부할 수 있겠지만, 철학, 종교학, 인류학, 고고학, 역사학, 언어학, 교육학, 경제학, 사회학, 법학, 천문학, 물리학, 화학, 생리학, 심리학, 의학, 약학, 농학 등 다양한 분야의 학문에서 아직까지 세계적인 주목과 인정을 받는 학자들이 나오지 않고 있다는 점에서 아쉬움이 클 수밖에 없다. 따라서 우리는 앞으로도 할 일이 너무 많다고 할 수 있다. 진정으로 강한 국력은 단순히 정치, 경제, 군사, 문화적 배경에서만 나오는 것이 아니라 든든한 학문적 토대를 바탕으로 나오는 것이기 때문이다. 그런 점에서 우리는 이제부터 시작일 뿐이다.

▌동방의 게토에서 동방의 횃불로

 우리의 한반도가 그동안 동방의 게토요 감옥이나 다름없는 신세였다면, 이제부터는 세계를 밝히는 횃불이 될 것이다. 특히 꿈같은 통일이 정말 이루어진다면 그리고 위대한 지도자가 나타나 모든 갈등과 대립을 녹여 버리고 새로운 출발을 다짐하는 계기만 심어 준다면 우리는 얼마든지 세계의 일등국으로 거듭나 지도적인 역할을 발휘할 충분한 자질을 갖추고 있다.

 지금까지 우리의 발목을 잡고 늘어진 물귀신의 정체는 단순히 외세의 간섭이나 침략도 아니요 바로 우리 자신의 그림자다. 갑자기 무슨 대형 사고나 난리가 터질 때마다 바글바글 끓다 곧 식어 버리고 언제 그랬냐는 듯이 쉬 잊어버리는 냄비 근성과 조급증, 남이 잘되는 꼴을 보지 못하는 매우 유아적인 시기심, 남에게 베풀 줄 모르는 이기심, 남이 하면 무조건 따라 하는 무개념의 충동성, 나만 옳고 남은 다 틀렸다는 식의 유아독존적 나르시시즘, 잘되면 내 탓이요, 못되면 조상 탓으로 돌리는 무책임성, 창의적인 변화가 아니라 제논에 물 대기식의 자기본위적 변화에 대한 열망 등으로 뒤엉킨 어둠의 그림자가 바로 우리 자신의 발목을 잡고 늘어진 물귀신의 실제 모습이다.

 그뿐만이 아니다. 우리의 발목을 꽁꽁 채운 족쇄 역시 우리 스스로가 선택한 이념적, 지역적 갈등과 대립이었을 뿐이다. 공산화된 고구려는 중국에 빌붙어 옛 다물 정신을 잃었고, 자본주의를 선택한 신라와 백제는 서로 권력과 이권 다툼에만 여념이 없다. 그런 점에서 한반도는 이제껏 이념의 감옥에 갇혀 지낸 동방의 게토였던 셈이다. 비록 고구려의 후예들은 지금 핵무기를 개발해 백두산 폭발에 못지않은 파괴력을 보유하게 되었지만, 그것은 죽을 때 다 같이 죽자는 시한폭탄일 뿐이다. 그리고 우리는 비록 자기 살을 깎아 먹는 허기진 게토에서 벗어나 이제 겨우 세계로 도약하기 직전에 놓여 있지만, 신라와 백제가 서로의 발목을 잡고 늘어지며 하늘로의 비상을 가로막고 서 있다.

그렇다. 우리는 이렇게 우리 스스로가 설치한 이념의 덫과 지역감정의 대립만 제대로 극복하기만 하면 얼마든지 세계로 비약할 잠재력을 충분히 갖춘 민족이다. 따라서 고구려가 그 손에서 핵과 이념이라는 두 가지 시한폭탄을 내려놓고 대화와 협상을 통한 평화적 통일에의 의지를 갖추게만 된다면, 그리고 신라와 백제 역시 우물 안 개구리식의 이전투구를 포기하고 대승적 차원에서 고구려를 도와 점진적인 개방을 촉구한다면 그토록 민족이 열망하는 평화적 통일을 이루지 못할 이유가 없는 것이다.

우리 민족의 잠재력은 이미 도처에서 확인된 사실이다. 말도 잘하고 열정적이며 비판적 안목 또한 수준급이다. 놀기도 잘 놀고 공부를 파고들면 끝장을 보기도 한다. 손재주도 비상해서 악기를 연주하건 기계를 만지건 아니면 토목공사를 하건 결코 서구인들에 뒤지지 않는다. 게임의 달인들도 비보이의 현란한 몸놀림도 그리고 휴대폰의 문자를 치는 놀라운 손놀림도 모두 뛰어난 손재주에 달린 것이 아닌가. 상상력도 뛰어나서 온갖 기발한 착상으로 사람들을 놀라게도 한다. 세계적인 수준의 해커들도 보유하고 있으며, 컴퓨터 바이러스 퇴치뿐 아니라 마이크로 칩 개발에도 일가견을 갖고 있다.

물론 한때는 와우아파트 붕괴나 성수대교 붕괴, 삼풍백화점 붕괴. 세월호 침몰, 이태원 압사 사고처럼 대형 사고가 줄지어 벌어지기도 했지만, 그럼에도 불구하고 그동안 밤낮을 가리지 않고 일한 민족은 우리밖에 없다. 북에서는 천리마 운동으로 남에서는 새마을 운동으로 우리는 불철주야 싸우면서 일하고 새우잠을 자면서 일만 했다. 우리 땅에서 짜장면이 개발된 것도 부두 노동자들이 단시간에 끼니를 때우기 위한 방편으로 개발된 게 아니던가. 스페인 사람들이 즐긴다는 시에스타는 다 배부른 장난에 불과했다. 그렇게 죽도록 일만 했으니 나라가 부강해지지 않는 게 오히려 이상하다. 그런데 북에서는 굶어 죽는 사람들이 즐비하고 남에서는 청년 실업이 심각하니 참으로 이상한 일이 아닌가. 결국 이 모든 이상한 현상들은 부유층과 사회지도층의 문제라 할 수 있다. 그것은 남북이 다 해당되는 일이다. 따라서 우리가 동방의 햇불로 거듭나려면 사회지도층부터 인식의 변화가 이루어져야 한다. 집단이기주의에서 벗어나 부의 적절한 분배를 통해 소외계층이 생기지 않도록 신경도 쓰고, 건전한 시민적 교양에 바탕을 둔 중산층의 확대가 이루어져야 한다.

물론 엘리트 양성은 매우 중요하다. 그러나 사명감과 애국심, 책임감이 없는 엘리트 양성은 현란한 말장난과 속임수에 능한 고급 두뇌만을 양산할 뿐이다. 우리가 간절히 바라는 인물들은 그런 엘리트가 아니다. 칼레의 시민을 대표해서 희생을 자청한 6명의 지도층 인사들, 소위 노블레스 오블리주야말로 우리가 바라는 엘리트다. 〈탈무드)를 지키기 위해 자청해서 목숨까지 버린 유대인 랍비들도 바로 그런 노블레스 오블리주였다. 그런 희생정신이 없으면 지도자의 자격이 없는 셈이다. 우리 사회에도 그런 노블레스 오블리주가 많아져야 민중들도 아낌없는 성원으로 그들을 따를 것이기 때문이다. 하지만 불행히도 우리에게는 그런 지도자들이 없었다. 이념에만 얽매이거나 정권 유지에만 눈이 어두워 민생은 뒷전이기 쉬웠다. 그것은 남북이 모두 마찬가지다. 정치란 한마디로 사람들이 골고루 마음 편하고 잘 살게 만드는 일이다. 그런데 그렇게 하지 못하는 이유는 제각기 다른 탐욕과 질투심, 이기심, 증오심 때문이다.

노벨 문학상을 받은 인도의 시인 타고르는 1929년 일본을 방문한 자리에서 〈동방의 등불〉이라는 시를 지어 비탄에 빠진 조선인의 마음을 달래 준 적이 있었다. 달랑 시 한 편으로 조선의 운명이 바뀔 수는 없는 노릇이지만, 그래도 일제가 강점한 한반도라는 거대한 감옥에 갇혀 숨죽이고 살던 조선인에게는 그 시 한 편을 통해서 그나마 위로를 받은 셈이다. 하지만 이제 그런 동방의 등불은 세계로 향한 횃불이 되어야 할 것이다. 힘겹게 민주화를 이룬 오늘날 거리에 넘쳐나는 촛불시위의 물결은 오히려 북한에서 일어나야 할 물결이고 더 나아가 동족끼리 서로 아옹다옹할 문제가 아니라 세계로 나아가는 횃불 행진이 되어야겠다. 그런 점에서 우리는 비좁은 인식의 감옥을 깨고 그 시선을 세계로 향해야만 한다. 그런 인식의 게토야말로 우리 자신들이 무엇보다 먼저 깨야 할 장벽이 되는 셈이다. 그 장벽을 넘어서기 위해서는 선동만을 일삼는 지도층이 아니라 솔선수범을 통해 온몸으로 동포애와 애국심을 발휘하는 그런 지도자들이 나와야 할 것이다. 그것이 진정한 카리스마요 동방의 횃불을 밝힐 민족 지도자의 자질이라 할 수 있다.

모세는 노예나 다름없던 유대민족의 얼을 일깨우고 그들을 가나안 땅으로 인도했으며, 일개 신문기자에 불과했던 헤르츨은 시오니즘의 횃불을 높이 들어 기어코 2,000년 만에 이스라엘 건국의 길을 열었으니 이들은 아무런 사심 없이 오로지 동족을 위해 일생을 몸 바친 진정한 노블레스 오블리주였다. 물론 우리에게도 국난의 위기를 극복한 영웅들이 없었던 건 아니지만, 우리 민족 역사의 물줄기를 통째로 바꾼 그런 위대한 민족 지도자는 아직 나오지 않았다. 그러나 이제는 우리에게도 모세나 헤르츨 같은 지도자가 나올 때도 되지 않았을까 싶다. 그런 점에서 우리 민족의 저력 또한 유대인에 결코 뒤지지 않는다는 점으로 볼 때, 20세기가 유대인의 최대 황금기였다면, 21세기는 우리 한국인이 새롭게 도약하는 시대가 되리라 굳게 믿는다.

에필로그:
세상의 변방에서 세상의 중심으로

　지구상에는 수많은 민족과 종족들이 살고 있다. 하지만 지금까지 수천 년에 이르는 오랜 세월 동안 숱한 시련과 고난의 세월을 보내는 가운데서도 지상에서 사라지지 않고 자신의 고유한 문화와 언어, 문자, 정체성을 그대로 유지하며 그 명맥을 유지하고 있는 민족은 그리 흔치 않다. 그리고 그런 매우 예외적인 경우에 속하는 민족이 바로 유대인과 한국인이다.

　사실 유대인과 한국인은 역사적으로도 매우 희귀한 고대 민족에 속한다. 이들 두 민족은 고대 그리스, 이집트, 바빌론 문명과 인도 및 중국 문명이 번성할 때부터 이미 국가 형태를 이루고 살았으며, 로마 제국을 건설한 라틴족을 비롯해 게르만족, 켈트족, 노르만족, 슬라브족이 국가체제를 형성하기 훨씬 이전부터 이미 독자적인 문화와 민족 공동체를 이루며 살고 있었으니 인류 역사의 산증인이라고도 할 수 있다.

　하지만 유대인과 한국인만큼 고난의 역사를 지녀 온 민족도 찾아보기 힘들다. 유대인은 이집트와 아시리아, 바빌론, 페르시아, 로마 제국의 지배를 받았으며, 그 후로는 나라마저 잃고 유랑 민족으로 전락해 기독교와 이슬람 문명으로부터 엄청난 핍박을 받았을 뿐만 아니라 현대에 이르러서는 나치 독일의 대학살로 인해 600만에 달하는 인명까지 희생당해야 했으니 참으로 기구한 운명의 민족이 아닐 수 없다.

그런데 고난의 민족으로 치면 한국인 역시 유대인 못지않은 시련을 겪어야 했다. 이미 수천 년 전에 고조선이 한나라에 망한 뼈아픈 경험이 있는 데다 수나라, 연나라, 당나라 대군의 침입을 잘 막아 내던 고구려는 결국 백제와 더불어 나당 연합군에 의해 멸망했으며, 그 후에도 고려는 거란족, 여진족, 몽골족의 말발굽에 짓밟히고, 조선왕조는 왜군과 청나라 군대를 상대로 힘겨운 싸움을 벌여야 했다. 결국 일제의 식민지로 전락한 한반도는 광복 후에도 남북이 분단되고 동족상잔의 전쟁까지 겪으면서 온 산하가 피바다를 이루고 잿더미로 화하는 비극의 땅이 되고 말았으니 참으로 기구한 운명의 민족이 아닐 수 없다.

다만 한 가지 안도와 위안이 되는 점도 있다. 그토록 극심한 고통과 시련을 겪어 온 민족이 지구상에 우리 한국인뿐만이 아니었다는 사실이다. 더욱이 유대인은 우리보다 더하면 더했지 결코 덜하지 않은 모멸의 시대를 겪으면서도 끝내 굴하지 않고 오늘의 번영을 누리고 있다는 점에서 유대인과 한국인은 비록 그동안 오랜 세월 서로의 존재를 잘 알지 못하고 지내왔다손 치더라도 이제부터는 그 어떤 고난과 시련에도 불구하고 끝까지 살아남는 생존 철학은 물론 위기를 오히려 기회로 삼을 수 있는 노하우를 서로 공유할 수 있는 시점에 와 있다는 사실을 겸허히 받아들여야 할 것으로 보인다.

그런 점에서 유대인과 한국인은 결코 외롭지 않다. 비록 주위에는 반한 감정과 반유대 감정으로 가득 찬 적대적인 국가들이 둘러싸고 있지만, 적어도 정의와 자유, 평화를 추구한다는 점에서 두 민족은 공통된 기치 아래 굳게 손잡고 협력하며 앞으로 나아갈 필요가 있다. 그리고 수천 년간 치러 온 고난의 역사를 되돌아볼 때 유대인과 한국인은 자유와 평화를 누릴 만한 충분한 자격이 있으며, 또한 그런 보상은 당연히 이루어져야 한다고 본다. 물론 우리에게 가장 큰 보상은 평화적 통일이 되겠지만 말이다.

참고문헌

강영수(1999): 뒤집어서 읽는 유태인 오천년사. 청년정신.
김정권(1989): 허상과 실상. 한배달.
김용신(2000): 문명비판 2: 한국인의 잠재의식과 정치병리. 명상.
김하원(1995): 위대한 가짜 예언서 격암유록. 만다라.
박재선(1999): 세계사의 주역 유태인. 모아드림.
서달석(1985): 유태인의 세계지배 전략. 보이스사.
안원전(1989): 통곡하는 민족혼. 대원출판.
안재세(1991): 영광과 통한의 세계사. 반딧불.
이병욱(2005): 유태인 작가들의 정체성 위기. 정신분석 16(1), 93-110.
이병욱(2013): 정신분석으로 본 한국인과 한국문화. 소울메이트.
이병욱(2014): 프로이트와 함께하는 세계문학일주. 학지사.
이병욱(2020): 프로이트와 함께 읽는 탈무드. 학지사.
이어령(1985): 신화속의 한국인. 갑인출판사.
최창모(2004): 기억과 편견: 반유대주의의 뿌리를 찾아서. 책세상.

Albom M(1997): Tuesdays with Morrie. New York: Doubleday.
Atkinson D(1991): The Message of Job. Leicester, UK: InterVarsity Press.
Bial H(2005): Acting Jewish: Negotiating Ethnicity on the American Stage and Screen. Ann Arbor, Michigan: Univ Michigan Press.
Bloom H(2004): Where Shall Wisdom Be Found?. New York: Riverhead Books.

Brodkin K(1994): How Jews Became White Folks and What That Says About Race in America. New Brunswick, NJ: Rutgers Univ Press.

Carr SA. Hollywood and Anti-Semitism(2001): A Cultural History up to World War II. New York: Cambridge Univ Press.

Cohen A, Neusner J(1995): Everyman's Talmud: The Major Teachings of the Rabbinic Sages. New York: Schocken Books.

Desser D, Friedman LD(2003): American Jewish Filmmakers. Champaign, IL: Univ Illinois Press.

Dimont M(1994): Jews, God, and History. New York: Mentor Books.

Dunayevskaya R(2000): Marxism and Freedom: From 1776 Until Today. Amherst, NY: Humanity Books.

Erikson EH(1956): The problem of ego identity. Journal of American Psychoanalytic Associations. 4:56-121.

Fine R(1979): A History of Psychoanalysis. New York: Columbia Univ Press.

Freud S(1913): Totem and Taboo. Standard Editions Vol 13. London: Hogarth Press. p.1-161.

Freud S(1927): The Future of an Illusion. Standard Editions. Vol 21. London: Hogarth Press. p.1-56.

Freud S(1938): A Comment on Anti-Semitism. Standard Editions Vol 23. London: Hogarth Press.

Freud S(1939): Moses and Monotheism. Standard Editions. Vol 23. London: Hogarth Press. p.1-138.

Fromm E(1941): Escape from Freedom. New York: Farrar and Rinehart.

Fromm E(955): The Sane Society. New York: Rinehart.

Fromm E(1961): Afterward in 1984. New York: New American Library.

Fromm E(1961): Marx's Conception of Man. New York: Frederick Ungar.

Fromm E(1963): The Dogma of Christ. New York: Holt, Rinehart & Winston.

Fromm E(1966): You Shall Be As Gods: A Radical Interpretation of the Old Testament and Its Tradition. New York: Henry Holt.

Fromm E(1976): To Have or To Be?. New York: Harper and Row.

Furman A(2001): Contemporary Jewish Writers and the Multicultural Dilemma: The Return of the Exiled. Syracuse, NY: Syracuse University Press.

Gabler N(1989): An Empire of Their Own: How the Jew Invented Hollywood. New York: Anchor Books.

Gay P(1987): A Godless Jew: Freud, Atheism, and the Making of Psychoanalysis. New Haven: Yale University Press.

Gilman SL(1990): Jewish Self-Hatred: Anti-Semitism and the Hidden Language of the Jews. Baltimore: Johns Hopkins University Press.

Glazer M(2000): Dancing on the Edge of the World: Jewish Stories of Faith, Inspiration, and Love. Lincolnwood, IL: Lowell House.

Goldstein EL(2007): The Price of Whiteness: Jews, Race, and American Identity. Princeton: Princeton Univ Press.

Guttmann A(1971): The Jewish Writer in America: Assimilation and the Crisis of Identity. New York: Oxford University Press.

Hartmann H(1939): Ego Psychology and the Problem of Adaption. New York: International University Press.

Hughes HS(1977): The Sea Change: The Migration of Social Thought, 1930-1965. New York: McGraw-Hill. 김창희 옮김(1983): 지성의 대이동. 한울.

Jacobs SL, Weitzman M(2003): Dismantling the Big Lie: the Protocols of the Elders of Zion. Jersey City, NJ: Ktav Publishing House.

Jung CG(1934): The State of Psychotherapy Today. Collected Works. Vol 10. Princeton, NJ: Princeton University Press. p.157-173.

Karasu TB(1996): Conflict and Deficit: toward an integrative vision of the self. American Journal of Psychoanalysis 55:278-288.

Kaufmann W(1992): Freud, Adler, and Jung(Discovering the Mind, Volume 3). New Brunswick: Transaction Publisher.

Kernberg O(1998): Ideology, Conflict, and Leadership in Groups and Organizations. New Haven: Yale University Press

Kirzner Y(2002): Making Sense of Suffering: A Jewish Approach. New York: Mesorah Publications.

Klein M(1962): Envy and Gratitude. London: Tavistock Publications.

Kremer SL(2003): Holocaust Literature: An Encyclopedia of Writers and Their Work. New York: Routledge.

Kübler-Ross E(1969). On Death and Dying. New York: Macmillan.

Kushner HS(1981): When Bad Things Happen to Good People. New York: Schocken Books.

Morgan GC(1909): The Analyzed Bible: the Book of Job. Lon don: Hodder & Stoughton.

Ostow M, Scharfstein BA(1954): The Need to Believe: The Psychology of Religion. New York: International University Press.

Pardo RP(2022). Shrimp to Whale: South Korea from the Forgotten War to K-Pop. Oxford: Oxford University Press.

Rogin M(1996): Blackface, White Noise: Jewish Immigrants in the Hollywood Melting Pot. Berkeley: University of California Press.

Sandel MJ(2009): Justice: What's the Right Thing to Do?. New York: Farrar, Straus and Giroux.

Sandler J(1960): The background of safety. International Journal of Psychoanalysis 41:352-356.

Segal H(1997): Psychoanalysis, Literature and War. London: Routledge.

Sicher E(1995): Jews In Russian Literature after the October Revolution: Writers and Artists between Hope and Apostasy. New York: Cambridge University Press.

Sire JW(1980): Scripture Twisting. Downers Grove, IL: InterVarsity Press.

Slezkine Y(2004): The Jewish Century. Princeton: Princeton University Press.

Steinsaltz A(1984): The Essential Talmud. New York: Basic Books.

Telushkin J(1991): Jewish Literacy. New York: William Morrow & Co.

Telushkin J(1996): Words That Hurt, Words That Heal: How to Choose Words Wisely and Well. New York: William Morrow & Co.

Trotsky L(1970): My Life. New York: Pathfinder Press. 박광순 역(2001): 나의 생애. 범우사.

Volkan VD, Ast G, Greer WF(2003): The Third Reich in the unconscious: Transgenerational transmission and its consequences. London: Brunner-Routledge.

Volkogonov D(1994): Lenin: A New Biography. New York: Free Press.

Walden D(1984): Twentieth Century American Jewish Fiction Writers. Detroit: Gale.

Wiesel E(2006): Night. New York: Hill and Wang.

Wolfenstein EV(1967): The Revolutionary Personality: Lenin, Trotsky, Gandhi. Princeton, NJ: Princeton University Press.

Zurawik D(2003). The Jews of Prime Time. Hanover & London: Brandeis University Press.